Rahman Baba

Der Diwan. Gedichte

Rahman Baba

Der *Diwan*

Gedichte

Aus dem Englischen von Ingrid von Heiseler

Bonn: Afghanic
Wolfsburg: Metagrapho
2020

Impressum

Buch	Der Diwan. Gedichte
Autor	Rahman Baba
Übersetzerin	Ingrid von Heiseler
Layout	Ingrid von Heiseler
Herausgeber	Afghanic e.V.
Stand	März 2020
Erste Auflage	2020

Die Deutsche Nationalbibliothek verzeichnet diese Publikation in der Deutschen Nationalbibliografie; detaillierte bibliografische Daten sind im Internet von www.dnb.de abrufbar.

Zu beziehen bei

Afghanic e.V.
Justus-von-Liebig-Str. 24 - 53121 Bonn
T 0228 85031347 - M 0174 741 73 06
info@afghanic.de - www.afghanic.de

Der Druck dieses Buch wurde von Herrn Matin Safi unterstützt.

ISBN: 978-3-942233-40-8
Printed in Afghanistan

Inhalt

The Poetry of Rahman Baba. Poet of the Pakhtuns by Robert Sampson &Momin Khan.

Peshawar: University Book Agency 2005, Reprint 2010.

Vorwort des Herausgebers der deutschen Ausgabe

Abdul Rahman Mohmand, genannt Rahman Baba, wurde um das Jahr 1042 in dem Dorf Bahador, einem Teil des heutigen Peschawar, in eine arme Familie geboren. Außer dem *Diwan* hat er nichts hinterlassen und auch sonst ist wenig über ihn bekannt. Seine Freunde sammelten seine Gedichte und schrieben sie auf. Ihnen verdanken wir, dass die Gedichte des *Diwans* erhalten und heute in fast jedem paschtunischen Haus in der Welt zu finden sind. Die Gedichte sind einfach.

Rahman Baba lebte im Dorf Hazar Khwane, wo er auch begraben liegt. Über seinem Grab wurde ein Schrein errichtet, der noch heute Ziel vieler Wallfahrten ist.

Der bekannte *Mullah Swat Akhund* (1793-1878) sagte*: „Wenn ich im Gebet außer dem Koran noch etwas preisen würde, dann würde ich die Gedichte von Abdul Rahman wählen."*

Ich wünsche mir, dass die Paschtunen Ihre eigene Literatur lesen, kennen und schätzen lernen und dafür sorgen, dass sie in andere Sprachen übersetzt wird.

Ich hoffe, dass wir Rahman Baba mit dieser Ausgabe des *Diwan* den Paschtunen, dem Land Afghanistan und unseren Lesern in Deutschland näherbringen und damit einen kleinen Beitrag zur Verständigung leisten können.

Dr. Yahya Wardak, Bonn 2020

Matin Safi zum Diwan

کر د ګلو کړه چه سیمه دی ګلزار شی   اغزی مه کره چه پښو کی به دی لاړ شی

Säe Blumen, dann wird deine Umgebung zum Garten,
Säe keine Dornen, denn sie werden dich in die Füße stechen. (304,1)

Liebe Leserinnen, liebe Leser,

es ist mir eine Ehre, Ihnen die Sammlung von Gedichten Rahman Babas, des großen afghanischen Poeten und Spirituellen, näherzubringen. Als Meister der paschtunischen Sprache konnte Rahman Baba durch die Kunst des Dichtens der inneren Welt des Menschen Ausdruck verleihen. Mit seinen Gedichten berührte er Menschen und konnte ihrer Seele Frieden durch Worte geben – dies hält bis heute an und wird noch viele Generationen begleiten.

Ein unbeschreiblich großer Dank geht an die Übersetzerin dieser Sammlung Ingrid von Heiseler, die sich den Gedichten voller Liebe zur Poesie zugewandt hat.

Rahman Baba hat alle Menschen zu Frieden, Barmherzigkeit, Genügsamkeit und Zufriedenheit ermutigt, wie im folgenden Zweizeiler zu sehen ist:

قناعت می د خرقی لاندی اطلس دی   پټ د درست جهان پادشاه، ظاهر ګدا یم

Zufriedenheit ist das seidene Kleid unter meinem geflickten Mantel,
Ich erscheine als Bettler, aber im Geheimen bin ich König der ganzen Welt.(240,3)

Ich wünsche mir, dass die von Afghanic e.V. herausgegebene Übersetzung der Sammlung Rahman Babas nun auch das Interesse der deutschsprachigen Leserinnen und Leser weckt und der Dichter seinen verdienten Platz unter den weltbekannten Dichterinnen und Dichtern und die ihm gebührende Anerkennung findet.

Viel Freude beim Lesen und Philosophieren wünscht Ihnen

Abdulmatin Safi

Arzt in Frankfurt am Main

Einleitung

Bis auf den heutigen Tag ist Abdur Rahman Baba der beliebteste Dichter der Paschtunen.[1] Seine Dichtung findet sich im täglichen Leben der Pashto-Sprechenden in aller Welt und sie wird begeistert zitiert, um öffentliche Ereignisse zu eröffnen, um eine Botschaft in der Moschee zu verdeutlichen und als das maßgebliche Wort, um Diskussionen in der ***hujra***[2]zu schlichten. Rahmans Dichtung fängt das Wesen davon ein, was es bedeutet, ein paschtunischer Moslem zu sein.

Im Allgemeinen besitzen Paschtunen nur wenige Bücher, der *Diwan* Rahman Babas wird jedoch ständig in Peschawars Geschichtenerzähler-Basar verlangt. Wenn man aus den wenigen Besitztümern schließen kann, die Flüchtlinge bei sich haben, kann man erkennen, dass Rahmans Worte hoch geschätzt werden: Mit Teppichen, Teetassen und Langkornreis bringen viele Paschtunen den *Diwan* mit in die neuen Landstriche.

Diese Dichtung bezaubert zwar die Herzen der Paschtunen, bei nicht zum Kulturkreis gehörenden Wissenschaftlern hat sie indes bemerkenswert wenig Aufmerksamkeit gefunden. Einige Untersuchungen von Rahmans Dichtung wurden auf Urdu publiziert, im Englischen dagegen fehlen sie weitgehend. Rahmans Bedeutung als die Zentralikone der paschtunischen Kultur wird konsequent übersehen, seit der erste britische Gesandte in Kabul 1808 schrieb: „Rahman ist der beliebteste aller Dichter", er habe jedoch „kein Verdienst in den Gedichten bemerkt, die ich mir habe erklären

---

[1] Die Paschtu-Sprechenden von Afghanistan und Pakistan werden Paschtunen oder Pathanen genannt. Rahman lebte im Gebiet, in dem die „harte" Form der Sprache gesprochen wird (dort gibt es den ach-Laut und nicht das „weiche" sch). In diesem Buch werden die Menschen Paschtunen und ihre Sprache Paschtu genannt.

[2]Die (kursiv und fett gedruckten) Wörter werden im Glossar A, Namen von Personen und Orten (fettgedruckt) in Glossar B erklärt.

lassen".[3] Neuere Forschung in Pakistan und in Afghanistan wenden seiner Arbeit nur geringe Aufmerksamkeit zu.[4]

Zu den Gründen für dieses Versäumnis gehört, dass es nur wenige Übersetzung des *Diwans* gab. Nach dem ersten Versuch des deutschen Sprachforschers Bernhard Dorn[5] wurden 36 Gedichte von Raverty[6], 35 von Plowden[7], 50 von Enevoldsen und 12 von Benawa[8] ins Englische übersetzt. Da viele dieser Übersetzungen dieselben Gedichte betreffen, ist die Gesamtzahl der ins Englische übersetzten Gedichte nur etwa 80.

Wir hoffen, dass unser Versuch, erstmalig den vollständigen *Diwan* zu übersetzen, dazu führen wird, dass Wahrnehmung und Hochschätzung der Dichtung Rahmans und ihres tiefgehenden Einflusses auf das Leben der Paschtunen weiter verbreitet werden, als dies bisher der Fall ist.

Robert Sampson   Edwardes College, Peschawar

---

[3]Der Staatsmann und Historiker Elphinstone war der erste britische Gesandte in Kabul. Elphinstone p12.

[4]Caroes ausführlicher Überblick über die Paschtunen bringt nur eine kurze Erwähnung Rahmans in einer Anmerkung p 450. Duprees Schriften sind zum Standardwerk über Afghanistan geworden, aber auf den neunzehn Seiten über afghanische Dichtung beziehen sich nur elf Zeilen auf Rahman: Dupree p89f.

[5]Bernhard Dorn (*in; † in) war ein deutsch-russischer.

[6](1825-1906) Raverty p5-50. Raverty übersetzte aus seiner eigenen Gedichtsammlung (British Library MSS OR 4493), die sich wesentlich von dem Text unterscheidet, den Hughes und spätere volkstümliche Fassungen des *Diwans* benutzen.

[7]Plowden p 261-298 und 365f.

[8]Benawa p 96-101.

رحمان بابا

دیوان

Zur deutschen Fassung der *Einführung* in den *Diwan*

Die *Einführung* enthält einige Zitate in Pashto und die englische Übersetzung in Klammern.

Zu den Anmerkungen: In der engl. Ausgabe beziehen sich die Anmerkungen meist auf Quellenangaben aus der in Pashto geschriebenen Literatur über den *Diwan*. In die deutsche Übersetzung werden nur die Hinweise auf Stellen im *Diwan* aufgenommen. Die *Literaturangaben* enthalten die in den Anmerkungen zur *Einführung* genannten Titel

In eckige Klammern setze ich einerseits in den Haupttext hereingeholte Anmerkungen und andererseits von mir hinzugefügte Ergänzungen. Ich kennzeichne nicht alle Auslassungen von Hinweisen auf in der englischen Ausgabe namentlich genannte Interpreten und auf den die Lücken füllenden Ersatz: Philologische Korrektheit habe ich an diesen Stellen der leichteren Lesbarkeit geopfert.

Zum Geschlecht der geliebten Person vgl. TEIL EINS. Einführung in den Diwan: 3. DIE THEMEN DES *DIWANS*, Ende des Abschnitts Rahman und ***tasawwuf***. (http://www.ahlul-sunnah.de/tasawwuf-sufis/)

Für Koranzitate habe ich die von dem Islamwissenschaftler Tilman Nagel empfohlene „uralte Übersetzung von Henning, die bei Reclam erschienen ist“, benutzt.

Zur Form der Gedichte 1 bis 341: Ghaselen; Reimschema: aa – xa – xa –xa ....

Leider ist es intensiven und langwierigen Bemühungen zum Trotz nicht gelungen, jemanden zu finden, der die Pashto-Fassung der Gedichte mit meiner Übersetzung verglichen hätte. Damit hoffte ich zwei mögliche Fehlerquellen auszuschalten: die möglichen Fehler des Übersetzers ins Englische und die meiner Übersetzung aus dem Englischen. Die Einführung hat Dr. Ahmadullah Rahmani und die Gedichte D1-D10 Nasim Saber dankenswerterweise durchgesehen. Ingrid von Heiseler

TEIL EINS. Einführung in den *Diwan*

(Robert Sampson)

1. DAS LEBEN RAHMAN BABAS

Einerseits lebt die bezaubernde mündliche Überlieferung fort, andererseits schreibt Dost Mohammad Khan Kamil[9]: Rahman Babas Lebensgeschichte liegt weitgehend im Dunkeln. Das ist die beste Zusammenfassung dessen, was wir über das Leben Abdur Rahman Babas wissen. Besonders ungewiss ist unser Wissen aufgrund des Mangels an Augenzeugenberichten und der begeisterten Pflege der Heiligenlegende, die sich um ihn rankt.

Die Legende stellt Rahman als zurückgezogen lebenden Dichter dar, der seine Gedichte in den Staub kratzt, während er die Saiten einer ***rebab*** anschlägt. Manchmal, so erzählt man, überwältigt ihn ein einzelner Ton, er wird ohnmächtig und Tränen schlängeln sich über seine Wangen. Rahman zog in Gesellschaft eines Jungen mit Namen Majnun umher. Ein weiterer hartnäckiger Mythos erzählt, dass Rahman dem Propheten des Islam begegnet sei. Einige dieser mündlichen Überlieferungen werden von Paschtunen als Tatsachen akzeptiert und viele werden, ohne dass ihre Echtheit erwogen wird, in Büchern wiederholt.

Zuverlässigere Hinweise auf Rahmans Leben kann man im *Diwan* finden. Einige der bedeutenderen Aspekte werde ich im Folgenden skizzieren:

Rahmans Abstammung

Die Abstammung ist in sich auf Clans gründenden Stammesgesellschaften besonders wichtig. Rahman lässt uns über seinen Stammbaum nicht im Zweifel. Er behauptet [in D19/13] zum

---

[9](1915-1981) vgl. Literaturangaben

Sarban-Stamm zu gehören. Der Stamm war vom dreizehnten bis zum sechzehnten Jahrhundert im Peshawar-Tal angesiedelt.

Rahman lebte auf einer Insel von Mohmand-Siedlern im Randbezirk von Peshawar. Anscheinend hat er friedlich in der Gegend gelebt. Er erwähnt jedenfalls niemals, dass er in die erbitterten Stammeskämpfen seiner Zeit verwickelt gewesen wäre. Es gibt auch keinen Hinweis darauf, dass er an der damaligen Revolte gegen die Moguln-Herrschaft beteiligt gewesen wäre.

Über Rahmans Familienhintergrund sind die Ansichten geteilt. Einige Interpreten sind überzeugt, dass er zu einer Familie von Dorf-***maliks*** (Dorf- oder Bezirksvertreter) gehört habe, während andere keinen Hinweis hierauf finden. Ob er nun ***malik*** war oder nicht, jedenfalls stellt sich Rahman als armen Mann dar: „Möge niemand ohne Leben und Lebensunterhalt sein,/ So wie ich leblos und ohne einen Pfennig bin." [D183/5] Dazu in der wohlbekannten Zeile: „Die Reichen trinken Wasser aus goldenen Bechern,/ Ich dagegen trinke lieber aus meinem Tonbecher." [D315/9]

Familienangehörige werden nicht besonders erwähnt, aber es gibt Vermutungen über die Identität von Aziz Khan, der in D258 erwähnt wird. Er wurde verschiedentlich als Rahmans Bruder oder als ***malik*** des Dorfes Bahadur identifiziert. Andere nicht bestätigte Geschichten behaupten, Rahmans Vater habe Abd'ul Sattar geheißen und die Nachkommen der Familie von Rahmans Tochter lebten heute noch in diesem Dorf.

Rahmans Dorf

Rahman lebte und starb in der Gegend südlich von Peshawar und zwar dort, wo heute die äußere Ringstraße der Stadt ist. Sein Geburtsort war das Dorf Bahadar, aber er kann ebenso gut in der Nähe von Hasarchani gelebt haben. Die mündliche Überlieferung besagt, er sei nach Kohat (Ort in Waziristan) gezogen und er sei bis nach Indien gewandert.

Einige haben angemerkt, dass es interne Hinweise im *Diwan* gebe, die die Ansicht widerlegten, Rahman sei gereist. Es scheint wahrscheinlich, dass er sein ganzes Leben in seinem Dorf verbracht hat. Wie er selbst sagt: „Ich kann die Tatsache beschwören, dass ich mich nicht von der Stelle bewege,/Noch bin ich irgendeiner Kreatur für irgendetwas dankbar.//Und ich habe auch nicht hier und da Länder gesehen;“ [37/3+4a] und „Das Dorf ist mein Zuhause;/ Ich betrachte es nicht als Zuhause, sondern als verlassenes Grab.“ [D16/6]

Rahmans Geburts- und Sterbejahr

Rahman war ein Zeitgenosse des Mogulkaisers **Aurangzeb** (1659-1707). Anders als dieser jedoch lebte Rahman im Verborgenen. Sein Geburts- und sein Todesdatum sind nicht genau bekannt. Aus zwei historischen Ereignissen, die Rahman im *Diwan* erwähnt, kann man die ungefähren Daten jedoch ableiten. Sein Geburtsjahr kann man errechnen, wenn man sein Alter gegen Ende der Herrschaft **Aurangzeb**s schätzt. In D46/24 sagt er, er sei über 55, und später im selben Gedicht [D46/85] bezieht er sich auf **Schah Alams** Thronbesteigung (1707). Wenn man zurückrechnet, kommt man auf ein Geburtsjahr, das nicht später als 1652 liegt. Es wäre eine bloße Vermutung, wenn man sich überlegte, wie viel älter als 55 er denn gewesen sein könnte, aber das Jahr 1632, das in dem umstrittenen Buch *Pata khazana*[10] (Der versteckte Schatz) genannt wird, muss man wohl als Geburtsjahr ausschließen. Wenn Rahman in diesem Jahr geboren wäre, hätte er wohl eher gesagt, er sei über 70. Wenn er beim Beginn von **Schah Alams** Regierung zwischen 55 und 60 Jahren alt gewesen ist, läge sein Geburtsjahr zwischen 1647 und 1652.

---

[10]Titel eines umstrittenen Manuskripts in paschtunischer Sprache. Die Schrift enthält nach Angaben seines Entdeckers eine im achtzehnten Jahrhundert verfasste paschtunische Dichtung. [...]Kontroversen um die Echtheit der Schrift[...] (http://de.wikipedia.org/wiki/Pata_Chazana)

Das Datum von Rahmans Tod kann man der Ghasele D102 entnehmen. Dort erzählt Rahman von der brutalen Ermordung **Gul Khans** und **Jamal Khans**, die mitsamt einer ganzen Hochzeitsgesellschaft lebendig verbrannt wurden. Nach Raverty fand dieses Ereignis um 1711 herum statt. Die meisten Interpreten nehm an, dass Rahman auch um diese Zeit herum gestorben sei, allerdings gibt es kaum einen Hinweis darauf. Alles, was man sagen kann, ist, dass er 1711 noch am Leben war. Zusammenfassend können wir sagen, dass Rahman von etwa 1650 bis etwa 1715 gelebt hat.

Rahmans Bildung

Rahmans *Diwan* zeigt den geschickten Gebrauch einiger Sprachen, darunter Pashto, Arabisch und Persisch, und umfassende Kenntnisse in Geschichte, Philosophie und Theologie. Wahrscheinlich studierte Rahman sowohl ***fiqh***(Jurisprudenz) als auch ***tasawwuf*** (Sufismus), ein Doppelstudium, das zu seiner Zeit vielleicht die Norm war. Rahman hätte keinen weiten Weg zur Ausbildungsstätte gehabt, denn Peshawar war im Begriff, sich einen Ruf als Zentrum für religiöse Studien zu erwerben. Später sollte es darin Bochara Konkurrenz machen. Es gibt keine Gewissheit darüber, welche Richtung die religiöse Ausbildung war, die Rahman zuteilwurde, aber im *Pata khazana* wird behauptet, dass bekannt gewesen sei, Rahmans Lehrer sei ***Mullah*** Mohammed Jusafsai gewesen.

Hinweise im *Diwan* verdeutlichen, dass Rahman alles andere als der ungebildete ***Mullah*** war, wie gelegentlich behauptet wurde. Rahman litt nicht unter zu wenig Bildung, sondern er beklagt sich [wie es in einer der Übersetzungen ins Englische heißt]: „das Lernen machte mich verrückt“. [Anders der im *Diwan* vorliegende Text: „Dass ich empfindsam bin, hat mich verrückt gemacht, 95/6] Rahmans sorgfältige Bildung stimmt mit Lewis Ansicht überein: „Sufismus ist im Wesentlichen dasWerk intellektueller und literarisch hochgebildeter städtischer Gelehrter.“

Rahman der *Pir*?

Die Vermutung liegt nahe, dass ein Dichter, der so bewandert in Gedanken und Symbolsprache der Sufis war, ein praktizierender Sufi gewesen sei. Weniger klar ist, ob er an einen besonderen Sufi-Orden gebunden war. Die Sufi-Praktizierenden waren an ihrem geflickten Mantel zu erkennen. Bei Hujwiri heißt es, einen solchen Mantel zu tragen, sei die „Verpflichtung der Anwärter auf Sufismus" gewesen. Vielleicht beklagt sich Rahman aus eigener Erfahrung darüber, dass der „Dienst der ***fakir***-Kutte" [90/3] schwer sei und dass es öfter nötig sei, „diesen bläulichen Umhang [... zu] waschen" [98/2]. Das legt den Gedanken nahe, Rahman sei Lehrling eines heiligmäßigen Führers, eines *Pir*, gewesen.

Nach der Überlieferung ist für die Ausbildung in ***tasawwuf*** ein Führer notwendig. Vielleicht wurden deswegen unterschiedliche unbegründete Theorien darüber aufgestellt, wer Rahmans Führer und mit welchem Sufi-Orden er verbunden gewesen sein mochte. [Darüber gibt es in der Literatur unterschiedliche Behauptungen.] Keine davon kann belegt werden. Wenn Rahman Mitglied eines der etablierten Sufi-Orden gewesen wäre, hätten die modernen Anhänger dieser Gruppe ihn zweifellos als einen der Ihrigen beansprucht. Das ist nicht der Fall. Wahrscheinlicher ist, dass Rahman unabhängig war und dass er eine individuelle Praxis des Sufismus betrieb [...]. [...] Einen Hinweis auf diese Unabhängigkeit geben die Zeilen: „Diejenigen, die Gott Selbst belehrt,/ Was brauchen die noch die Lehre eines Lehrers?" [D287/12] und {Anrede an Gott:} „Auf dem Weg, den ich reise, um meine Liebe zu sehen,/ Mache die Heiligen **Khizr** und **Ilyas** zu meinen Führern." [47/8]

Rahmans Krise

Die Verehrung, die Rahman heute von den Paschtunen entgegengebracht wird, ist durchaus keine Widerspiegelung seines Ansehens während seiner Lebenszeit. Es gibt eine, auch heute noch von einigen Paschtunen aufrechterhaltene Volksüberlieferung, die besagt, dass Rahmans Gottessuche außerhalb der Moschee zu Zusammenstößen mit der etablierten Religionshierarchie geführt habe. Der Streitpunkt war Rahmans Vernachlässigung der äußeren Praktiken des Islam. Vielleicht wurde er bei seiner Gottessuche zum einsamen Mystiker, der sich wenig für die formelle Religion interessierte. Es wird berichtet, dass noch 1883 ein alter Mann den Baum kannte, unter dem, so sagten die Dorfbewohner, Rahman gewöhnlich gesessen und seine Gedichte verfasst habe. Rahman erzählt folgendermaßen von seiner Pflichtversäumnis: „Seitdem ich die Arbeit der Liebe in die Hand genommen habe,/ Habe ich meine Hand von jeder anderen Arbeit abgezogen." [18/5] und „Wenn das nicht Liebesleidenschaft ist, was ist es dann?/ Wie könnte sonst jemand seine Sitten außer Acht lassen?" [184/7]

Andere Verse aus dem *Diwan* legen den Gedanken nahe, dass Rahmans Aktivitäten die Dorf-**Mullahs** erzürnt haben könnten: „Von jetzt an bin ich an der Reihe, in der Taverne das zu tun, was ich will." „Ich dagegen [beschäftige mich] mit **Saqis** Becher, mit Musik und Gesang." [D273/2+3] und „Ich habe die Frömmigkeit abgelegt,/ Als die Musiker zur ***rebab*** griffen." [D251/11]

Uns ist nicht überliefert, wie lange diese Konfrontation mit dem religiösen Establishment gedauert haben mag. D242/5-7 weist auf Rahmans Zurückweisung eines eher orthodoxen Glaubens hin. Die Aussage, er wähle lieber das Ekstatische, als dass er unter dem ***tooba***-Baum [Himmelsbaum, symbolisiert die religiöse Orthodoxie] sitze, deutet auf eine Zurückweisung der konventionellen religiösen Gebräuche hin:

Lieber als die unerträgliche Anbetung des Heuchlers
Ist es mir, von **Saqi**s Wein betrunken zu sein.
Ohne Lehren, Gebetskette und Rezitationen
Bin ich schlafend glücklicher als wach.
Ich mag den Schatten des ***tooba***-Baumes nicht.
Ich lasse mich lieber wie ein ***kabab*** in den Flammen
deines Gesichts verbrennen.

Einer der Interpreten schreibt: „Rahman Baba erreichte eine so tiefe Gottverlassenheit, dass er auch alle religiösen und weltlichen Pflichten aufgab." Ein anderer hält das Zerwürfnis mit der etablierten Religion für ernst und vermutet, dass Rahman nicht nur die Moschee verließ, sondern dass von den ***Mullahs*** vor Ort ein Todesurteil wegen Abfalls vom Glauben über ihn gefällt worden sei. Wieder ein anderer berichtet, dass es wohl später eine Wiederannäherung gegeben habe: Rahman habe sich später mit der Gemeinde ausgesöhnt. Auch in diesem Fall gibt es keine schriftlichen Berichte, die das bestätigen würden, aber im *Diwan* gibt es einen Hinweis darauf, dass die Spannung gelöst worden sein könnte: „Ich konnte bei der Suche nach ihm keinen Frieden finden,/ Frieden wurde in meiner Religion ungesetzlich." [D271/6]

Eine Konfrontation mit dem religiösen Establishment war für diejenigen, die den esoterischen Lehren des ***tasawwuf*** folgten, nicht ungewöhnlich. Die unorthodoxen mystischen Lehren von Bayazid Ansari (1525 – 1581/1585) hatten zu einem Gerichtsverfahren gegen ihn in Kabul geführt [Ein Gerichtsverfahren, in dem er sich erfolgreich verteidigte]. Sanai von Ghazni (starb zwischen 1131 und 1141) wurde in Bagdad wegen Abfalls vom Glauben angeklagt. Der bekannteste Fall einer solchen Konfrontation war die Anklage, die gegen **Mansur** al Hallaj, den Mystiker von Bagdad, vorgebracht wurde: Er wurde im Jahr 922 wegen seiner Erklärung *„Ana l-haq"* (ich bin die Wahrheit) zum Märtyrer. Er besuchte Nordindien und sein Tod am Kreuz war den Paschtunen wahrscheinlich bekannt. Eine Ausgabe von Rahmans *Diwan* enthält eine Miniatur von **Mansur**s Hinrichtung an einem Kreuz in T-Form.

2. DER *DIWAN*

Afghanische Dichtung ist im Wesentlich eine mündliche Kunst. Beliebt Verse werden, ohne dass Feder und Tinte gebraucht werden, überliefert und erst später (wenn der Dichter berühmt geworden ist) werden sie in Büchern gesammelt. Es überrascht darum nicht, dass die

Sammlung der Werke eines Dichters eine schwierige Aufgabe ist. Man kann sie mit der Aufgabe des Neuwebens eines Teppichs vergleichen, dessen Fäden lange Zeit unverbunden nebeneinandergelegen haben.

Nach der paschtunischen Überlieferung setzte Rahman niemals eine Feder auf Papier, sondern er schrieb mit dem Finger in den Lehm, den der Fluss Bara angespült hatte. Seine Freunde, sagt man, sammelten später seine Gedichte aus dem, woran sie sich von seinen Kritzeleien erinnerten. Kein *Diwan* aus dieser Zeit ist ans Licht gekommen. Allerdings ist es wahrscheinlich, dass es zu Rahmans Lebzeiten einen gegeben hat. Er deutet das an: „Der ganze ***Diwan*** **Rahmans** kann für diese Ghasele heiliggesprochen werden,/ Das sagt uns etwas über das Wesen der Derwische." [D104/13] und „Ich, **Rahman**, bin dankbar für meine Gedichte,/ Dass ich einen solchen ***Diwan*** entdeckt habe." [129/ 6]

Frühe Fassungen des *Diwans* wurden mit der Hand abgeschrieben und waren offensichtlich schon 1728 weit verbreitet. Mehr als 25 Original-Manuskripte des *Diwans* wurden auf unterschiedliche Bibliotheken und private Sammlungen in aller Welt zerstreut. Der Großteil dieser Manuskripte ist undatiert, aber sie enthalten Hinweise darauf, dass sie innerhalb von 50 Jahren nach Rahmans Tod geschrieben worden sind. In einigen Fassungen ist der *Diwan* in zwei *daftaruna*(Bände) geteilt. In jedem der Teile sind die Gedichte nach den reimenden Buchstaben am Ende jedes Verses angeordnet. Es gibt zwischen den verschiedenen Manuskripten beträchtliche Unterschiede in Hinblick auf Orthografie und Schreibung und viele Unterschiede im Inhalt. [Es folgen Überlegungen zur Auswahl der Vorlage.]

Der *Diwan*, den wir für diese Übersetzung gewählt haben, ist die Ausgabe von Rasa [bibliografische Angabe in den „Literaturangaben"]. Diese Ausgabe haben wir gewählt, weil sie die bekannteste und einflussreichste ist.

Der *Diwan* enthält 343 Gedichte. Die meisten davon sind in Ghaselenform (***ghazal***) geschrieben und haben 8 bis 12 Strophen.

Sechs Gedichte sind zwischen 40 und 50 Strophen lang und D46 ist das längste mit 93 Strophen. Alle Ghaselen außer einer sind in Pashto geschrieben[D339 ist in einer Mischung aus Urdu und Pashto geschrieben.].

[Es folgen Einzelheiten über die sprachlichen Besonder-heiten des Pashto-Textes.]

Literarische Einflüsse auf den *Diwan*

Dichtung hat in der paschtunischen Kultur seit Langem große Bedeutung. Daher wird die afghanische Nation zu Recht „eine Dichternation" genannt. Das kommt unter anderem auch daher, dass die Dichtung den Nichtschriftkundigen eine Stimme gibt. Diese lernen, eine riesige Menge an Gedichten aus dem Gedächtnis rezitieren. Es ist somit ein gewagter Anspruch, wenn Rahman Baba behauptet, er sei durch die paschtunische Dichtung weltberühmt, ein Weltmeister: „**Khushhal** und **Doulat** sind meine Sklaven./ Ich, **Rahman**, bin durch die paschtunische Sprache universell." [D90/ 9]

Eine so unübertroffene Meisterschaft in dieser schwierigen poetischen Form lässt eine Lehrzeit oder wenigstens eine Vertrautheit mit früherer Dichtung vermuten. Zwar wissen wir nichts Genaues darüber, welche Bücher oder Lehren Rahman Baba aufnahm, jedoch gibt es vier Literaturgattungen, die ihm zugänglich gewesen sein können: (1) die Texte der persischen Sufi-Klassiker, (2) ein an Umfang zunehmender Corpus indischer „persianatischer"[11] Literatur, (3) in neuerer Zeit entstandene Dichtung in Pashto und (4) eine Reihe arabischer und persischer mystischer und religiöser Texte. Jede dieser Gattungen hatte wohl einen Einfluss auf die Gestaltung von Rahmans Schriften.

(1) Den wichtigsten Einfluss auf Rahman Babas Dichtung übte die klassische persische Dichtung aus. Diese gereimten, musikalischen

---

[11]"stark von persischer Sprache, Kultur, Literatur, Kunst und/oder Identität beeinflusst" http://en.wikipedia.org/wiki/Persianate_society

Gedichte waren in der gesamten mittelalterlichen Welt außerordentlich beliebt. Im Wohngebiet der Paschtunen waren die Arbeiten folgender Dichter besonders einflussreich: Rumi (gest.1273), Hafiz (gest. 1390, Iraqi (gest. 1289), Jami (gest. 1492), Sadi (gest. 1292) und die Nachfolger der Dichter aus Ghazni, zu denen Sanai (gest. 1131) und Hujwiri (gest. 1075) gehören. Die Dichtung dieser persischen Meister wurde so sehr verehrt, dass sie zu Weissagungen und im normalen Studiengang in der ***madrassah*** verwendet wurden. Ehrgeizige Dichter bemühten sich eifrig, die großen persischen Meister nachzuahmen, und es war üblich, dass sie um die Führung des [persischen] Dichters Nezami [gest. 1209] beteten, wenn sie zu schreiben anfingen. Sie hofften, dass ihre Arbeit eine deutliche Nachahmung der seinen werde.

Darüber, welcher dieser Dichter Rahman am stärksten beeinflusste, gehen die Meinungen auseinander. Deutlich zu erkennen ist dagegen, dass seine Dichtung auf beliebte Symbole des persischen Sufismus zurückgreift [Der Bülbül, D86/5; Krähen, D174/9; Tulpen, D44/4; Dornen, D179/2; Schlangen auf einem Schatz, D7/2; die Kerze und die Motte, D41/5; der Vogel ***huma***, D53/4 usw.], ebenso auf beliebte Volks- und Religionscharaktere dieses Genres [**Zulaykha**, D114/7; **Majnun**, D143/6; **Pharao**, D5/50; **Khizr**, D17/3; **Mansur**, D27/8 usw.] [...]

(2) Die zahlreichen Nachahmer des persischen Stils hatten weniger Einfluss auf Rahman als ihre Vorgänger [einige Nachahmer werden hier genannt].

(3) Der dritte Einfluss auf Rahmans Arbeit kam aus der Pashto-Literatur. Persische Dichtung war zwar beliebt, aber Persisch war doch die hoch-literarische Sprache der regierenden Elite und weit vom Alltagsleben der meist ländlichen paschtunischen Bevölkerung entfernt. Das Sprichwort drückt diese Entfremdung aus: „Ein voller Bauch spricht Persisch.“ Als Reaktion auf diese Frustration gab es eine weitverbreitete blühende volkssprachliche Dichtung in den regionalen Sprachen des Subkontinents.

Wie Sindhi und Panjabi besaß Pashto eine lange Tradition eigener Volksdichtung. Als die älteste Form in Pashto gilt das zweizeilige *tapa*. Unbekannt ist jedoch, wann längere Gedichte zum ersten Mal in Pashto aufgeschrieben wurden. Die Rawshani-Bewegung (16. und 17. Jahrhundert im Kabul/Indus-Becken) stellt eine Wasserscheide dar, da sie den Anfang eines kulturellen Selbstbewusstseins der Paschtunen und ihres Widerstandes gegen die Sprache der herrschenden persischen Hochkultur markiert.

Pashto gilt als alte indoiranische Sprache ungewisser Herkunft. Es gibt nur spärliche Hinweise auf die Geschichte dieser Sprache. Sie scheint aus den Sprachen zentral-asiatischer Eindringlinge und indigener Sprachen des Subkontinents gemischt zu sein. [Einzelheiten über die Zusammensetzung]

Auch die Ursprünge des geschriebenen Pashto sind ungewiss. [...]

[Es gibt Überschneidungen von Rahmans *Diwan* und anderen Gedichtsammlungen. Beispiele werden angeführt. Wer wen zitiert, ist nicht zu entscheiden.]

Solchen Überschneidungen zum Trotz überragt Rahmans Dichtung die anderer Dichter seiner Zeit. Sie hat verblüffende Kraft und eine prägnante Ausdrucksweise, die sie einzigartig machen. Rahman selbst lässt uns nicht im Zweifel darüber, wie er die Sache sieht: „Wenn jemand fragt: Wer hat dieses Gedicht gemacht?/ Sagt **Rahman**: Diese Dichtung gehört mir.“ [D26/9]

(4) Ein vierter literarischer Einfluss auf Rahman Babas *Diwan* kam von einer langen Reihe mystischer und religiöser Texte. Darunter waren Handbücher der Sufi-Praxis, theologische Werke in Pashto, Traktate über Sufismus und Sammlungen islamischer Texte, die zum Bestand von Moscheen gehören. Der Einfluss dieser Texte ist nicht bedeutend, aber er bietet doch einen Hintergrund, von dem sich das Ganze abhebt.

Wie andere muslimische Dichter des siebzehnten Jahrhunderts auf dem Subkontinent schreibt Rahman während einer interessanten Interim-Epoche, in der Dichter, die lokale Sprachen benutzen, gerade erst anfangen, ihre eigene Stimme zu finden. Einerseits bemühen sie sich darum zu zeigen, dass sie orthodox sind. Das ist vielleicht ein Versuch, einen Niedergang des Islam aufzuhalten, der den verheerenden Invasionen der Mongolen folgte. Andererseits zeigt Rahman einige Anzeichen davon, dass er sich von den begangenen Pfaden entfernt.

In der Tatsache, dass in seiner Dichtung nur wenig aus seinem Leben und seiner Landschaft zu finden ist, mag sich zeigen, dass er es sicherer fand, die persische Dichtung nachzuahmen. Es könnte sein, dass er der Gefahr entgehen wollte, im Milieu der Hindukultur zu versinken. Vielleicht hat das Rahman dazu veranlasst, in seine Dichtung keine lokalen Inhalte einzubeziehen.

Aber nicht alles ist Nachahmung. Was die Dichtung Rahmans so einzigartig macht, ist die Art und Weise, in der er charakteristische Reime und volkstümlichen Sprachgebrauch von Pashto in die persische Struktur einfügt.

3. DIE THEMEN DES *DIWANS*

[Die Literaturangaben in diesem Abschnitt sind weggelassen und alle Zitate aus dem *Diwan* werden im Text wiedergegeben. Anmerkungen entfallen folglich.]

Beim Lesen des *Diwans* kann man eine zufriedenstellende Einheitlichkeit des Stils und eine lebendige Variation des Themas feststellen. Die Ghaselen beziehen sich auf mystische Verzückung, Gotteslob, sprichwörtliche Weisheit und Kommentare zum sozialen Leben.

Einer der interessantesten Aspekte des *Diwans* ist, in welchem Maße darin jene zurückgewiesen werden, die auf aggressive Weise die intoleranten Ansichten der extremen „Orthodoxie“ vertreten. [„Orthodoxie“ hier: Form des Islam, die die Rolle von ***tasawwuf*** herunterspielt und das Festhalten an ***Schari'at***, dem islamischen Religionsgesetz, betont.]

Rahman und *Schria'at*

Erstaunlich ist, dass die paschtunischen Interpreten fast [...] einhellig der Meinung sind, Rahman sei stark orthodox gewesen. [...] Eine Analyse des *Diwans* zeigt dagegen, dass eine dünne Schicht an Geboten der ***schari'a*** über einem festen Kern von Sufismus liegt. Wir werden sehen, dass selbst die geringe Menge an Orthodoxie, die im *Diwan* vorkommt, einen Anflug von Relativismus des Sufi-Denkens hat.

Eines der am meisten auffallenden Merkmale von Rahmans *Diwan* ist, wie wenig er die „orthodoxe" Theologie hervorhebt. Nur die Gedichte D1, D2 und D136 sind eindeutig „orthodox". [...] Rahman drückt wiederholt seinen Abscheu gegen die stumpfe Zustimmung der Legalisten zur Scharia aus: „Denke an die Frömmigkeit des Teufels,/ Wenn eines Menschen Arroganz von Gehorsam und Enthaltsamkeit kommt." [83/6] Seiner Ansicht nach ist es besser, die ermüdende Verpflichtung durch den befreienden Zwang der Liebe zu ersetzen: „Frage die nicht nach Pflicht und Verpflichtung,/ Für die Gott Liebe zur Pflicht gemacht hat." [154/7]

Derartige Gefühle sind in einem konformistischen religiösen Klima alles andere als beliebt. Deshalb besteht der Verdacht, dass die Aufnahme der „orthodoxeren" Ghaselen in den Diwan, seinem im Übrigen eher kontroversen Inhalt als Legitimation dienen sollte. Da die Ghaselen alphabetisch angeordnet sind, konnten die akzeptablen Gedichte so formuliert werden, dass sie am Anfang der beiden Bände stehen. Ein Leser, der den *Diwan* zum ersten Mal in die Hand nimmt, wird wahrscheinlich die ersten Gedichte lesen und dabei feststellen, dass sie auf akzeptable Weise „orthodox" sind. [Der erste Band beginnt mit 6 orthodoxen Ghaselen, der zweite mit zweien (D141 und D142).] Sie fungieren als Tarnung des leidenschaftlicheren Inneren. Rahman war sich offensichtlich der Gefahr bewusst, die er lief, indem er seine leidenschaftlichen Neigungen ausdrückte: „Sieh **Rahman**, lass dich nicht wie **Mansur** [ans Kreuz] hängen,/ Sprich nicht so schamlos und unbeherrscht von Liebe." [273/10]

Zwar ist die nüchterne Orthodoxie nicht Rahmans Hauptanliegen, sie existiert jedoch als einer von vielen Strängen des *Diwans*. Zur Verteidigung seiner Orthodoxie behauptet er sogar: „Was ich dir sage, sage ich mit der Autorität/ Die ich im Koran und im **Hadith** gefunden habe." [326/8] Tatsächlich berührt Rahman die bekanntesten Themen der Orthodoxie. Er nennt die fünf Säulen des Islam:

Er enthält sich dessen, was ***haram*** ist,
Und ist mit den ***fünf Grundsätzen*** beschäftigt.

Er akzeptiert ***kalima***
Außen wie innen.

Über den Geschäften dieser Welt
Versäumt er die unerlässlichen **Gebete** nicht.

Er fastet im ***ramadan***
Und gibt ***zakat***.

Wenn er sich den ***haj*** leisten kann,
Geht er, wenn er die anderen Gebote erfüllt hat, auch auf ***haj***.

Dies sind die fünf Prinzipien der Religion,
Die ich eben genannt habe.[5/32-37].

Rahman berührt die Notwendigkeit, die Einschränkungen durch ***halal*** und ***haram*** einzuhalten: „Die Regel ist: Vermeide alles Verbotene,/ Sonst betrachte dich selbst als Teufel." [202/8] und das Streben nach dem Auferstehungstag.

Eine schöne Darstellung von Gottes unendlicher Majestät findet sich in den beiden Lobeshymnen D1 und D136. Gottes große Macht erweist sich als „König der Könige" und „Kaiser der Kaiser" [136/2]. „Er tut so große Dinge, mein Herr./ Er ist allmächtig, mein Herr." [1/1] Diese beiden Hymnen sind die in der westlichen Welt bekanntesten Gedichte Rahmans, Schimmel zählt sie zu den „eindrucksvollsten Ausdrücken tiefer Frömmigkeit in der Weltliteratur." (S.433)

Der Gedanke von Gottes Einzigartigkeit und Unsichtbarkeit wird in D1 und D136 schön ausgedrückt. Besonders hervorragend in den Zeilen:

In seinem Reich hat er keinen Genossen,
Er ist König ohne Mitregenten, mein Herr.

Sein Einssein kommt nicht aus Schwäche,
Denn Er ist in einem einzigen Leib unendlich, mein Herr. [1/11f]

Eines der häufigsten Motive im *Diwan* ist das von Gott, dem großen Wohltäter. „Er versorgt jede Kreatur mit Nahrung.“ [136/12b] Gott wird auch als der gesehen, der alles gibt: Reichtum („Wenn einer weder Achtung noch Ehre hat,/ Möge Gott ihm kein Silber und Gold gewähren.“ [45/11]), Vertrautheit („Es ist schwer, mit dir vertraut zu werden,/ Außer durch die Gnade Gottes.“ [153/10]), Glück („Jeder wünscht sich von Gott seinen Anteil am Glück,/ Aber der kann weder durch Reichtum noch durch Gewalt erlangt werden.“[189/15]), Stellung („Gott gab dir die Stellung von Engeln,/ Aber du hast dich selbst zu einer Kuh und einem Esel gemacht.“ [198/6]), Schönheit („Diejenigen, die Gott mit atemberaubender Schönheit gesegnet hat,/ Können durch die Leugnung der Spötter nicht befleckt werden.“ [125/4]) und Glauben („Wer kann dem Menschen Glauben geben?/ Er hat jedem Gläubigen Glauben gegeben.“ [136/13]). Die spirituellen Kräfte von **Jesus**, **Moses**, **Salomon** und **Khizr** sind ein direktes Ergebnis von Gottes Fürsorge:

Wer kann von der Erde in den Himmel aufsteigen?
Er hat Jesus diese Ehre geschenkt

Wer kann mit Gott sprechen?
Damit hat er Moses geehrt.

Wer kann das Ross des Himmels zügeln?
Er hat den Thron **Salomon**s in den Himmel gestellt.

Wer kann mit weißem Bart bis zum Tag des Gerichts leben?
Er hat **Khizr** mit dieser Gunst gesegnet. [136/14-17].

Rahman versichert, dass Gottes Allwissenheit vollkommen ist: „Das Offenbare, das Versteckte und das teilweise Bekannte:/ Er kennt das alles, mein Herr." [1/9] Dieses Wissen umfasst auch so praktische Einzelheiten wie den Preis der Waren auf dem Basar: „Gott weiß, welche Waren es auf dem ***bazar*** gibt;/ Von zu Hause aus kannst du keine Geschäfte machen."[38/5] und den Inhalt geheimer Botschaften: „Aus Furcht kann ich den Übermittler nicht fragen,/ Gott weiß, was sie dem Boten gesagt haben mag" [161/2]

Für Rahman Baba liegt das letztgültige Maß der Orthodoxie in der Empfänglichkeit für Gott. Das Universum ist ihm wesentlich orthodox, da es nicht anders kann, als Gott mit Lob zu empfangen: „Jeder Baum steht betend vor Ihm,/ Jeder Grashalm kündet von Seiner Größe." [136/21]

Der Mensch ist allerdings anders, denn nur er hat die Fähigkeit, Gott willentlich im Lob zu empfangen. Nur der Mensch ist sich des Dilemmas zwischen richtigem und falschem Verhalten bewusst: „Weltliche Dinge sind vergänglich. Ein Mensch ist der,/ Der auf ***haram*** und ***halal*** achtet." [82/11] und er muss sich moralisch entscheiden: „Er kann niemals Gut von Schlecht unterscheiden:/ Was kümmert ein Tier auch Recht und Unrecht?" [145/7] Anders als Tiere und Dämonen hat der Mensch die Fähigkeit, sowohl zu vertraulicher Liebe: „Wenn deine Folterung mich nicht tötet, nur dann/ Kannst du behaupten, ich sei ein Dämon oder ein Tier, kein Mensch." [91/7] als auch zur Versuchung: „Einer, den diese Reize nicht beeinflussen,/ Ist entweder ein Geist, eine Mauer oder ein Tier." [156/9]

Rahman unterscheidet Menschen auch nach ihrem Grad an Empfänglichkeit für Gott. Er wiederholt immer wieder das König-Bettler-Motiv, um darzustellen, dass sowohl die Reichen als auch die Armen ihre endgültige Stellung ihrer Frömmigkeit und nicht ihrem Reichtum gemäß erreichen werden: „ Auferstehen werden sie als Gleiche:/ Die Prinzen und Bettler dieser Welt." [3/34] Er teilt die

Menschen in zwei Kategorien: die, die etwas gelernt haben (***aliman***) und die Unwissenden (***jahilan***). Er charakterisiert die Unwissenden als „geistig beschränkt“: „Der geistig Beschränkte und Unfähige/ Braucht keine Belehrung durch einen Ratgeber.“ [64/7] Sie sind unempfänglich für Gott wie dumme Kinder: „Die Dichtung **Rahmans** in den Ohren des Ignoranten/ Ist wie eine von Kinderhänden abgegriffene Perle.“ [64/8] Der Unwissende döst im Schlaf der Unachtsamkeit: „Wache auf aus dem Schlaf der Unachtsamkeit,/ Wie lange willst du noch weiterschlafen?“ [31/9] Ihre vorherbestimmte Stellung („Auch wenn sich die schwarzen Berge von der Stelle bewegen,/ Das Schicksal wird nie verändert werden.“[58/6]) kann nicht mit Gewalt verbessert werden: „Diejenigen, die Gott belehrt, verstehen ein Augenzwinkern,/ Die nicht Belehrten verstehen es nicht einmal mit einer Peitsche.“ [72/12] und auch nicht durch Frömmigkeit. Man vermutet, dass eine derartige Teilung durch die Auffassung, die unter Afghanen herrscht, bedingt sei: Menschen haben ungleiche Fähigkeiten zum Erlangen von Wissen. Beim Unwissenden wird selbst die Anbetung zu einer wertlosen Handlung: „Die Anbetung des Ignoranten wird nicht als Anbetung gezählt,/ Wie der Reichtum eines Trinkers, den er für Wein ausgibt [nicht als Reichtum gelten kann].“ [64/4]

Die Verehrung des Propheten des Islam nimmt einen bemerkenswert kleinen Teil des *Diwans* ein. Zwar liefert Mohammed (Friede sei mit ihm)das Vorbild für fromme Anhänger, aber in Rahmans Dichtung ist wenig von der Tendenz der Sufis zur Vergöttlichung des Propheten zu finden. Rahman gebraucht den Ausdruck: Nachahmer der Art des Propheten. Diese Nachahmung gilt als Richtschnur, nach der Paschtunen leben sollten: „Wie kann ich dem Nebenbuhler ins Gesicht sehen?/ Die Anhänger des Propheten haben niemals einem Heiden ins Gesicht gesehen.“ [171/8], und als Maßstab, an dem abweichendes Verhalten gemessen werden kann: „Du hast Gott gegenüber deine Pflicht nicht erfüllt,/ Und bist dem Weg des Propheten nicht gefolgt.“ [46/17] In D2 wählt Rahman einige der bekanntesten Themen der Lehre vom Propheten, darunter

Mohammeds Stellung als „Siegel der Propheten“ [d.h. Mohammed ist „der letzte und die Wahrheit im Vollsinne bringende Prophet“ Koran bei Reclam 33:40, Anm. 14], seine Präexistenz [beliebtes Thema im Sufismus] und seine Rolle als heiliger Führer.

Rahman und *Tasawwuf*

Die Praktiken der formellen Religion befriedigten Rahman spirituell nicht: „Ich habe mein Herz nicht in Gehorsam und im Gebet zufriedengestellt,/ Ich werde für immer im Feuer des Ungehorsams geröstet.“ [93/8] Darum wandte er sich von der „technischen Religion“ ab und der mystischen Religion des Herzens zu.

Der größte Teil der Gedichte in Rahmans *Diwan* handelt vom Streben nach enger Gemeinschaft mit Gott durch die mystischen Lehren des ***tasawwuf***. Nur etwa ein Vierzigstel der Gedichte blieben übrig, wenn man die, die sich darauf beziehen, wegließe. Die Frage bleibt allerdings offen, welche Richtung des ***tasawwuf*** Rahman repräsentiert. Ist seine Mystik eher in Harmonie mit dem Koran oder hat sie die pantheistische Tendenz des extremen ***tasawwuf***, der sich in vielen klassischen Texten findet?

Es gibt nur sehr wenige Quellen, die uns auf die Richtung des Islam zu Rahmans Lebzeiten hinweisen. [...]

Die paschtunische Ausprägung des Islam war kein uniformes Verlangen nach ***shari'a,*** sondern die Paschtunen folgten verschiedenen Lehrern. Der Sufismus beeinflusste alle Ebenen der mittelalterlichen paschtunischen Gesellschaft tiefgehenden. Auf der höchsten Gesellschaftsebene zog das Leben am Hofe heilige Sufis an, die hofften, Klienten reicher Patrone zu werden. Die Kaiser wurden von Sufis angezogen, denn sie hofften, dass der***barakat*** (charismatische Kraft, die an die Anhänger weitergegeben oder zur Ausübung des Wunderbaren benutzt werden konnte) des Lehrers sich günstig auf ihr Schicksal als Regierende auswirken würde.

Den tiefsten Einfluss übte der Sufismus außerhalb des üppigen Lebens am Moguln-Hof aus. Zwar waren Literatur und esoterische

Sufi-Theologie für die Armen und meist des Lesens und Schreibens Unkundigen nicht erreichbar, die praktischen Dienstleistungen der betreffenden Sufi-Orden nahmen sie jedoch gerne an. Zu den Orden gehörten die Chishti, Qadiri, Suhrawardi, Shattari und die Naqshbandi. Sie waren etwas wie Bruderschaften und hatten eigene Initiationsriten, eigene Lehren und ***silsila***(Folge der Scheichs). Anhänger ließen sich in verschiedene Orden nebeneinander aufnehmen. Vom 12. Jahrhundert an hatten der schwärmerische Chishti- und der nüchternere Naqshbandi-Orden den meisten Einfluss auf die Paschtunen.

Die Orthodoxen begnügten sich mit der Ausführung von ***fur'uz***(islamischen Pflichtübungen) und ***sunnat***(Übungen des Propheten, die nachgeahmt werden sollten). Rahman dagegen beschreibt, wie die Sufis dieser Orden sich auf eine leidenschaftliche Suche einließen: „Meine Seele ist ruhelos bei der Suche nach der/dem Schönen,/ Wie sich die Brise nach dem Duft der Blumen sehnt.“ [168/1] Es ist eine verstörende Suche: „Wer nicht leidet/ Aus Liebe zu seiner Geliebten,“ [41/1], bei der selbst der geringste Blick oder die geringste Verbindung zu befriedigen vermag: „Wenn ich deine Flechten nur ein einziges Mal halten könnte/ Würde ich kein einziges Haar für die ganze Welt hergeben.“ [244/5], und doch tritt die Befriedigung niemals ein. Die Suche des Sufi ist wie die Jagd nach dem unwirklichen und erfundenen Vogel ***onqa***, den man niemals fangen kann: „Wenn du das Herz von jemandem möchtest,/ Dann jage den Vogel ***onqa.“*** [17/1]
Es ist eine Suche, die im Grunde vom Mangel an innerer Überzeugung angetrieben wird: „Wenn das Glaubenszeugnis in deinem Herzen nicht fest ist,/ Ist das äußerliche Glaubensbekenntnis überhaupt kein Bekenntnis.“ [123/5] und nicht durch die äußerliche Einhaltung von ***shari'a***:

Bemühe dich darum, deinen Körper, deinen Gebetsplatz und deine Kleider reinzuhalten,/Wenn du davor dein Herz gereinigt hast.

Ein Mensch sollte innen wie außen derselbe sein,/Er sollte kein Äußeres von Gold und Inneres von Siegellack haben. [229/8f]

Rahman befürwortet ***marifat*** (auch „Gnosis“, „Wissen von Gott“) als den Hauptzweck der Gottesverehrung und fordert damit die Gläubigen heraus: „Der Sinn der Anbetung ist Gemeinschaft mit Gott,/ Nicht einfach nur Selbstkasteiung, oh Unglücklicher!“ [158/14]

Ein weiterer Unterschied zur Orthodoxie besteht in der Art und Weise, in der Rahman auf seine Suche geht. Er erklärt sich zum Fachmann in der intensiven Form der Liebe, ***'ishq***, (Leidenschaft): „Ich bin ein Liebender und ich handele mit Liebe,“ [32/13a] Das Wort kommt nicht im Koran vor und Rahman drückt damit ein Gefühl aus, das dem Begehren von Potiphars Frau **Zulaykha** nach Josef ähnelt. In diesem Sinne schreibt Rahman: „Wie der Backofen des Bäckers und die Esse des Schmiedes,/ So ist die Leidenschaft der Liebe in meinem Herzen.“ [21/2]

Dergleichen Gefühle werden von frühen Juristen des Islam als Götzenanbetung verurteilt, weil ***'ishq***zur falschen Anwendung der Ergebenheit anreize („Wenn du den Zucker der Liebe kostest,/ Wirst du andere Süßigkeiten wie Gift ausspucken.“ [50/1]), einer Ergebenheit, die von Rechts wegen Gott allein gebühre. Im Gegensatz dazu stellt Rahman ***'ishq*** als eine wonnevolle Form rücksichtsloser Preisgabe dar, die mit der Art treuer Frauen verwandt ist, die sich auf den Scheiterhaufen ihres Mannes werfen: „Verachtung bewirkt nicht, dass ich mich meiner Leidenschaft schäme;/ Ich schrecke so wenig zurück wie eine ***suti***vor den Flammen.“ [42/1] Vielleicht bringt die Verfolgung von ***'ishq***die reale Möglichkeit von Kritik mit sich („Ich lobe den Mut der Liebenden,/ Die in ihrer Liebe beständig sind.// Sie ändern oder wechseln nie ihren Kurs,/ Auch wenn sie die ganze Welt verflucht.“ [25/1f]), da die Orthodoxie sich einer derartig liberalen Annäherung an Gott widersetzt. Vielleicht hat das sogar Märtyrertum zur Folge: „Erst wenn er vom Pfeil deiner Liebe gemartert wurde,/ Erst dann wird Rahmans Pflicht erfüllt sein.“ [8/11]

Zwar liegt ***'ishq*** außerhalb der religiösen Lehren der Moschee – „Die Schule spricht von religiösen Lebensweisen,/ Liebe ist mehr als Religion." [153/14] – aber Rahman hat ***'ishq***nicht selbst erfunden. Er folgt darin der Tradition anderer Sufis. Es ist nicht übertrieben zu behaupten, ***'ishq*** sei der Hauptgedanke in Rahman Babas Dichtung.

Rahmans Verfolgung von ***'ishq*** führte ihn zu der noch kontroverseren Lehre von ***hulul***. ***Hulul*** ist der Glaube an die Inkarnation Gottes in menschlicher Gestalt. Sufis, die daran glauben, behaupten, dass Gott Menschen innewohnen kann und dass der schönste Mensch zum „Ort göttlicher Manifestation" wird [Ernst, Carl W. p 121]. Dem heftigen Widerspruch einiger Islamgelehrter zum Trotz hat diese Lehre zu einer ganzen Gattung von Sufi-Dichtung geführt, in der der oder die „Geliebte" zum Gegenstand der Begierde und zu einer Inkarnation des Göttlichen wird.

Die Bildsprache von ***hulul*** zu verstehen ist schwierig. Man ist sich nicht darüber einig, ob der „Geliebte" Gott, der Prophet oder ein ***pir*** ist. Wenn man die Verse profan interpretiert, kann das zu einem „pseudo-erotischen" Verständnis der Dichtung führen. In der Pashto-Dichtung ist es schwer, die profanen von den auf Gott gerichteten Gedichten zu unterscheiden.

Rahman Baba nennt das Objekt seiner Suche oft die geliebte Person. In vielen persischen Sufi-Gedichten wird nicht deutlich, ob die geliebte Person männlich oder weiblich ist, denn in Persisch werden die Geschlechter nicht unterschieden. In Pashto wird das Geschlecht bezeichnet. In Rahmans *Diwan* bleibt die Sache unklar, da die Mehrzahl der Ghaselen hinsichtlich des Geschlechts der geliebten Person doppeldeutig ist. An einigen Stellen, an denen das Geschlecht verdeutlicht wird, ist die geliebte Person männlich, an anderen weiblich. Öfter wird das „mit Flaum bedeckte Gesicht" genannt, sodass man unwillkürlich an den flaumigen Bart eines Jungen denkt: „Dein Gesicht ist auch ohne Flaum und Leberfleck schön,/ Es braucht weder Flaum noch Leberfleck." [163/8] Andererseits bezeichnen die Endungen der Substantive in D166/3 die geliebte Person als eindeutig weiblich: „Sie trägt mein Herz durch einen heftigen Angriff davon,/ Ich weiß nicht, ob sie **Afridi** oder **Khattak** ist, ach!“

Der Begriff ***hulul***entspricht dem von einigen Mystikern ausgedrückten Wunsch, Gott von Angesicht zu Angesicht in der Erfahrung der Entschleierung zu schauen. Der Gedanke der Entschleierung ist vielleicht vom Koran inspiriert [Koran bei Reclam: 2:274 „Und nicht spendet, es sei denn im Trachten nach Allahs Angesicht...“] und besonders durch das Beispiel von **Moses**’ Gemeinschaft mit Gott. Ein derartig direkter Kontakt mit Gott ist für die undenkbar, die betonen, dass Gottes transzendente Herrlichkeit jeden Kontakt mit Menschen ausschließt [Nagel p 101].

Rahman betont die Suche nach Gott als der ewigen Schönheit. Der Höhepunkt dieser Suche ist der Anblick Gottes: „Wie kann **Rahman** nicht das Gesicht beobachten,/ Dessen Schönheit die Engel anschauen?“ [84/5] Das Gesicht der geliebten Person ist wie die Sonne: „Nimm die Bedeckung von deinem Gesicht und male das Gesicht derer/ Schwarz an, die während deiner Herrschaft die Sonne hochschätzen.“ [19/9] oder wie die Vokale auf den Seiten des Koran: „Male auf dem Blatt deines Gesichtes/ Sind Vokale auf den Seiten des Heiligen Koran.“ [19/11] Rahman deutet an, dass Gott selbst den Schleier hebt:
Wie die Sonne, die im vierten Himmel scheint,
Hat Seine Liebe den Schleier von mir genommen. [259/7]
Rahman beansprucht die Freude der vollen Ansicht:
Das Gesicht der geliebten Person ist der Vollmond,
Rahman hat alles gesehen. [247/14]

Annäherung an Gott

Zwar wurde Rahman bezichtigt, mit dem Verlassen der Moschee eine nicht vergebbare bzw. fleischliche Sünde begangen zu haben, wir sollten ihn jedoch nicht als einen Rebellen außerhalb des Islam betrachten. Stattdessen hat er die Annäherung an Gott neu definiert, indem er die vorgeschriebenen Verordnungen von ***shari'at***durch die alternativen Disziplinen von ***tasawwuf*** ersetzt hat:

Frage die nicht nach Pflicht und Verpflichtung,
Für die Gott Liebe zur Pflicht gemacht hat.
Liebende geben Seele und Wesen für die Geliebte auf;
Möge Gott diesen Stamm nicht als Lügner erweisen.
Ich, **Rahman**, lebe dem Willen meines Herrn gemäß.
Ein Mensch sollte niemals ohne den Willen seines Herrn
leben. [154/7-9]

Der *Diwan* bezeugt Rahmans neues Ziel in der Annahme eines Lebens von Hingabe und Ergebenheit. Dieses Leben der Disziplin umfasst ***tariqa***, den „Pfad" zu Gott. Die Schritte auf diesem Pfad werden gelegentlich ***moqam*** (Stationen) oder ***haal*** (Zustände) genannt. Z.B. in D263/12: „Jemand, der diesen Zustand nicht durchlaufen hat:/ Wie will der sich durch **Rahmans** Rede rühren lassen?"

Diese Annäherung an Gott geschieht durch die Methoden des Dienstes an der Menschheit, der Reinigung von Sünde, dem Verzicht auf die Welt und der Unterwerfung des Ego. Hierin liegt das Rückgrat von Rahmans *Diwan*. Rahman bezieht vieles vom persischen Sufismus und stellt diese Prinzipien als neue Verpflichtungen dar, die auch im „Willen meines Herrn" enthalten sind. Eine Untersuchung dieser Themen verhilft zum Verständnis der starken Schubkraft von Rahmans *Diwan*.

Dienst an der Menschheit

Rahmans *Diwan* beschreibt eine Möglichkeit, sich Gott zu nähern und die Zustimmung Gottes zu gewinnen, die weder gut zu ***tasawwuf*** noch zu ***shari'at*** passt. Der Islam unterscheidet zwischen den Regeln in der Beziehung zu Gott und den Regeln, die die Beziehungen zwischen den Menschen bestimmen. Der „orthodoxe" Islam der Paschtunen legt das Gewicht mehr auf die Beziehung zu Gott, während Rahmans *Diwan* die Beziehungen zwischen den Menschen stärker betont.

Rahman hebt das in der zentralen Strophe hervor: „Ein Mensch sein bedeutet einfach, gutartig zu sein,/ Und nicht Feder oder ***miswak*** [Holzstange zum Zähneputzen] im Turban stecken zu haben." [D229/10] [... Diese Gutartigkeit wird in der Literatur auch Humanität und Rahmanismus genannt.] Sie wird in der Strophe in direkten Gegensatz zu ***miswak*** gesetzt [einem Zweig zum Zähneputzen, der oft im Turban aufbewahrt wird. Besonders Paschtunen befolgen diese ***Shari'at***-Praxis. In letzter Zeit Symbol der Taliban.]. ***Miswak***steht für einen Gehorsam, der ausschließlich Gott dient. Rahman erklärt seine Vision von der Gutartigkeit genauer in der wunderbar erfrischenden Anleitung, die er in D304/1-5 gibt:

Säe Blumen, dann wird deine Umgebung zum Garten,
Säe keine Dornen, denn sie werden dich in die Füße stechen.

Wenn du Pfeile auf andere abschießt, glaube mir:
Derselbe Pfeil wird zurückkommen und dich treffen.

Grabe keinen Brunnen auf dem Weg eines anderen,
Wenn du es tust, kommst du selbst an den Brunnenrand.

Du siehst alle mit verachtenden Augen an,
Allerdings wirst du der erste sein, dessen Leib zu Erde wird.

Die Menschen sind alle ein einziger Leib:
Wer einen anderen quält, verletzt sich selbst.

Gutartig sein ist ein Prinzip der Aktivität, zu dem auch gehört, dass man den Bedürftigen hilft: „Wenn du eigene Bedürftigkeit fürchtest,/ Achte darauf, dass du Bedürftigen hilfst." [206/7] Und ebenso, dass man anderen dient, ehe man etwas für sich selbst tut: „Wenn du deine Arbeit sofort verbessern willst,/ Diene anderen, tu die Arbeit anderer, lange vor deiner eigenen." [206/6] Der Dienst an der Menschheit wird im kommenden Leben reich belohnt: „Wenn du einem Durstigen auch nur einen einzigen Tropfen Wasser gibst,/ Wird der zu einem Fluss zwischen dir und der Hölle." [6/13]

Rahman betont, dass die gute Beziehung der Menschen zueinander ein zentraler Wert seiner Theologie ist. Dieser Wert steht weit höher als die guten Taten, als ***swab***(Verdienst) im traditionell verstandenen Islam. Diese Auffassung kollidiert unvermeidlich sowohl mit ***shari'at***als auch mit den gewalttätigen Praktiken des ***Pashtonwali***[Kodex des Lebens der Paschtunen].

Das passive und tolerante Ethos des Sufismus ist nicht mit dem Vergießen unschuldigen Blutes zu vereinbaren: „Die Liebe wird dir ein scharfes Schwert in die Hand geben;/ Du wirst das Land des geduldigen Friedens angreifen." [50/3] ebenso wenig wie mit der Unterdrückung durch die Mächtigen: „Wegen seiner Grausamkeit/ Sind alle Menschen in Qual und Verzweiflung." [5/48] Wenn er zugibt: „In Rechtschaffenheit bin ich aufrecht wie ein ***alif***;/ Aber ich bin nicht wie ein Pfeil für die Gewalt gemacht." [91/9], so kommt das einem Verrat am ***Pashtonwali*** an sich gleich.

Diese gewaltfreie Einstellung führt Rahman dazu, offen zwei der heiligsten Grundlagen des ***Pashtonwali***zu kritisieren: ***nang*** (leidenschaftliche Ehre) und ***badal***(Rache). Rahman sagt: „Diejenigen sollten tapfer genannt werden,/ Die andere nicht rücksichtslos plagen." [128/7] Rahman definiert ***nang***auf glänzende Weise neu. ***Nang*** bedeutet gewöhnlich die ungestüme Missachtung der Selbsterhaltung in Zeiten des Konflikts. Rahman überträgt den Begriff aus dem Bereich Konflikt in den Bereich Mystik und macht ihn damit zu einem mystischen Terminus. Das rücksichtslose Vorgehen des Kriegers wird für ihn, den Suchenden, zum achtlosen Auslöschen seiner selbst, wie es die Motte in der Flamme tut:

Nimm deine Waffe, lege sie an,
Dann kämpfe die Schlacht der Ehre.

Sprich nicht von Ehre mit den Schamlosen,
Oder du müsstest dich als von ihnen getötet betrachten.

Wenn die Tapferen ihren Geist auf eine Aufgabe richten,
Bemerken sie weder Wasserloch noch Graben auf ihrem Weg.

Sie nimmt weder sich selbst noch die Welt wahr:
Die Motte, wenn sie die Flamme erblickt.[85/1-4]

In ähnlicher Weise stellt Rahman die Besessenheit der Paschtunen von ***badal*** (Rache) infrage. Er tadelt die, die Rache nehmen: „Es gibt keine Märtyrer, sondern nur Blut-Händler,/ Die den Blutpreis für das Opfer/den Getöteten nicht erlassen." [71/10] Rahman weist auf den Weg der Gnade und Liebe, der die Rache ersetzen soll: „Wenn du auf Gnade und Liebe hoffst,/ Solltest auch du zu jedem freundlich sein." [249/8] Zu dieser Denkweise gehört auch das Handlungsprinzip, Böses mit Gutem zu vergelten: „Wenn ein anderer dir Schaden zufügt, tu ihm Gutes," [304/11a] Diese Annäherung an Gott durch Dienst am anderen ist in einer der bekanntesten Strophen im *Diwan* treffend [zur goldenen Regel] zusammengefasst: „Wenn du weise bist, behandele jeden so, wie du mit dir selbst umgehst,/ Oh Abdur Rahman, die ganze Welt ist **Abdur Rahman**." [320/7]

Reinigung von Sünde

Rahmans Auffassung von der menschlichen Schuldhaftigkeit unterscheidet seine Theologie der Sünde von der Hauptströmung des islamischen Denkens. Im Islam wird Sünde oft als „Ausrutscher" trivialisiert oder einer sekundären Ursache wird die Schuld zugeschrieben. In ähnlicher Weise tadelt Rahman zwar seine Hände: „Mein Herz ist durch dein Zwinkern verletzt;/ Es spielt keine Rolle, ob meine Hände und Füße etwas taugen" [91/8] oder den Teufel: „Feindseligkeit ist schlecht, Krieg ist zweifellos ***haram***,/ Aber den Teufel und die Wollust hassen ist nicht ***haram***." [109/5] Rahmans Annahme einer persönlichen Verantwortung für Sünde jedoch wird zum bemerkenswerten Abschied von den im Islam üblichen Ausdrücken der Schuldhaftigkeit:

Ich kann mein Haupt nicht im Gebet vor Gott beugen,
Ich ertrinke unaufhörlich im Meer der Sünde.

Wenn ich so meine eigenen Sünden betrachte:
Ich verdiene all und jede Bestrafung.

Wie einer, der mit geschwärztem Gesicht auf einem Esel paradiert*,
In derselben Weise bin ich vor Gott beschämt.[93/9-11]
[*Strafe für in flagranti bei einer Sünde Ertappte]

Rahmans Aussage: „Ich bin so tief in Strömen von Sünde versunken,/ Dass ich das Ufer nicht einmal sehen kann.“ [87/3] ist durch die Angst motiviert, ohne mit den angehäuften Sünden fertig geworden zu sein, die nächste Welt zu erreichen: „Sieh! Wenn eine Schlange sich ihrer Höhle nähert, richtet sie sich auf!/ Du bist schon am Rande des Grabes und hast dich noch nicht aufgerichtet.“ [249/23] und: „Schließlich wirst du in den schwarzen Erdboden gelassen;/ Wie lange noch willst du den Staub mit einem Finger von dir abwischen?“ [D157/7]

Dazu kommt die scharfe Wahrnehmung, dass auch geringe Fehler zählen: „Halte keine Sünde, wie winzig sie auch sei, für zu klein,/ Denn wenn man alles Kleine zusammenlegt, wird es viel.“ [304/10]

Rahman Baba zeigt genau die „Selbstquälerei und moralische Ekstase“, die ihn vom optimistischeren Begriff Sünde im Koran, unterscheidet. Für ihn ist Reue kein Heilmittel dagegen: „Du begehst absichtlich eine Sünde und bereust sie;/ Wie eine Statue, die mit weit offenen Augen schläft.“ [D54/3]. Und er kann auch nicht genügend Reinheit finden, um sich zu reinigen:

Reinige dich von der Unreinheit
Wie das weite Meer.

Er muss verderben, oh Rahman:
Denn dieser Leib ist nicht rein.[31/18f]

Dieses Sündenbewusstsein führt Rahman dazu, nach anderen Wegen zu suchen, um Vollkommenheit zu finden. Für ihn liegt die Lösung in der Reinigung des Bewusstseins von allem außer der/dem Geliebten: „Welchen Platz wird der/die Geliebte in deinem Herzen finden,/ Wenn du dein Bewusstsein nicht von allem Übrigen reinigst?" [187/4] Diese Annäherung an Gott fasst ein paschtunischer Interpret folgendermaßen zusammen: „Versöhnung mit Gott findet im Herzen derer statt, in denen nicht der Schmutz des Ungehorsams ist. Wegen des Sufi-Pfades und ***marifat*** wird das Herz vom Schmutz des Ich, der Weltlichkeit und der Begierden gereinigt."

Weltverzicht

Auf Weltverzicht liegt im *Diwan* besonderes Gewicht. Die „Welt" liefert sowohl ***radeef*** (das in der Ghasele am Ende jeder 2. Zeile wiederholte Wort) als auch das Hauptthema der langen Gedichte D3 und D4. Die „Welt" wird durch den gesamten *Diwan* an verschiedenen Stellen genannt. Dass Rahman sie als Theater darstellt: „Es ist ein seltsames Schauspiel,/Über das man nichts sagen kann." [101/9], weist auf platonische Einflüsse und führt ihn dazu, dass er das Zeitliche zurückweist. Zum Thema Besitz: Rahman setzt freiwillige Armut mit Heiligkeit gleich. Er hält Geld an sich nicht für schlecht: „Im Reichtum ist an sich nichts Böses,/Wenn du es nicht zu Bösem anwendest." [5/17; im vorliegenden Text heißt es: There is no evil in the world/ If no evil comes from you: In der Welt an sich ist nichts Böses,/ Wenn du es nicht zu Bösem anwendest.] Und er lobt: „**Ibrahim Adham** war kein solcher Narr,/ Dass er Thron und Krone begehrte." [27/5] Rahman bereitet Armut eine Befriedigung, wie sie kein Reichtum bringen kann: „Die Reichen trinken Wasser aus goldenen Bechern,/ Ich dagegen trinke lieber aus meinem Tonbecher." [315/9]

Herrschaft über *nafs*

Das Beherrschen von ***Nafs*** (niedere fleischliche Natur, Ego) ist ein Bestandteil des Sufi-Ordens ***Tariqa*** und am engsten mit der Lehre des Koran verbunden. [Schimmel, S 112] Rahman sieht es als einen Krieg, in dem „Die Hauptaufgabe ist, die Wollust zu bekämpfen" [109/6a]. Unkontrolliertes ***nafs*** entfernt den Menschen vom höheren Pfad:

Du bist es, meine Sinnlichkeit,
Die mich so verwirrt.

Du verlorst den Verstand
Und folgtest der Welt.[46/15f]

Die wahre Berufung dagegen ist es, das Ich zu unterwerfen: „Oh Redner, warum hältst du deine Predigt von der Kanzel herab,/ Die Kanzel besteht darin, das Ich zu demütigen.“ [119/5] Zwar ist das nicht der Hauptschwerpunkt im *Diwan*, aber hier kommt Rahman den Lehren der nüchterneren unter den Sufi-Orden am nächsten: „Wenn dich eine Armee von Gier und Begierde überwältigt,/ Geh in der Festung der Zufriedenheit in Deckung.“ [192/8]

In Übereinstimmung mit früheren Sufi-Gedanken soll Enthaltung in Form von Geduld ausgedrückt werden: „Die Ärzte sagen, mein Heilmittel sei Geduld,/ Aber Gott machte unsere Konfession äußerst ungeduldig.“ [33/2] Geduld ist eine Eigenschaft, von der Rahman zugibt, dass sie bei Paschtunen selten ist. Geduld ist die Disziplin, die ein ***murid***(Anhänger oder Schüler eines ***pir***) braucht, um sein natürlicherweise ungeduldiges ***nafs***zu überwinden und sie ist ein starkes Mittel dazu, dass einem der Anblick der Geliebten gewährt wird:

Sei geduldig, wenn du willst, dass deine Wünsche erfüllt werden;
Niemand hat diese Arbeit in Eile erledigt.“ [114/9]

Die Gotteserfahrung

Die Interpretation mystischer Erfahrung unterliegt zwar der Gefahr der Spekulation, aber die Untersuchung von Rahmans Dichtung wäre ohne die Betrachtung seiner praktischen Erfahrungen unvollständig. Rahman drückt seine spirituelle Begegnung mit den Worten ***wisal***(Vereinigung), ***fana***(Vernichtung) und ***baqa*** (Fortdauer in Gott) aus.

Wisal

In der Sufi-Dichtung wird ***wisal***als Freude an der Gesellschaft der Geliebten in einer innigen Beziehung verstanden. ***Wisal***kann auch mit „Vereinigung“, „Verbindung“ oder „Begegnung“ übersetzt werden. Trotz einer köstlichen Doppeldeutigkeit bezieht sich das Wort „Geliebte“ gewöhnlich auf Gott. Zwar widersprachen eher orthodoxe Stimmen dieser Art metaphysischer Vereinigung entschieden, aber Rahman macht sie zu einem Hauptthema seines *Diwan*.

Für Rahman ist ***wisal***„süßes, süßes ***sharbat***“: „Dieses süße, süße ***sharbat*** der Gemeinsamkeit/ Wird zur Zeit des Abschieds zu tödlichem Gift.“ [309/5] Es ist eine Gemeinschaft, die aus der natürlichen Abhängigkeit von Gott entstanden ist:

Wenn die Gemeinschaft mit dir ein Fluss ist,
Bin ich ein Fisch in diesem Fluss.

Denn das Leben der Biene ist
Im Laden des Süßwarenhändlers.

Ich bin ein Papagei, der Zucker liebt,
Den Zucker deiner süßen Lippen.

Denke nicht, dass **Rahman**
Ohne dich leben kann. [341/42-45]

Eine solche Gemeinschaft ist mit Trennung verbunden. Die Süße findet ihr Gegenteil in Bitternis. Die Stärke des Trennungsschmerzes hängt von der Tiefe der Beziehung zu Gott ab: „Niemand hat im Kummer Ruhe gefunden,/ Die Freude der Vereinigung entspricht dem Schmerz der Trennung.“ [305/15] Rahman drückt diese Antithese in der Analogie des Jägers aus: Er lockt den Vogel der Vereinigung in seine Falle, indem er den Köder des Leidens benutzt: „Der Vogel der Vereinigung kam zu mir mit dem Korn der Tränen“ [239/5a]

Fana

Das Bild von der Falle wird in der Erfahrung von ***fana***vollkommener ausgedrückt. („In der Hoffnung auf Flechten, sitze ich in der Falle fest," [180/4a] und „Deine schwarzen Flechten sind eine Falle für alle Welt;/ Ich bin nicht der Einzige, der in deiner Schlinge gefangen ist." [150/9])

Mit ***fana***wird im Sufismus das Ziel ausgedrückt, das Ich in Gott auszulöschen. Dichtung ist ein ideales Mittel, eine solche spirituelle Erfahrung auszudrücken, und Rahman beschreibt ***fana*** in Ausdrücken wie „Ich bin im Strudel ihres Grübchens ertrunken,/ Möge sich niemand in einem solchen Strudel verlieren!" [251/3], „Wie die Kerze kann der Liebende nicht aufhören,/ Ehe nicht sein ganzer Körper vom Liebesfeuer verzehrt ist." [230/9], „Oh Geliebte, warum bist du so feindselig geworden,/ Dass Liebende von deinem übermäßigen Stolz getötet werden?" [262/7] und „Ich habe meine Geliebte durch Tränen gewonnen,/ Wie der Tau bin ich eines mit der Blume." [240/5]

Rahman definiert ***fana*** als etwas, das mehr als einfache Vernichtung des Ich ist. Stattdessen ist es die Vernichtung der Sperre zwischen Gott und Mensch. Die Sufi-Dichtung ist ein Werkzeug, das dazu gemacht ist, die Barriere innerhalb der Seele des Hörers niederzureißend, die das Ego von Gott trennt. Im *Diwan* heißt es: „Wenn du nicht die Barriere deines Körpers niederreißt, die zwischen euch liegt,/ Wirst du Gott und den Propheten niemals erreichen." [238/1] Das Wort „Barriere" bezeichnet die niedrigen Erdwälle, die die paschtunischen Bauern bei der Bewässerung ihrer Felder benutzen. Die „Barriere" muss ebenso wie das Ego zerstört werden, um das Erlebnis der Verschmelzung zu ermöglichen.

Baqa

Baqa kann unterschiedlich übersetzt werden: „ewiges Leben in Gott" oder „Unendlichkeit". ***Baqa*** wird im *Diwan* nur wenige Male genannt und ihm wird weniger Bedeutung zuerkannt als ***fana***: „Wenn ich einen Augenblick, nur eine Sekunde, ohne meinen Geliebten bin,/ Denke ich, Vernichtung (***fana***) wäre besser als Leben (***baqa***)." [14/5]

Rahman verbindet ***baqa*** mit ***wisal*** so, dass es auf Erlösung hinweist. Zugang zum Himmel ist denen möglich, die sich in Beziehung mit dem Göttlichen sehen:

Ich bin der Bülbül unserer Gemeinschaft. Was ist ein Garten,
Verglichen mit unserer Gesellschaft? Was ist ein Blumengarten?

Diejenigen, die mit deinem Haus vertraut werden,
Werden nicht einmal den Garten des Paradieses begehren.[318/1f]

Baqaist auch mit ***fana***verbunden, und zwar auf die Art, in der Vernichtung in der Geliebten zum Leben führt: „Zwar bringt die Schlange deiner Flechten den Tod,/ Ich aber habe ewiges Leben darin gefunden." [313/5]

Gottesvision

Einander widersprechende Visionen von Gott sind seit langem ein Streitpunkt zwischen denen, die glauben, dass Gott vollkommen von der Schöpfung getrennt ist, und denen, die glauben, dass Gott auch in ihr gegenwärtig ist. Der Schlüssel dazu liegt in dem, was Schimmel [1985, p 285] das „unauflösbare Paradox von Einheit und Vielheit" nennt. Dieses Paradox haben einige Sufis mit der Lehre von der „Einheit des Seins" aufzulösen versucht. Eine solche Gottesvision wird in Rahmans *Diwan* offenkundig.

Zwar stimmt Rahmans Dichtung mit der nachdrücklichen Forderung der ***shari'at***überein, ***tauhid*** (Glauben an die Einheit Gottes) zu respektieren. (Diese Sichtweise wird besonders in D1 und D136 deutlich.), er dehnt aber die Idee weiter aus und sagt, dass Gott nicht vom Menschen getrennt ist. Gott offenbart sich auch selbst: „Gott selbst senkte die Zweige ihrer Locken zu mir herunter,/ Sonst wäre ich zu klein gewachsen, um die Größe meiner Geliebten zu erreichen." [89/6] Diese Selbstoffenbarung führt ihrerseits zum Gedanken, dass Gottes durchdringende Gegenwart „auf jeder Seite" ist: „Er ist seitenlos, ohne jede Seite,/ Und doch ist Er auf jeder Seite gegenwärtig." [136/32] Unter dem Einfluss Ibn'Arabis [*1165 in

Spanien, gest. 1240 in Damaskus] wurde die Vorstellung, dass Gott auf jeder Seite gegenwärtig sei, in die Lehre der Einheit des Seienden (***Wahdat al Wujud***) eingeschlossen. In dieser Version extremen ***tasawwufs*** hält man nichts für außerhalb Gottes. Einige Interpreten haben etwas Ähnliches in Rahmans *Diwan* bemerkt. Besondere Aufmerksamkeit schenkte man der Strophe: „Was es auch neben Gott geben mag:/ Sieh es als nichts an." [31/3] Danach scheint der Schluss möglich, dass Rahman voraussetzt, dass Gott in allem sei.

Rahman gebraucht die Bildersprache der persischen Mystik, um Gottes universelle Gegenwart anzudeuten: „Regentropfen fallen vom Himmel auf alle gleich,/ Sie werden zu Tau auf dem Gras und zur Perle in der Muschel." [300/5]

Das Ärgernis der ***wajudi***-Lehre (Gottes Gegenwart in allem) musste durch die Ansicht, dass die Erfahrung von ***wisal,fana*** und ***baqa*** tatsächlich nur eine Sache der Vision und nicht der Realität sei, abgeschwächt werden. Das heißt, dass, obwohl Gott in der Schöpfung wahrgenommen wird, er „in Wirklichkeit" nicht dort ist. Diese modifizierte Gottesvision, die ***wahdat al shudud*** (Die Einheit des Seins: Gottes Gegenwart in allem) genannt wird, bildet einen Mittelweg der Lehre, den einige Interpreten auch im *Diwan* bemerkt haben. Zwei Strophen, die diesen Gedanken der „verworrenen" Vision enthalten, sind die folgenden: „Seit ich das Bild deiner Schönheit in meinem Herzen sah,/ Ist meine Seele fassungslos wie der Spiegel." [168/3] und: „Wir sehen nichts als einen Schleier;/ Das Licht der Schönheit übersteigt jedes Verstehen." [73/12] Auch D289/2 soll ***shududi*** sein: „Wie Wein in der Flasche funkelt,/ So scheint das Licht der Schönheit durch den Schleier." Dafür sei die folgende Strophe das beste Beispiel: „So ist die Erscheinung meiner Geliebten,/ Sie strahlt wie der Glanz in Kirche und Tempel." [23/5]

Das ist ein besonders erstaunliches Bild vom Hindutempel in der Höhle von Somnat, die von Mahmud von Ghazni [971-1030, Herrscher in Zentralafghanistan] geplündert worden war und die nur von einem schmalen Lichtstrahl erleuchtet wurde. Mit der Vorstellung [...], dass

Gott in den Anbetungsstätten der Ungläubigen gegenwärtig sein kann, entfernt sich Rahman in seinem *Diwan* am weitesten von der Orthodoxie.

Dieser kurze Blick auf die Themen des *Diwans*wirft die interessante Frage auf, wo heute im Leben der Paschtunen der Platz der Dichtung ist. Wir leben in einer Zeit, in der die jahrhundertealten Rätsel um Gottes Wesen wieder aufgegriffen werden. Bei den Paschtunen gibt es eine quälende Unstimmigkeit zwischen den Auffassungen der „Gesetzestreuen" und denen der „Liberalen". Man fragt sich, was man aus Rahmans Dichtung – ob überhaupt etwas – zu diesem Thema finden kann. Im nächsten Kapitel wird dieser Punkt genauer untersucht.

4. DAS VERMÄCHTNIS VON RAHMANS DICHTUNG

Die Popularität des *Diwans*

Die Popularität des *Diwans* hat mit einer Resonanz in Rahmans Dichtung zu tun, die nur Paschtunen wirklich beurteilen können. Es heißt: „Die feurige Energie seines Stils und eine natürliche Einfachheit und Wärme in seinen Gedichten ist stärker als bei anderen afghanischen Dichtern." Dieser Stil hat ihn über seine Zeitgenossen erhoben.

Für das Ohr eines Paschtunen „fließt die Dichtung wie Wasser, sie fließt mit einer musikalischen Melodie wie eine Quelle oder ein Wasserfall, die Interesse und Erregung wie Wellen auf dem Ozean schafft". Dieser rollende Rhythmus wirkt ganz anders, wenn die Dichtung laut gelesen wird. Sie gibt den Gedichten etwas Musikalisches, das dazu geführt hat, dass die Vertonung von Rahmans Dichtung weit verbreitet war: „Sie singen, tanzen und lachen/ Zu **Rahmans** Gedicht, die Schönen von **Bagram**." [99/5] D174 war seinerzeit ein beliebtes Lied. Rahmans Gedichte wurden berühmt, weil sie gesungen wurden.

D174

Was kann ich sagen?

Wenn ich mich über Trennung beklage – was kann ich sagen?
Was kann ich sagen über den Schmerz ohne Heilmittel?

Ich habe nicht die Kraft, meinen Geliebten anzusprechen,
Mir fehlt der Mut, über Schüchternheit kann ich mich nicht beklagen.

Wenn ich ihn sehe, bin ich mir meiner nicht bewusst,
Wenn ich mich selbst vergesse – was kann ich sagen?

Wie kann ich die Gefühle meines Herzens jemandem erklären,
Der weder Namen noch Ort hat?

Wenn niemand das Geheimnis der Liebe offenbar macht,
Wie kann ich da vom Geheimgehaltenen sprechen?

Der Liebesschmerz überschüttet mich mit Tränen,
Was kann ich über eine solche Flut sagen?

Während ich im Ofen der Trennung schmore,
Was kann ich da vom Garten der Vereinigung wissen?

Er plündert die Seele eines Menschen und packt sein Herz,
Was kann ich zu einem solchen Liebenden sagen?

Er lädt Krähen in den Garten ein, aber schickt die Bülbüls fort,
Wie kann ich mich bei dem Gärtner dieser Welt beschweren?

Wie ich ihn auch beschreibe: Er ist von allen der beste,
Wie anders könnte ich, **Rahman,** den Geliebten beschreiben?

Durch Vertonung wird Dichtung wiederholt und Wiederholung ist der Schlüssel zum Verständnis von Rahmans Einfluss. In Kulturen mit mündlicher Überlieferung ist Wiederholung das, was die Traditionen aufrechterhält. Volkstümliche Dichtung und Sprüche werden in der Bank des kollektiven Wissens aufbewahrt. Dieses wird von vielen wiederholt. Es ist eine Kette, an der sich jeder neue Hörer beteiligen kann, wenn er will. Rahmans Beliebtheit wird dadurch bewiesen, dass Paschtunen die Kette seiner Dichtung 300 Jahre lang nicht zerrissen haben. Eine Umfrage hat ergeben, dass mehr als 90% der Paschtunen eine oder mehrere Strophen des *Diwans* auswendig können. Einige können sogar einige hundert zitieren. Hier folgt eine Liste der am häufigsten zitierten Strophen:

(1) Die bekanntesten Strophen aus Rahmans *Diwan*

Diwan	*Wortlaut der Strophen*
304/3	Grabe keinen Brunnen auf dem Weg eines anderen, Wenn du es tust, kommst du selbst an den Brunnenrand.
104/5	Sie erreichen Gottes Thron mit einem einzigen Schritt; Ich habe die Wege der Derwische miterlebt.
205/13	Menschliche Güte ist nicht im Reichtum zu finden, **Rahman:** Dass eine Statue aus Gold gemacht ist, macht sie nicht zum Menschen.
304/1	Säe Blumen, dann wird deine Umgebung zum Garten, Säe keine Dornen, denn sie werden dich in die Füße stechen.
321/14	Einer, dem Gott nicht hilft, **Rahman,** Auch wenn er Armeen besitzt, ist er allein.
74/12	**Rahman** ist kein so dummer Tauschhändler, Dass er den Reichtum der Religion gegen Geld eintauscht.
73/13	Lasse dich nicht von der äußeren Erscheinung eines Menschen täuschen, Sieh dir die Innenseite der Nuss an, um zu sehen, ob sie weich oder hart ist.

2/1	Wenn der Leib Mohammeds nicht geboren wäre, Hätte Gott die Welt nicht erschaffen.
120/3	Sage nicht, es gibt nur mich in der Welt; Gott hat einen Führer über jeden Führer geschaffen.
198/4	Wenn die Waage der Gerechtigkeit in deiner Hand wäre, Würdest du dein Maultier dem Pferd eines anderen gleichsetzen.
90/9	**Khushhal** und **Doulat** sind meine Sklaven, Ich, **Rahman**, bin durch die paschtunische Sprache universell.
94/6	Die Monarchie verdankt sich den Gebeten der Bettler; Ich, **Rahman**, bin ein König, weil ich ein Bettler bin.
32/13	Ich bin ein Liebender und ich handele mit Liebe, Ich bin weder **Khaleel, Daudzai** noch **Mohmand.**
235/12	Am Schöpfungstag wurde um Schicksal gespielt, Einige verloren, **Rahman**, und andere gewannen Glück.
198/1	Wenn du nur auf die Fehler der anderen siehst, Warum bist du dir, um Gottes willen, nicht deiner eigenen bewusst?
195/10	Jeden Abend versprichst du, mich morgen zu küssen. Wann wird für **Rahman** dieser Morgen kommen?

Außerdem gibt es einige bekannte Strophen, die Rahman zugeschrieben werden, die aber nicht im *Diwan* stehen. Fast übereinstimmend nimmt man an, dass sie dazugehören:

(2) Strophen, die Rahman Baba zugeschrieben werden, die aber nicht im *Diwan* stehen

Ihr werdet euch an Rahmans Rat erinnern,
Wenn eine Mauer vor euch und eine hinter euch ist.

Ich, Rahman, fehle nicht, wenn ich einen Pfeil abschieße.
In Bagdad habe ich vollkommene, vollkommene *pirs*.

Wenn in deinem Herzen kein Makel ist, Rahman,
Ist es keine Sünde in ein hübsches Gesicht zu sehen.

Bitte nicht um Verstand, Rahman, bitte um Glück.
Die Weisen sind Sklaven der Glücklichen.

Es kann sogar durchaus sein, dass einige Gedichte Rahmans zwar nicht im aufgeschriebenen *Diwan* enthalten sind, wohl aber in der mündlichen Überlieferung treu bewahrt wurden. In einer wissenschaftlichen Einführung in den *Diwan* heißt es: „Der vorhandene *Diwan* enthält nicht alle Gedichte Rahmans. Viele Gedichte sind nicht darin enthalten, aber sie sind weiterhin auf den Lippen von Paschtunen." Eine Umfrage zeigte, dass diese Ansicht zutrifft.

Einige der bekanntesten, oben genannten Gedichte (2) sind sogar besser bekannt als jede Strophe aus dem *Diwan*. Zusammen mit den oben genannten bekanntesten Strophen aus dem *Diwan* (1) kann man sie die mündliche Tradition Rahmans nennen. Diese mündliche Tradition bezeichnet den Einfluss von Rahmans Dichtung genauer als irgendetwas anderes.

Der *Diwan* wurde sorgfältig durchgesehen. Die Strophen, die im Hörgedächtnis behalten wurden, sind die, die den Ansichten der Untersuchenden entsprechen. Da sich die Paschtunen rückhaltlos als Muslime betrachten, betonen sie natürlich die orthodoxen Aspekte des *Diwan*.

Die Paschtunen sind sich darüber einig, dass Rahmans *Diwan* mehr als bloße Dichtung ist. Für sie ist er ein heiliges Buch, fast auf einer Stufe mit dem Koran. Ein wohlbekannter Spruch lautet: „Wenn ein anderes Buch als der Heilige Koran als Gebetsvorlage zugelassen wäre, dann wäre das eindeutig Rahman Babas Buch". Rahman selbst gibt einen Hinweis darauf, dass er denke, die Gedichte seien auf wunderbare Weise inspiriert: „Wenn nicht einmal ein Ungläubiger widersprechen kann:/ Ist das dein Gedicht oder ein Wunder, **Rahman**?“ [57/8] Diese Sichtweise erhebt den *Diwan* auf die Ebene des Koran: „Das Erscheinen von Rahman Babas Dichtung ist nicht so, als ob sie abgefasst worden wäre, sondern so, als ob sie so, wie sie ist, [vom Himmel] herabgestiegen wäre.“

Rahman nahm die Lehren des persianatischen Sufismus vollständig an und imitierte sie. Die Lehren von ***tasawwuf,*** die er verfocht, gehören jedoch nicht zum heutigen Leben der Paschtunen. Stattdessen wird ***tasawwuf*** als gefährliche Abweichung angesehen, über die ein gewöhnlicher Mensch nicht nachdenken sollte: Dazu heißt es: „Das ist auch der Grund dafür, dass Muslime im Namen von ***tasawwuf*** unterschiedliche Glaubensweisen gefunden haben und die leichten und einfachen Lehren des Islam sind so kompliziert und verworren geworden, dass ***tasawwuf***die normalen Ansichten der Religion korrumpiert hat.“ Unter den Ungebildeten gibt es den eingewurzelten Verdacht, es sei eine Theorie, die den bekannten Sufismus von seiner theologischen Untermauerung trennt. [Im Sufismus im Jemen achteten die Führer allerdings darauf, ihre Schüler nicht kontroversen Aspekten der Sufi-Philosophie auszusetzen.]

Wenn man die Sufi-Theologie nicht versteht, hält man Dichtung natürlich für profan. Heute werden die Lehren von ***tasawwuf***von Paschtunen meist auf menschliche Liebe bezogen. Der persianatische Sufismus war immer anfällig gegen diese fixe Idee und die Mehrheit der Paschtunen heute neigt zu einer weltlichen Interpretation des *Diwan*. Da man sich des Symbolismus von ***tasawwuf*** nicht bewusst ist, wird **Saqi** zum Liebhaber, der ein Getränk bringt, und das Wort Entschleiern bekommt einen erotischen Beiklang. In einer Kultur, in der solche Ideen gewagt oder sogar gefährlich sind, kann Dichtung derartigen Gefühlen Legitimität verleihen.

Rahmans *Diwan* enthält sehr viel mehr als nur die vergessene Symbolik von ***tasawwuf.*** Er ist auch reich an praktischer Weisheit.

Derartige Sprüche werden im Osten sehr geschätzt und sie werden auch im Westen immer beliebter. Rahmans Hauptthemen betreffen: Zufriedenheit: D4, Grausamkeit: D6, D79, Bildung: D13, Selbstprüfung: D31, Kürze des Lebens: D44, D93. D101, Macht: D45, Heuchelei: D54, D109, Schicksal: D58, D75, D83, D142, D235, Aufrichtigkeit: D65, die Welt: D97, D122, D162, Freundschaft: D112, D204, D281, Geduld: D134, Respekt und Ehre: D189, Leiden: D200, Reichtum: 205, Alter: D218, Tod: D260, D 284, die Goldene Regel: D304, Gnade: D336 u.a.

Einige der kürzeren Sprüche sind in den Sprichwort-Schatz eingegangen. Sie werden oft ohne Kenntnis ihres Ursprungs zitiert. Paschtunen, die den *Diwan* hören, weisen oft auf sprichwörtlich gebrauchte Strophen hin. So heißt es: „Es ist eine große Stärke von Rahmans Dichtung, dass seine Arbeit in Sprichwörtern angewendet wird und dass sie einen Platz im Herzen der Menschen aller Gruppierungen findet, denn man empfindet sie als Geländer auf dem Felsen." Diese sprichwörtlichen Ausdrücke bewirken, dass Rahmans Dichtung ebenso verlässlich ist wie ein „Geländer auf einem Felsen". Sie ist tatsächlich so verlässlich, dass sein bekanntester Spruch betont, wie sehr man es bedauern wird, wenn man nicht auf seinen Rat hört: „Ihr werdet euch an Rahmans Rat erinnern,/Wenn eine Mauer vor euch und eine hinter euch ist." Das bedeutet: Wenn einer stirbt, werden ihn die Wände des Grabes vorne und hinten drücken. Er wird sich wünschen, er hätte auf Rahmans Rat gehört, solange noch Zeit dafür war.

Ein Hauptthema ist das Respektieren der Rechte anderer. Dass die Strophen, die Paschtunen ermahnen, sie sollten auf dem Pfad eines anderen weder einen Brunnen graben noch Dornen säen, so bekannt sind, ist ein beachtenswertes Gegenargument gegen das allgemeine Bild der Paschtunen als kompromisslos kriegerisch. Es heißt auch, „Rahman Babas Dichtung ist Humanismus" und „Rahman Babas Ansicht ist es, dass der paschtunische Stamm Rettung finden wird, wenn seine Angehörigen die Menschenrechte erforschen und danach handeln."

Rahmans Vermächtnis für die paschtunische Gesellschaft

Rahman wurde in der paschtunischen Gesellschaft idealisiert und zum Superhelden gemacht. Sein Titel „verehrter Vater" wird als „Nationalvater" der Paschtunen verstanden. Er ist das vollkommene Vorbild, das die Paschtunen nachahmen sollen. Dieses Gefühl drückte der bekannteste Prediger Peschawars und geistreiche Unruhestifter Maulana Bijili Gar, dessen Predigten in schriftlicher Form unter Paschtunen weit verbreitet ist, sehr gut aus. In einer 1991 aufgezeichneten Predigt definiert Bijili Gar einen guten Mann als einen, der die Werke Mohammeds tut und im nächsten Satz sagt er: „Ein Mensch kann gut genannt werden, wenn er die Werke Rahmans tut."

Rahman gilt aus verschiedenen Gründen als Übermensch. Der erste Grund ist einfach der, dass Rahman Paschtune ist. Als solcher wird er als jemand akzeptiert, der sich innerhalb des Rahmens des paschtunischen Tribalismus bewegt. Besonders wichtig ist, dass Rahman als hervorragender Moslem gilt. Eine solche islamische Identität entscheidet über die Annahme durch den Stamm. Paschtunische Interpreten beziehen sich oft auf Rahman und heben seine gut-muslimische Persönlichkeit hervor. Er wird „wahrer Moslem" und sogar „heilig" genannt. Heilig werden im Allgemeinen nur hochgeachtete religiöse Gestalten genannt.

Ein zweiter Grund für Rahmans Stellung als Übermensch scheint ein Widerspruch zum ersten zu sein: Rahman hat die Regeln gebrochen. Er zeigt einen skurrilen Individualismus, der zum freigeistigen Temperament der Paschtunen passt. Er bleibt im System des Tribalismus und äußert doch einen Dissens, den man nur Dichtern durchgehen lässt. Man nimmt an, dass der Individualismus des Sufismus in einer bedrückend einförmigen islamischen Welt anziehend gewesen ist. Auch von der Mystik als von einer Alternative zu den strengen Regeln von ***shari'at***, von denen manche den Stammes-Werten entgegengesetzt waren, mögen Paschtunen sich angezogen gefühlt haben.

Eine weitere Tatsache von Rahmans Individualismus ist sein Widerstand gegen „Khanismus". Rahman wird als Volksheld gesehen, der zum einfachen Arbeiter und gegen die landbesitzende Elite stand; „Es sah sich im Gegensatz zu den Khans und zählte sich wegen seiner schweren Arbeit zu den Freunden der ***malangs***."

Rahmans Leugnung seiner **Mohmand**-Wurzeln trägt auch zu seiner Popularität bei. Wegen der starken Rivalität zwischen verschiedenen Stämmen könnte man sich schwer vorstellen, dass ein solcher Freund der Armen beliebt geworden wäre, wenn er die Bindung an sein eigenes ***khel*** [Stammesclan oder Unterabteilung eines Clan] stark betont hätte. Er verleugnet seine Abstammung in der wohlbekannten Strophe: „ Ich bin ein Liebender und ich handele mit Liebe,/ Ich bin weder **Khaleel, Daudzai** noch **Mohmand."** [32/13] Indem er das tut, wird er „in allen Gruppen und sozialen Schichten von religiösen Kreisen über Nationalisten und Rechte bis zu Linken gleichermaßen beliebt."

Ein dritter Grund für Rahmans Stellung als Übermensch ist das Vermächtnis seines *Diwans*. Zeitgenossen Rahmans drückten Ideen aus, mit denen sie innerhalb des tribalen Rahmens blieben und die voll und ganz islamisch waren und doch erreichten sie niemals Rahmans Stellung. Es lag offenbar am Stil: Im *Diwan* muss etwas sein, das Rahman beliebter als andere Dichter machte.

Rahmans Rolle ist eine bedeutend andere als die von Sufi-Dichtern in vielen anderen islamischen Kulturen. Gewöhnlich spielten die Sufi-Dichter in tribalen Kulturen die Rolle des Kriegers, Bannerträgers oder Heiligen. Rahman hat diese engen und manchmal kurzlebigen Rollengrenzen überschritten. Vielleicht ist das mit ein Grund dafür, dass sein Einfluss bis auf den heutigen Tag so stark ist.

Rahman ist kein Krieger-Dichter. In islamischen tribalen Gesellschaften wurden Krieger-Dichter weithin als ideale Führer anerkannt, die die untereinander verfeindeten Stämme gegen Eindringlinge vereinigen konnten. In Somalia zum Beispiel rüttelte die Dichtung von Derwisch Sayyid Hasan zwanzig Jahre lang die Stämme zum bewaffneten Kampf auf. [Der Aufstand begann 1899.] Eine ähnliche Rolle spielte vielleicht Khushhal Khan Khatak (* 1613) im Widerstand der Paschtunen gegen die Moguln. Er schildert den Kampf in kühnen Worten:

Sieh, wie sich jetzt zwei Berge begegnen, einer die Moguln und der andere die Paschtunen.

Solche Gewalt hat ihre Erschütterung, dass die Herzen der Menschen noch heute zittern.

Im Gegensatz dazu wird in Rahmans Dichtung ***jihad***nicht erwähnt und es gibt keinen Hinweis darauf, dass Rahman in irgendeiner Weise an dem blutigen Aufstand gegen die Moguln teilgenommen hätte. Er versinnbildlicht den bewaffneten Kampf nicht.

Rahmans Einfluss könnte möglicherweise ein starkes Mittel sein, die Paschtunen zu ähnlichen politischen Zwecken zu einigen, aber aus zwei Gründen passt er nicht in diese Rolle. Erstens weil Rahman keinen erblichen Nachfolger hat, der solche Ansichten lautwerden lassen könnte, und zweitens, weil der *Diwan* für politische Zwecke sehr wenig brauchbar ist. Während die politischeren Pashto-Dichter wie Ghani Khan und Humza Schinwari oft von Paschtunen zitiert werden, die für die Einrichtung von ***Pukhtunkhwa*** agitieren, fehlt Rahmans Dichtung ganz und gar die Rhetorik blutroter Fahnen und Opfer, die von den Agitatoren benutzt werden könnten. Auch die Taliban mussten andere Dichter finden, die ihre Soldaten zum Krieg anspornten.

Noch weniger als die Rolle des Krieger-Dichters erfüllt Rahman die Rolle eines „Heiligen“. [Der paschtunische Begriff „heiliger Mann“ oder „Heiliger“ ist komplex und hat keine direkte Entsprechung in den europäischen Sprachen. Ein Heiliger kann der spirituelle Meister eines Sufi-Ordens (***pir***), ein tief spiritueller und oft ein zurückgezogen lebender Mann sein, der eng mit Gott befreundet ist (***wali***) oder einfach ein heiligmäßiger Mann (*baba*).] Die Paschtunen verehren die Toten sehr. Wenn sie an einem Friedhof vorbeikommen, beten sie flehentlich und Radfahrer steigen auf ihrem Weg zur Arbeit ab, um an Gräbern von Heiligen längere Zeit zu beten.

In einem solchen Umfeld überrascht es nicht, dass Rahman in der paschtunischen Gesellschaft zu einem der vielen Heiligen und dass sein Schrein zum Wallfahrtsort wurde. Die Woche über kommen die einen, nur um sein Grab zu sehen und seine Gedichte zu rezitieren, und andere kommen, um für ein besonderes Anliegen zu beten. Sie berühren das Grab und wiegen sich nach hinten und vorn. Sie hoffen, dass Rahmans ***barakat*** (spirituelle Kraft) dazu verhelfen werde, dass ihre Bitte erfüllt wird. Andere kommen am Donnerstagabend. Es sind meist junge Männer, die sich in den von Cannabis-Rauch erfüllten kleinen Höhlen um das Grab herum aufhalten, um Gruppen zuzuhören, die zur Begleitung von ***rebab***und ***mangai*** singen. Am meisten Betrieb am Schrein herrscht in der Zeit, wenn Rahmans ***'urs'***, seines Todestages, gedacht wird. Die Gedenkfeier findet im April statt, dauert drei Tage und findet ihren Höhepunkt im ***mushaira,*** einem öffentlichen Vortrag seiner Dichtung. Dann werden die Tücher gewechselt, die das Grab bedecken.

Rahman selbst missbilligte eine derartige Verehrung. Er nannte den Verkehr an den Schreinen kommerziell: „So viele Menschen kommen nach ihrem Tod zu ihrem [der Verehrten] Grabmal,/ Dass es am Grab der Derwische einen ***bazar*** gibt.“ [104/6] Ironischerweise spielt er nun selbst die Rolle, die er kritisiert hat. Eine solche Verehrung hat nichts mit Sufi-Gedanken zu tun. Rahmans Einfluss auf dieser Ebene hat mehr mit ***barakat***, seiner spirituellen Kraft, als mit ***tasawwuf*** zu tun.

Geschichten über Rahmans Zurückgezogenheit befestigen seine Stellung, denn die heiligmäßige Kraft eines „Gottesfreundes“ nimmt mit seiner Zurückgezogenheit zu. Verschiedene Berichte über Rahmans Wunderkraft sind noch in Umlauf. Einige der Interviewten erzählten von Rahmans Fähigkeit zu bewirken, dass eine ***rebab*** von alleine spielt. Sie sagen auch, dass sich, als sein Leichnam umgebettet werden musste, erwies, dass er noch nicht verwest war. Einige Interpreten schreiben Rahmans Beliebtheit seinem Besitz wunderbarer Kräfte zu, die durch seine „versteckte Stimme" vermittelt würden. Im Bereich Liebe wird die Wirkung von Rahmans spiritueller Kraft vielleicht am meisten anerkannt. Für die Liebeskranken ist seine Dichtung ein „Heilmittel für jedes leidvolle Herz". Junge Männer, die sich verliebt haben, nehmen weite Reisen zu Rahmans Schrein auf sich, um darum zu beten, dass Rahman ihnen dazu verhelfen möge, die Hand ihrer Geliebten zu gewinnen.

TEIL ZWEI. Übersetzung des *Diwans*

[Deutsche Übersetzung der englischen Übersetzung Robert Sampsons und Momin Khans. Es folgen Auszüge aus der Einführung]

„Der größte Teil der Gedichte in Rahmans *Diwan* handelt vom Streben nach enger Gemeinschaft mit Gott durch die mystischen Lehren des ***tasawwuf***. Nur etwa ein Vierzigstel der Gedichte blieben übrig, wenn man die, die sich darauf beziehen, wegließe."

„In der Pashto-Dichtung ist es schwer, die profanen von den auf Gott gerichteten Gedichten zu unterscheiden."

„Rahman Baba nennt das Objekt seiner Suche oft die geliebte Person. In vielen persischen Sufi-Gedichten wird nicht deutlich, ob die geliebte Person männlich oder weiblich ist, denn in Persisch werden die Geschlechter nicht unterschieden. In Pashto wird das Geschlecht bezeichnet. In Rahmans *Diwan* bleibt die Sache unklar, da die Mehrzahl der Ghaselen hinsichtlich des Geschlechts der geliebten Person doppeldeutig ist."

(Einführung: Rahman und ***Tasawwuf***)

1. Der Erste ***Daftar*** [D1-D140]

D1

Mein Herr

Seht! Er tut so große Dinge, mein Herr.
Er ist allmächtig, mein Herr.

Er steht über allen bekannten großen
und tugendhaften Menschen, mein Herr.

Um Seine Bedürfnisse zu erfüllen, braucht Er keinen;
Er schuldet niemandem irgendetwas, mein Herr.

Er schuf das Leben aus dem Nichts;
Ein solcher Schöpfer ist mein Herr.

Er hat alles Geschaffene gestaltet;
Er hört alles Sprechen, mein Herr.

Wovon es weder Ähnlichkeit noch Gleichheit gibt:
Er schafft alle Wohlgerüche, mein Herr.

Von allen Gebäude in dieser und der künftigen Welt -
Er ist der Baumeister aller: mein Herr.

Er liest ungeschriebene Schriften,
Er kennt alle Geheimnisse, mein Herr.

Das Offenbare, das Versteckte und das teilweise Bekannte:
Er kennt das alles, mein Herr.

Das Geschaffene, das Verborgene, was dazwischen ist-
Alles ist ihm bewusst, meinem Herrn.

In seinem Reich hat er keinen Genossen,
Er ist König ohne Mitregenten, mein Herr.

Sein Einssein kommt nicht aus Schwäche,
Denn Er ist in einem einzigen Leib unendlich, mein Herr.

Von dem, dessen Freund Er ist,
Braucht Er keine Gegen-Freundschaft, mein Herr.

Ich muss nirgendwo sonst suchen,
Denn Er ist bei mir in meinem Haus, mein Herr.

Weder wandelt noch verändert er sich, O **Rahman**!
Er bleibt immer derselbe, mein Herr.

D2

Mohammed
(Gott segne ihn und schenke ihm Heil)

Wenn der Leib Mohammeds nicht geboren wäre,
Hätte Gott die Welt nicht erschaffen.

Die ganze Welt wurde erschaffen, nur Mohammed zuliebe;
Er ist der Vater der ganzen Welt: Mohammed.

Das Prophetentum endete mit Mohammed;
Es gibt keine Propheten nach Mohammed.

Noch bevor es auch nur eine Vorstellung von Adam und Eva gab,
War das Licht in der Welt: Mohammed.

Zwar wurde er als letzter im Leib geschaffen;
In Wirklichkeit ist er jedoch der Erste von allen: Mohammed.

Seht ihn nicht als Gott an. Er ist wahrhaft Mensch.
Er besitzt wirklich alle guten Eigenschaften, Mohammed.

Ob einer nun ein Heiliger oder ein Sünder ist;
Er ist der Führer aller: Mohammed.

Sünder und Fromme sind für den Himmel bestimmt,
Wenn sie nur seine Religion annehmen, die Religion Mohammeds.

Er ist der Führer der Verirrten,
Der Krückstock in der Hand des Blinden: Mohammed.

Wenn es überhaupt ein Licht gibt, dann ist es der Gehorsam –
Neben ihm gibt es kein anderes Licht in der Welt – neben Mohammed.

Er ist der Helfer der Hilflosen;
Das Heilmittel für jeden Leidenden: Mohammed.

Ich, **Rahman**, bin ein Straßenkehrer vor Mohammeds Tor,
Gott möge mich nicht von seiner Tür entfernen.

D3

Wie die Welt es treibt

Betrachte die Gescheiten dieser Welt nicht als klug;
Die Geistlosen sind die Klugen dieser Welt.

Licht ist ***haram*** für diese Herzen,
Auf die sich der Staub gesetzt hat, der Staub der Welt.

Die Weltlichen plappern sinnloses Zeug;
Alles, was sie ausdrücken und äußern, ist gemein.

Sie alle, die sie sich mit den Geschäften der Welt abgeben,
Spielen wie Kinder im Staub.

Sie sind alle Säuglinge:
Die Erfahrenen und Routinierten dieser Welt.

Sie werden immer dumm und unvernünftig sein:
Sie, die von der Euphorie berauscht sind, der Euphorie dieser Welt.

Nicht einmal Wein berauscht so stark
Wie das, wovon die Trinker berauscht sind, die Trinker dieser Welt.

Für jeden Kranken gibt es ein Heilmittel,
Keine Heilung jedoch gibt es für die Erkrankten an der Welt.

Jeder, der Verbrennungen erlitt, kann in dieser Welt behandelt werden,
Nicht aber diejenigen, die vom Funken verbrannt wurden, vom Funken dieser Welt.

Alles, was du ins Feuer wirfst, verbrennt;
Nie jedoch wird sie befriedigt: die Leidenschaft für diese Welt.

Die von der Welt bezaubert sind, werden in ihrem Kummer ertrinken;
Niemand soll sich versklaven lassen von der Welt!

Der wird für immer im Dunkeln liegen,
Der eingekerkert wird vom Geliebten dieser Welt.

Wahre Muslime unter den Muslimen sind die,
Die die Fesseln gesprengt haben, die Fesseln dieser Welt.

Der Körper ist noch da, der Kopf ist nicht mehr da:
Die Anführer sind niemals der Kopf, die Anführer dieser Welt.

Sie hinterlassen ihre Söhne und Töchter als Waisen,
Denn sie sind unzuverlässig: die Mütter und Väter dieser Welt.

Die werden immer ihr Bündel mit Leid zu tragen haben,
Die den Turban auf dem Kopf tragen, den Turban dieser Welt.

Ob du kaufst oder verkaufst: Alles ist voller Kummer;
Nichts anderes gibt es auf dem ***bazar*** dieser Welt.

Sie alle sind Betrüger und Schwindler:
Alle, die verkaufen und kaufen in dieser Welt.

Wenn sie ihre Bösartigkeit erkennen,
Werden sie sie niemals lieben: diese Welt.

Die ihre Augen auf ihre Religion und ihren Glauben richten,
Werden niemals ansehen: diese Welt.

Junge und Alte sind hinterlistig;
Wie kannst du nur ihrer Arglist trauen, der Arglist dieser Welt?

Die Freunde der Welt sind alle Feinde;
Es gibt keinen Freund auf dieser weiten Welt.

Alle, die ihr verlassen geboren wurdet,
Kommt und seht die Zerstörung dieser Welt!

Ihr, die über tiefe Brunnen und schwindelnde Höhen entsetzt seid,
Wandelt nicht den Pfad der Welt!

So schnell er die Welt gewinnt, verliert er sie;
Ich sah die Geschwindigkeit dieser Welt.

In einem Augenblick ist es Frühling, dann ist plötzlich Herbst;
Er dauert nicht ewig: der Frühling dieser Welt.

Auch wenn sie mit Tausenden von Stützen abgestützt ist,
So hat sie doch kein Fundament: die Mauer dieser Welt.

Auch wenn du dich mit einer Festung von Stahl umgibst,
Betrachte sie dennoch als gläsern: die Festung dieser Welt.

Wenn sich Schatten vor die Sonne schieben,
Verändert sie sich für immer: die Welt.

Erwarte nicht, dass sie besser wird:
Von Tag zu Tag wird sie schlechter: die Welt.[30]

Sie schneiden ohne Schere dem Menschen den Lebensfaden ab:
Eben dieser Tag und diese Nacht der Welt.

Nach dem Tod wird von jedem eine Abrechnung gefordert:
Sie bezieht sich auf Stil und Größe seines Lebens in der Welt.

Am Ende werden sie zu einer Handvoll Staub werden:
Die wunderschönen Rosenwangigen dieser Welt.

Auferstehen werden sie als Gleiche:
Die Prinzen und Bettler dieser Welt.

Er wird ein Makel auf der Brust des Geizigen sein:
Jeder [nicht gegebene] ***darham*** und ***dinar*** dieser Welt.

Für die Zufriedenheit der Zufriedenen
Sollen Reiche und ihr Reichtum geopfert werden.

Nach dem Tod werden sie alle gefoltert:
Die Herzlosen und die Grausamen dieser Welt.

Es geht immer um Zehner und Zwanziger,
Aber niemand bezahlt die Rechnung dieser Welt.

Wenn sie tot sind, werden sie gewaschen und [ins Leichentuch] gehüllt:
In Ungnade fallen die Geachteten dieser Welt.

Auf der ***takhta*** werden sie nackt ausgezogen:
Die Verschämten und Schüchternen dieser Welt.

Der Prophet hätte mehr Reichtum als irgendjemand auf dieser Welt gehabt,
Wenn sie irgendeinen Wert hätte: die Welt.

Rahman kann die Verworfenheit dieser Welt nicht erklären:
So zahlreich sind die Laster dieser Welt.

D4

Genügsamkeit

Gesegnet seien die in der Welt,
Die in ihr zufrieden sind.

Tausend Jahre von **Salomon**s Königreich
Entsprechen nicht einem einzigen Augenblick der Hingabe an diese Welt.

Ein Atemzug, bei dem man an Gott denkt, ist besser
Als aller Wohlstand der Welt in dieser Welt.

Die, die in der Welt wirklich etwas gewonnen haben,
Haben Gott verehrt in der Welt.

Wenn es einen Segen gibt, dann liegt er allein in Gehorsam und Anbetung,
Sonst gibt es keinen Segen in der Welt.

Mühe oder schwere Arbeit werden für die Religion getan.
Sonst bedarf es keiner Arbeit in der Welt.

Außer Gott ist alles vergänglich;
Sei es nun Süße oder Schönheit in dieser Welt.

Selbst ein König muss in die Erde;
So sind Ehre und Achtung beschaffen in dieser Welt.

Keiner in der Welt ist törichter
Als der, der Muße sucht in der Welt.

Du willst ein paar Augenblicke Frieden in der Welt?
Wer hat *den* jemals gefunden in der Welt?

Du baust auf unsicherem Sand,
Was du auch bauen magst in der Welt.

Nicht fester als ein torkelnder Betrunkener
Steht der Mensch in dieser Welt.

Jemand, der am Grab eines Toten vorübergeht,
Bekommt einen guten Rat für diese Welt.

Sieh fließendes Wasser und urteile danach über die Geschwindigkeit deines Lebens;
Diese Andeutung eines Ratschlags genügt für diese Welt.

Diese starken und festen Schenken und Paläste
Werden schließlich zerstört in dieser Welt.

Die hungrigen Augen des Schicksals sind nicht so freundlich,
Dass sie irgendjemanden in Sicherheit sein lassen in dieser Welt.

Alle, die in sie eintreten, verlassen sie wieder;
Alle sind nur Reisende in dieser Welt.

Am Tag des Gerichts gibt es keinen Gottesdienst;
Ein Mensch ist der, der anbetet in dieser Welt.

Der Mensch wird sich morgen mit denselben Eigenschaften erheben:
Möge niemand einen schlechten Charakter haben in dieser Welt.

Eben das wird der Mensch nach dem Tode ernten,
Was er gesät hat in dieser Welt.

Zwar ist jene Welt in dieser nicht zu sehen;
Und doch kann ich ihre Wirkung sehen in dieser Welt.

Am Tage des Gerichts werden wir einander nicht helfen können.
Ich habe den Tag des Gerichts gesehen: in dieser Welt.

Der wird sicher in seinem Grab liegen,
Der unverdorben lebt in dieser Welt.

Gute Taten schaffen jetzt ein Paradies: Frömmigkeit soll ausgeübt werden
Von jedem, der den Himmel haben will in dieser Welt.

Guter Charakter, gute Taten und gute Sitten
Sind sowohl Himmel als auch Glück in dieser Welt.

Bosheit macht das Leben zur Qual;
Wir sollten sie vermeiden in dieser Welt.

Anständig und achtungsvoll zu jedem sein;
Das ist edle Gesinnung in dieser Welt.

Wenn jemand viel Geltung will:
Gerechtigkeit bedeutet Ansehen in dieser Welt.

Außer dem Kummer, anderen keine Liebe erwiesen zu haben,
Kann man keinen Kummer mitnehmen aus dieser Welt.

Alle Handlungsweisen jener Welt sind hier:
Bei jedem Geschäft, das man verrichtet in dieser Welt.

Wenn sich das Schicksal nicht gegen einen wendet,
Ist die Wahrheit durchaus nicht verborgen in dieser Welt.

Der sei freundlich zu den Guten und streng mit den Bösen,
Der Heiligkeit anstrebt in dieser Welt.

Gott hat die zu Heiligen gemacht,
Die sich nicht gemeinmachen mit dieser Welt.

Selbst wenn alle Menschen sich zusammentun,
Werden Sie ihr Schicksal nicht ändern in dieser Welt.

Wenn es *einen* Menschen in der Welt gibt,
Dann ist es der, der kein Interesse hat an dieser Welt.

So ist **Rahman** das Leben vergangen
Wie ein einziger Augenblick, verbracht in dieser Welt.

D5

Die künftige Welt

Diese Welt ist gut, sie ist gut;
Sie ist eine Investition in die künftige Welt.

Verurteile die Welt nicht;
Höre auf diesen Rat und nimm ihn an.

Auf dem ***bazar*** dieser Welt
Kann man die Waren für jene Welt kaufen.

In der Welt gibt es großen Gewinn,
Den nur die, die etwas gelernt haben, kennen.

Wenn du ihn in Nächstenliebe anbietest,
Wird er das Unheil abwenden.

Wenn du ihn deinem Feind schenkst,
Wird er deinen Feind sofort in deinen Freund verwandeln

Wenn du ihn auf das Feuer legst,
Wird es wie Aloe duften.

Wenn du ihn in die Wüste bringst,
Macht er die Wüste schön.

Wenn du ihn einem ***pir***anbietest,
geht er glücklich und lächelnd davon.

Solange er in dieser Welt lebt,
Wird er dich in seine Gebete einschließen.

Er wird dich als einen, der wie **Hatim** ist, loben
Und er wird dir den Titel „großherzig" verleihen.

Jeder großherzige Mensch ist ein Freund Gottes,
Selbst wenn er ein Sünder ist.

Jeder Geizige ist Gottes Feind,
Selbst wenn er fromm ist.

Die Welt ist ein Ort der Vorbereitung auf das Danach;
Dieser Satz ist wahr.

Viele sehnen sich nach der Welt;
Wenn sie sie nur von irgendjemandem bekommen könnten!

Aber ein [wahrer] Mensch unter ihnen ist jemand,
Der ebenso großherzig wie fromm ist.

In der Welt an sich ist nichts Böses,
Wenn du es nicht zu Bösem anwendest.

Die Welt ist ein strömendes Meer,
So klar wie ein Spiegel.

Jeder kann darin sehen,
Ob sein Gesicht hässlich oder schön ist.

Die Welt ist sowohl eine Gefahr für das Leben
Als auch eine wertvolle Perle.

Sie ist Glaube für die Gläubigen
Und Grausamkeit für die Böswilligen.

Einerseits gibt sie Schmerz,
andererseits Linderung.

Hier schmeckt es nach Gift;
Hier schmeckt es nach ***halwa***.

Alles hängt ab
Von der Absicht eines Menschen.

Die Gottesfürchtigen sollten sich gut
Überlegen, was sie tun.

Alles, was sie tun, werden sie zurückbekommen;
Die Welt ist ein Ort der Gegenleistung.

So, wie einer ist, wird er erscheinen:
Ob dumm oder klug.

Wenn du klug bist, verstehe,
Was rechtmäßig und was unrechtmäßig ist.

Sieh die Gebote, die offen vor dir liegen,
Dann sei bereit, ihnen zu folgen.

Alle weltlichen Angelegenheiten sind Religion,
Außer denen, die verboten sind.

Der Gottesfürchtige ist zum Gehorsam bereit,
Er ist immer auf Handeln vorbereitet.

Er enthält sich dessen, was ***haram*** ist,
Und ist mit den ***fünf Grundsätzen*** beschäftigt.

Er akzeptiert ***kalima***
Außen wie innen.

Über den Geschäften dieser Welt
Versäumt er die unerlässlichen Gebete nicht.

Er **fastet** im ***ramadan***
Und gibt ***zakat***.

Wenn er sich den ***haj*** leisten kann,
Geht er, wenn er die anderen Gebote erfüllt hat, auch auf ***haj***.

Dies sind die fünf Prinzipien der Religion,
Die ich eben genannt habe.

Diejenigen, die diesem Weg folgen
Sind Heilige.

Auch wenn sie großen weltlichen Wohlstand genießen,
Sollten sie sich keine Sorgen machen.

Die Welt ist für denjenigen schlecht,
Dem es ausschließlich um äußerliches Zurschaustellen geht.

Er erwirbt [ein Vermögen] entweder durch Grausamkeit
Oder durch den Handel mit Alkohol.

Er verschwendet es mit Trinken
Oder mit Unzucht.

Entweder begeht er ungerechte Morde
Oder verschlingt das Vermögen eines anderen.

Er betrachtet es als seine Pflicht, sich in Verehrung
Vor Königen und Reichen zu verneigen.

Um zu prunken, macht er die Wahrheit zur Lüge
Und die Lüge zur Wahrheit.

Er fürchtet weder Gott
Noch besitzt er Scham oder Selbstachtung.

Allein wegen seiner Gier
Veröden tausend Heimstätten.

Wegen seiner Grausamkeit
Sind alle Menschen in Qual und Verzweiflung.

Er gönnt seine Aufmerksamkeit niemals
Den Schreien der Unterdrückten.

Er sitzt da wie Pharao:
Gefühllos und arrogant.

Er wendet sein Gesicht dem Götzentempel zu
Und seinen Rücken der Moschee.

Er macht sich mit den Spöttern gemein
Und entfremdet sich den Frommen.

Er hat weder Liebe
Noch Hass im Herzen.

Möge es **Rahman** nicht geschehen,
Dass ihm dergleichen Übel begegnen, o Gott!

D6

Sei zu niemandem grausam

Hör mal! Sei zu niemandem grausam.
Dieses kurze Leben ist ohne Liebe vergeudet.

Niemand bleibt in der Welt,
Alle müssen sie verlassen, sei es heute oder morgen.

Die Freunde, die wir heute noch sehen,
Alle werden sie in einem oder zwei Tagen nicht mehr da sein.

Wenn du ihren Anblick magst, dann sieh sie dir an!
Wenn sie erst einmal nicht mehr da sind, kommen sie nicht zurück.

Wenn die Herbstblätter sich erst einmal vom Zweig gelöst haben,
Kann kein Wissenschaftler mit aller seiner Weisheit sie jemals wieder einpfropfen.

Wenn vom Himmel ein Regentropfen auf die Erde fällt,
Kann er niemals in den Himmel zurückkehren.

Denke nicht, dass sie in deine Augen zurückkommen werden:
Die Tränen, die deine Augen vergossen haben.

Jeden Morgen geht die Sonne auf verschiedene Weise auf,
Die, die untergeht, geht nie wieder auf.

Ohne Gnade kommst du auch mit Enthaltsamkeit nicht ins Paradies,
Selbst dann muss jeder seine Pflicht erfüllen.

Hundertmal versuchst du deine Wünsche zu erfüllen, 10
Kein einziger davon wird dir morgen noch irgendetwas nützen.

Auch wenn du dich mit der ganzen Welt anfüllst,
Wird man deiner doch nicht in Segnungen oder Gebeten gedenken.

Wenn du einem Hungrigen auch nur ein einziges Korn in die Hand gibst,
Wird das zu deiner Wegzehrung für die Zukunft.

Wenn du einem Durstigen auch nur einen einzigen Tropfen Wasser gibst,
Wird der zu einem Fluss zwischen dir und der Hölle.

Wenn du dich auch nur ein einziges Mal vor Gott verneigst,
Wirst du am Tag des Gerichts über alle anderen erhöht.

Diese Welt ist der ***bazar***, auf dem jeder Gewinne machen oder Handel treiben kann.
In der nächsten Welt gibt es weder Gewinne noch Handel.

Wenn du es nur begreifen könntest: Heute ist der Tag für Freundschaft;
Freunde sollten einander treu ergeben sein.

Wenn es in dieser Welt Leben gibt, dann darin:
Dass das Leben mit anderen in fröhlichem Lachen zugebracht wird.

Möge Gott uns vor einem solchen Leben bewahren,
In dem wir andere verleumden und sie uns beschimpfen.

Besser Gift in Frieden und Harmonie
Als Zucker mit Zank und Streit.

Besser sorglos sein und Staub und Stroh essen
Als durch ***halwa***, das im Streit zubereitet wurde, verpflichtet sein.

Besser du verrenkst dir den Rücken mit Mühe und schwerer Arbeit,
Als dass du jemandem von seinem Rücken die Geldbörse stiehlst.

Besser ein Blinder sein, der mit seinen Augen nichts sieht,
Als jemand, der seine Augen auf Verbotenes richtet.

Besser ein Tauber sein, der mit seinen Ohren nichts hört,
Als einer, der auf Verleumdungen hört.

Besser ist es, man begegnet einem Dämon oder einem Teufel,
Als wenn man einem bösen Menschen über den Weg läuft.

Die Gesellschaft eines Drachens ist besser
Als die Gemeinschaft mit einem Narren.

Wirklich schwer ist es, die Herzen zu verbessern,
Gewinn und Verlust der Welt bekommt man leicht.

Man macht in der Welt so leicht Gewinn und Verlust,
Gott bewahre, dass man bei einer so einfachen Aufgabe versagt.

Wenn es das Herz deines Bruders oder Verwandten betrübt,
Sollst du deine Absicht fallen lassen.

Erfülle manchmal die Wünsche anderer, manchmal deine eigenen,
Aber du solltest nicht immer nur deinen eigenen Willen durchsetzen.

Wenn du etwas Gutes isst und ein anderer sieht hungrig zu,
Dann ist das überhaupt keine Essen, sondern in Wirklichkeit ist es
Gift. 30

Manche nehmen für einen Augenblick des Glücks ewig währenden
Kummer auf sich,
Der Weise tut dergleichen nicht.

Betrachte andere wie dich selbst,
Denn alle sind wie du.

Richter sollten gerecht richten
Und sich nicht von Gier und Begierde lenken lassen.

Viele, viele Dinge liegen im Herzen der Menschen;
Nicht alle sollten als rechtmäßig betrachtet werden.

Die Religiösen sollten ihrem Glauben folgen;
Einigen bringen ihre Gedanken Verdienst, anderen Ärgernis.

Gott verbietet allen Menschen, eine Sünde zu begehen!
Es gibt kaum einen Unterschied zwischen ***khata*** und ***ata.***

Nicht alle Menschen sind gleich;
Denn einige sind hochrangig, einige mittelmäßig und einige niedrig.

Jeder hat seine eigene Würde;
Nicht jeder kann König werden.

Ich **Rahman** beklage mich über keinen;
Ich habe außer dir keinen anderen Freund oder Feind.

D7

Die Welt der Liebe

Wenn jemand einen Freund in dieser Welt sucht – dies ist sein Freund.
Ist dies der Freund oder ist dies der Schmuck der Welt?

Gedanken an ihre Flechten haben mein Herz umschlossen,
Wie eine Schlange sich um einen Schatz ringelt.

Gott hat diese Welt aus Liebe geschaffen,
Er ist der Vater aller Kreaturen.

In der Welt gibt es keine so überragende Aufgabe wie die Liebe,
Das Streben nach ihr übertrifft alle anderen Mühen bei Weitem.

Kein Bülbül hätte je eine Blume geliebt,
Wenn er gedacht hätte, es wäre keine Blume, sondern ein Dorn.

Du kommst kein zweites Mal in die Welt,
Kein zweites Mal – jetzt ist die Reihe an dir!

Sieh, wie lange eine Luftblase hält;
Wenn jemand die Lebenszeit misst, dann ist das der Maßstab.

Sieh **Rahman** an und denke dabei an **Majnun**;
Er ist in seiner Liebe zu dir ebenso elend.

D8

Mein Opfer für dich

Von allen denen, die dir ihr Leben widmen,
Wird sich niemand wie ich als Opfer hingeben

In dieser Welt wird sich niemand wie ich opfern
Und keine andere Geliebte wie du ist zu finden.

Deine Grausamkeiten und deine Treulosigkeit habe ich ertragen:
Lachen kann Weinen nicht ersetzen.

Ohne deine Anwesenheit können weder die Welt
Noch mein Haus mir Trost bieten.

Nie im Leben werde ich die Trennung von dir akzeptieren,
Bis meine Seele meinen Körper verlässt.

Wie die Gläubigen beim Gebet hinter dem ***imam*** stehen,
So folge ich dir nach.

Ich bin nicht der Einzige, denn ob König oder Bettler –
Die ganze Welt ist in dich verliebt.

Wenn du mir nur einen Garantiebrief gäbest
Und darin ein Gelöbnis für morgen ablegtest.

Ich bin dir nicht aus freiem Willen anheimgefallen,
Die Aufforderung ist von deiner Seite gekommen.

Ich liebe dich von Anbeginn an;
Es ist nicht so, als hätte ich eben erst damit begonnen.

Erst wenn er vom Pfeil deiner Liebe gemartert wurde,
Erst dann wird Rahmans Pflicht erfüllt sein.

Sieh dir **Rahmans** gelbe Gesichtsfarbe an!
Immer weint er nach dir.

D9

Wenn du deine Geliebte wirklich liebst

Wenn du deine Geliebte wirklich liebst,
Opfere zuerst deine Religion, dann die Welt.

Täusche dich nicht über die Treue der Geliebten;
Ihr Geschlecht ist untreu und stolz.

Der Stamm der Geliebten ist so ungesittet und pflichtvergessen,
Dass sie niemals auf die Schreie von irgendjemandem achten.

Dank ihrer Arroganz und ihrem Stolz
Achten sie die Ratschläge der Heiligen nicht.

Mit einem einzigen Blick nehmen sie einem Menschen Herz und Religion,
Ohne jede Furcht und Scham.

Nichts auf der Erde dreht sich so sehr im Wirrsal wie
Ein Liebender, der Himmel und eine Wassermühle.

Zwar hängst du, auch wenn du liebst, an Leben und Besitz;
Doch bedenke: Liebe ist nicht so billig.

Wenn du deine Geliebte begehrst, vergiss die himmlischen Jungfrauen;
Handele nicht das, was du haben kannst, gegen Versprochenes ein.

Trinke den Becher aus den Händen ***Saqis,***
Das reinigt dein Herz von schäbiger Prahlerei.

Der, dessen Bestimmung die Liebe der Geliebten ist,
Wird sich niemals der Kunst der Alchemisten zuwenden.

O **Rahman**, eine Äußerung soll ihnen genügen;
Warum fragen sie nur immer wieder aufs Neue?

D10

Trennung

Noch einmal überkamen mein Herz heftige Gefühle:
Trennung setzte meinen Verstand wieder in Flammen.

Wenn ich das Buch meines Schicksals in Händen gehalten hätte,
Hätte deine Grausamkeit bewirkt, dass ich es zerstöre.

Ich hatte das Wort Liebe nicht einmal ausgesprochen, als
Trennung schon wieder eine Armee gegen mich aufstellte.

Nach meinem Tod werde ich mich dir wieder opfern,
Wenn Gott meinen Körper am Auferstehungstag neu erschafft.

Aller Trennungsschmerz war aus meinem Herzen herausgewaschen,
Als ich mit dein Gesicht mit Augen sah.

Der Himmel hatte sein Gesicht mit Wolken bedeckt,
Doch Gott offenbarte mir die Sonne noch einmal.

Meine Geliebte öffnete mir wieder die Tür,
Die mein Nebenbuhler mit einer Kette verschlossen hatte.

Mit einem Blick hat sie mir das Herz gestohlen.
Was wird erst geschehen, wenn sie mir noch einen Blick schenkt?

Sei dankbar, **Rahman**, dass du im Einklang bist;
Denn die Perle kann nicht in ihre Muschel zurückkehren.

D11

Ich habe mein Herz geopfert

Ich habe der Geliebten mein Herz und meine Religion geopfert,
Wer denkt da wohl, ich hätte nicht genug für sie hingegeben?

Ich frage mich, wie weit ich im Lob ihrer Schönheit gehen sollte;
Sie ist vollkommen ohne Grenzen.

Ihr Leib ist so frei von Mängeln
Wie ein Ei frei von Haaren ist.

Kein Wunder, dass ihr Gesicht mit Locken bedeckt ist,
Denn immer winden sich Schlangen um einen Schatz.

Ebenso wie die Sonne im Zwielicht glüht,
So glüht sie mit ihrem roten Schal.

Ich weiß nicht, wohin ich mich wenden soll:
Tausende von Nebenbuhlern sind rechts und links von mir.

Möge Gott niemals einen so in seinem Kummer alleine lassen,
Wie ich es in meinem Schmerz um meine Geliebte bin.

Aus Furcht vor Trennung lese ich immer wieder:
Rahman, „Möge ich davor bewahrt bleiben!"

D12

Das Weinen über meine Liebe

Das Weinen über meine Liebe wird stärker,
Aber meine Geliebte lässt sich durch meine Tränen nicht rühren.

Selbst wenn alle meine Worte zu Perlen und Edelsteinen würden,
Ist meine Rede nicht wert, dass deine Ohren sie hören.

Wenn er* schliefe, hätte ich ihn mit Rufen geweckt:
Mein Geliebter ist wach, jedoch für mich ist es, als schliefe er.

Wie ein geschriebener Brief spreche ich mit geschlossenem Mund;
Schweigen hat meine Unruhe besiegt.

Das Bebauen des glühenden Landes der Liebe ist nicht leicht;
Wenn sich das Meer doch nur über meine Wüste ergießen würde!

Die Trennung hat mir nicht etwa nur die Geliebte entrissen,
Sondern sie hat meine Seele von meinem Körper getrennt.

Ich, **Rahman**, begehre nichts außer meiner Geliebten;
O dass doch mein Gebet von Gott erhört würde!

*Zum Geschlecht der geliebten Person vgl. **3.DIE THEMEN DES DIWAN**, Ende des Abschnitts **Rahman und *Tasawwuf*,** vgl. auch andere Stellen.

D13

Gelehrte

Gelehrte sind das Licht dieser Welt,
Gelehrte sind die Führer der gesamten Welt.

Wenn jemand den Weg zu Gott und zum Propheten wissen will,
Können ihn die Gelehrten diesen Weg führen.

Während Alchemisten im Streben nach ihrer Kunst umherirren,
Ist die Gesellschaft der Gelehrten selbst Alchemie.

In der Gesellschaft von Wissenschaftlern wird sich der in Gold verwandeln,
Der ein Stein oder ein Klumpen in der Wüste ist.

Die Unwissenden sind wie tote Körper,
Aber Gelehrte sind wie der **Messias**.

Tote werden durch ihre Beschwörung zum Leben erweckt;
Alle Gelehrten sind solche Heiligen.

Diejenigen, die kein Diplom in Wissen haben,
Sind keine Menschen, sondern bloße Nachahmungen.

Ich, **Rahman**, erweise jedem Gelehrten Ehrerbietung,
Ganz gleich, ob er hervorragend oder nur mittelmäßig ist.

D14

Lobpreis des Schönen

Wenn die Hochzeit auch mit Flöte und Trommel organisiert ist,
Betrauern die Menschen sie doch später.

So viel Zufriedenheit und Liebe er mir jedoch auch erzeigen mag,
Empfinde ich doch das Desinteresse meines Geliebten an mir.

Er ist meine Liebe und zugleich mein Geliebter;
In einem anderen Augenblick sieht er mich nicht mehr als seinen Geliebten an.

Nur um mich zu trösten, nenne ich ihn meinen Geliebten;
Welche Beziehung ist zwischen Schwach und Stark auch möglich?

Wenn ich einen Augenblick, nur eine Sekunde, ohne meinen Geliebten bin,
Denke ich, Vernichtung wäre besser als Leben.

Gott beauftragt jeden mit irgendeiner Arbeit;
Gott hat mich mit der Lobpreisung des Schönen beauftragt.

O Ratgeber, ich habe keine andere Begabung als die für die Liebe.
Verzeih mir, wenn ich ein Dummer oder Kluger bin.

Ich bin verblüfft, dass sie meinen Rufen keine Aufmerksamkeit schenken,
Weder die Jungen noch die Erwachsenen schenken mir irgendwelche Beachtung.

Weiter nichts als einen langen Blick auf den Geliebten, möge Gott
Keinen anderen Wunsch in **Rahmans** Herz legen.

D15

In einem Augenblick

Diese Welt ist treulos;
Treulos ist sie und vergänglich.

Sie hat weder Gesicht noch Hals:
Wie ein Klumpen in der Wüste.

Im einen Augenblick wendet sie dir ihr Gesicht zu,
Im anderen kehrt sie dir den Rücken.

Im einen Augenblick gehört sie dir,
Im anderen Augenblick gehört sie mir.

Im einen Augenblick hält sie Schmerz,
Im anderen Augenblick hält sie ein Heilmittel bereit.

Im einen Augenblick hält sie Furcht,
Im anderen Augenblick hält sie Hoffnung bereit.

Im einen Augenblick existiert sie,
Im anderen Augenblick ist sie vernichtet.

Im einen Augenblick ist sie still,
Im anderen Augenblick macht sie Lärm.

Im einen Augenblick hält sie Lachen,
Im anderen Augenblick hält sie Tränen bereit.

Im einen Augenblick ist sie treu,
Im anderen Augenblick ist sie untreu.

Im einen Augenblick ist sie arm,
Im anderen Augenblick ist sie reich.

Sie hat weder Form noch Gestalt,
Manchmal ist sie dies und manchmal das.

O **Rahman**, möge Gott niemanden einem
Solchen Unheil gegenüberstellen.

D16

Nutzlos

Nicht das Glück irgendeines Menschen habe ich genossen,
Aber ich wurde vom Kummer jedes Freundes schwarzgebrannt.

Selbst wenn ich nichts von anderen erwarte,
So erwarten doch sie, dass ich ihnen Gefälligkeit erweise.

Ob es nun mein Bruder, mein Verwandter
Oder mein Sohn ist: Jeder verfolgt seine eigenen Zwecke.

In jedem Haus liegen die Kranken und erwarten mich,
Ich kann jedoch für keinen das Heilmittel finden.

Allen weltlichen Besitz haben die Reichen;
Wer wird für mich sorgen, wenn ich keinen habe?

Das Dorf ist mein Zuhause;
Ich betrachte es nicht als Zuhause, sondern als verlassenes Grab.

Wenn einer nutzlos ist,
Wer mag dann mit ihm lachen?

Wenn einer einem anderen nicht helfen kann,
Dann ist ein Fremder besser als ein solcher Freund.

Auf der heißen Erde leben ist sehr schwierig,
Wie kann sich jemand mit **Rahman** verbinden?

D17

Die unmögliche Aufgabe

Wenn du das Herz von jemandem möchtest,
Dann jage den Vogel ***onqa.***

Trage die Glockenmütze auf dem Kopf
Und reite auf dem Ross der Luft.

Steh auf wie **Khizr**
Und trinke das Eloxier des Lebens.

Hebe deinen Fuß von der Erde
Und setze ihn wie **Jesus** in den Himmel.

Sei der Schüler des Lehrers,
Der dich Alchemie lehren kann.

Alles, was ich dir sage;
Wenn du alles verstehst,

Oh **Rahma**n, nur dann kannst du Treue
Erwarten von der Schönen.

D18

Das Werk der Liebe

Ich habe nie so schöne Menschen gesehen, wie du einer bist;
Und meine Ohren haben auch von keinem gehört.

Sie sind ihren Geliebten nicht treu;
Ich habe alle Lieblinge erprobt.

Seitdem ich in dein schönes Gesicht gesehen habe,
Habe ich nie mehr in irgendein anderes Gesicht geblickt.

Die Schmerzen um dich haben den Hof meines Herzens besetzt;
Ich habe alle anderen Schmerzen aus meinem Herzen vertrieben.

Seitdem ich die Arbeit der Liebe in die Hand genommen habe,
Habe ich meine Hand von jeder anderen Arbeit abgezogen.

Aller Kummer hat mein Herz verlassen;
Ich habe den Kummer um dich darein gesät.

Ich, **Rahman**, schlafe und lache nicht ohne meine Geliebte;
Ohne sie habe ich weder Schlaf noch Gelächter begehrt.

D19

Der Wein deiner Lippen

Ich bin berauscht vom Wein deiner Lippen
So sehr, dass niemand schlimmer betroffen sein kann.

In meiner Liebe zu dir greife ich nach einer Blume
Wie ein Ertrinkender nach einem Strohhalm.

Sind es deine Wangen, die rot und weiß leuchten
Oder sind es blutige Tränen auf meinem Gesicht?

Wie werden meine Tränen auf dich wirken?
Ein Feuer wird durch die Tränen von ***kabab*** noch stärker entflammt.

Liebende sollten sich bewusst sein, dass Liebe
Kein süßer Schlummer ist, sondern eine Überschwemmung.

Ich sah das Muttermal zwischen deinen Augenbrauen
Und weder ein ***imam*** noch ein ***mehrab*** ist ihm gleich.

Der Grund dafür, dass wir keine Feen sehen können,
Ist, dass sie ihr Gesicht bedecken, um nicht mit dir verglichen zu werden.

Am Tag fühlt sich der Mond von deinem Angesicht beschämt,
Darum reist er in der stockdunklen Nacht.

Nimm die Bedeckung von deinem Gesicht und male das Gesicht derer Schwarz an, die während deiner Herrschaft die Sonne hochschätzen.

Ich bin nicht der Einzige, der dich meine Geliebte nennt;
Gott hat dir diesen Titel verliehen.

Die Male auf dem Blatt deines Gesichtes
Sind Vokale auf den Seiten des Heiligen Korans.

Ich kann deine Schönheit nicht ermessen,
Sie ist einfach unermesslich, sie ist ohne Maß.

Kein Einziger im **Sarban**-Stamm kann ein Buch machen,
Außer **Rahman**, der dieses Buch gemacht hat.

D20

Deine maßlose Schönheit

Als ich deine maßlose Schönheit sah,
Wurde die Sonne heiß vor Eifersucht.

Verliebt in dich, ist die Narzisse ganz Auge für dich;
Der Strauß wird karmesinrot, wenn er in Herzblut ertrinkt.

Meine Augenlider sind von Blut durchschossen
Wie die schwarze Bedeckung von Zelten, die mit einem roten Seil zusammengehalten wird.

Es ist nicht seltsam, dass sich Locken auf deinem Gesicht kräuseln;
Denn Haar muss sich in der Hitze des Feuers kräuseln.

Gott hat mich mit deinem Klagen vertraut gemacht;
Seitdem ist mir das Glück rar geworden.

Das Schluchzen über die Trennung hat meine Augen gerötet;
Tränen haben ihre Lebhaftigkeit weggewaschen.

Mond und Sonne fühlen sich von deiner Schönheit beschämt;
Und sie verstecken ihr Gesicht hinter dem **Qib-**Berg.

Ich weiß, du bist wirklich von der Erde;
Wie lange noch willst du den Staub mit einem Finger aus deinen Kleidern wischen?

Solange du Gedanken an deine Geliebte hegst,
Sei bereit für die Tränenflut.

Das Glück **Rahmans** wird aus dem Schlaf erweckt,
Wenn du aufwachst und ihn ansiehst.

D21

Die Seiten eines jeden Buches durchstreifen

Ich durchstreife die Seiten eines jeden Buches
Auf der Suche nach den Zügen meiner Geliebten.

Wie der Backofen des Bäckers und die Esse des Schmiedes
Ist die Leidenschaft der Liebe in meinem Herzen.

Sie werfen sich lachend ins Feuer;
Möge niemand von so sehnsüchtiger Liebe verschlungen werden!

Wenn ich bei der Sehnsucht nach der Schönen verweile,
Wird mir bange ums Herz.

Sieh nur, wie es die Liebe dem Liebenden leicht macht
In dem Leiden, das so groß ist wie das Hiobs.

Er weinte und weinte so sehr um Joseph:
Damit blendete sich Jakob selbst.

Es ist die Leidenschaft selbst, die der Liebende liebt,
Die schönen Wangen der Geliebten sind dafür überflüssig.

Wie kannst du die Menschen nach Trennung und Vereinigung fragen,
Die Liebender und Geliebte sind?

Als er die Bedeutung statt der äußeren Erscheinung wahrnahm,
Wurden Laster und Tugend für **Rahman** zu ein und demselben.

D22

Schicksal und Verhängnis

Als ich Schicksal und Verhängnis betrachtete,
Schienen mir meine Kämpfe und Pläne bedeutungslos.

Es sei denn, Gott selbst wird für einen zum Arzt,
Einen anderen Arzt gibt es nicht in der Welt.

Ich erwarte von meinen Nebenbuhlern nichts Gutes;
Möge Gott nur meine Geliebte nicht zu meiner Nebenbuhlerin
machen.

Wenn deine Geliebte zu deiner Feindin wird,
Ist das, als würde einer in seinem eigenen Lande zu einem Armen.

Wenn einer in seinem eigenen Land arm wird,
Spielt es keine Rolle, ob sie Meilen oder Ellen voneinander getrennt sind.

Von der Liebe habe ich keinen anderen Gewinn als Verzweiflung;
Alles, was der Dichter sagt, ist wahr.

Manchmal wird selbst ein Feind zum Freund;
Aber **Rahmans** Freund wird nicht vertraut werden.

D23

Der Glanz in Kirche und Tempel

Wenn ich meiner Geliebten begegne,
Werde ich für den Rest meines Lebens nicht von ihrer Schwelle weichen.

Von nun an möge Gott mich festsetzen
In dieser Tür, ob ich nun lebe oder sterbe.

Es gehört sich, dass ich mich vor meiner Geliebten beuge;
Denn diese Geliebte ist die ***qibla*** meiner Wünsche.

Ich würde alles für die roten Lippen meiner Geliebten opfern:
Sei es nun Zucker, Naschwerk oder Honig.

So ist die Erscheinung meiner Geliebten:
Sie strahlt wie der Glanz in Kirche und Tempel.

Die lieben die Geliebte mehr als ich,
Die von niemals erblickten und übernatürlichen Mächten sprechen.

Ich missbillige den Gottesdienst des Heuchlers,
Den ein Mensch aus Sitte und Gewohnheit verrichtet.

Tagsüber gibt er anderen gute Ratschläge
Und nachts sitzt er in der Taverne der Feueranbeter.

Sie haben Religion als Falle auf den Wegen der Welt aufgestellt
Und darin fangen sie die Einfältigen.

Sie halten immer nach denen Ausschau,
Die Opfergaben oder ***zakat*** in den Händen haben.

Ich, **Rahman**, suche Zuflucht vor solchen Leuten,
Die darauf stolz sind, dass sie dem Gesetz ungehorsam sind.

D24

Diese schwarzen Augen

Als du mich mit diesen schwarzen Augen ansahst,
Machtest du damit mein Herz gleichgültig für die übrige Welt.

Als ich dich sah, wusste ich sofort,
dass sich meine Liebe zu dir niemals ändern würde.

Die Scheichs und Asketen, die mir raten,
Haben die Tugend deines Antlitzes niemals kennengelernt.

Was liegt daran, wenn ich für die Liebe zu dir verleumdet werde?
Qazi und ***mullah*** lieben dich mehr als ich.

Denen, die mich von dir abwenden, grolle ich,
Denn sie laufen vor mir her, um dich zu suchen.

Wenn ich, **Rahman**, meine Geliebte erblicke, erschrecke ich:
Sie ist eine Fee in menschlicher Gestalt.

D25

Der Mut der Liebenden

Ich lobe den Mut der Liebenden,
Die in ihrer Liebe beständig sind.

Sie ändern oder wechseln nie ihren Kurs,
Auch wenn sie die ganze Welt verflucht.

Wenn ihnen einer eine Lehre auch hundertmal erteilt,
So nehmen sie doch keines Menschen Rat an.

Sie sagen sich von der Welt los und opfern ihrem Geliebten;
Wer kann solchen Schmerz wollen

Würden sie ihr ganzes Leben mit der Betrachtung der Geliebten verbringen,
Würde es ihnen doch nur wie ein Augenblick erscheinen.

Wenn die Geliebte sie auch nur einen einzigen Augenblick verließe,
Würde dieser Augenblick für sie zu einer Ewigkeit.

Müssten sie für die Geliebte in die Hölle fahren;
Selbst die Hölle würde ihnen als Himmel erscheinen.

Der Pfad der Liebe wandert auf den Füßen des Glaubens;
Nicht auf den Füßen von Besonnenheit und Frömmigkeit.

Niemals wird das durch Streben und mit Bedacht gefunden,
Was allein von Gottes Gnade abhängt.

Das Herz des Liebenden ist so leer von Gedanken an eine andere,
Wie das Meer an seiner Oberfläche rein von Schmutz ist.

Gott verwandelte das Herz der Geliebten in Stein, **Rahman**.
Der Blitz traf das Haus des Liebenden.

D26

Diese Dichtung gehört mir

Ich habe diese Lektion von dir gelernt;
Sie ist die Quelle aller Inspiration.

Ich habe mit dem Lob der Geliebten begonnen;
Jedoch ist der Schatz unschätzbar.

Dadurch, dass es die verführerischen Geliebten preist,
Wird auch dieses Gedicht anziehend und geliebt.

Wie sich ein Blumenstrauß in der Morgenbrise öffnet,
So gefällig ist diese Komposition.

Als ich die Beschreibung der roten Lippen anfügte,
Wurde dieses Gedicht süßer als Zucker und ***halwa***.

Ich kann nicht sagen, ob dieses Gedicht das Wasser des Lebens
Oder ob er Jesu Atem ist.

Sie kommt nicht von den Lippen der Dichter aller Sprachen,
Darum ist diese Dichtung so leuchtend.

Wenn jemand dein Gesicht Sonne oder Mond nennt,
Ist das keine Lüge, sondern wahre Dichtung.

Wenn jemand fragt: Wer hat dieses Gedicht gemacht?
Sagt **Rahman**: Diese Dichtung gehört mir.

D27

In den Wellen der Liebe ertränkt

Wenn jemand aus Liebe verzweifelt ist,
Haben Ärzte kein Heilmittel, ihn zu heilen.

Er weint immer aus beiden Augen um seine Geliebte;
Statt Tränen weint er Blut.

Er hat mit beiden Welten nichts mehr zu schaffen;
Er ist immer in den Wellen der Liebe ertrunken.

Diejenigen, die auch nur den schwächsten Duft von Liebe in sich haben,
Haben keinen Geschmack mehr an Tradition und Sitten.

Ibrahim Adham war kein solcher Narr,
Dass er Thron und Krone begehrte.

Majnun hat **Leila** nicht auf die Weise geliebt,
Dass er wegen seiner Liebe auf andere angewiesen gewesen wäre.

Die Verrücktheit wird die Irren niemals verlassen;
Ob sie nun Könige oder Bettler werden.

Selbst wenn sein Kopf in der Galgenschlinge hängt wie der **Mansurs**,
Wäre dieser Galgen ***miraij*** für **Rahman**.

D28

Der Duft von Moschus

Als ich **Saqis** Konzept kostete,
Fühlte ich mich wie ein toter Leib, der seine Seele wiedergewinnt.

Wenn ich träume, sehe ich die Flechten meiner Geliebten;
Der Duft von Moschus umgibt mich bis zum Morgen.

Den Getrennten bringt die Morgenbrise die willkommene Nachricht der Vereinigung,
Wie ein Reisender Nachrichten aus dem Ausland mitbringt.

Wenn es erlaubt ist, das Blut der Liebenden zu trinken,
Wer kann die Herrschaft der Schönen infrage stellen?

Jeder Liebende, der das Glas der Liebe in der Hand hält,
Hat einen Trank, der dem Berauschten erlaubt ist.

Niemand lobt ein liebeleeres Gesicht;
Nur der Bewunderer kennt den Wert des Bewunderten.

Die Braut dieser Welt besteht darauf, dass der Bräutigam seinen Glauben aufgibt;
Oh **Rahman**! Halte dich von einer solchen Verbindung fern.

D29

Verderbliche Augen

Da du mit solch verderblichen Augen geschaffen worden bist,
Ist niemand so schamlos wie du.

Deine krausen Locken und gewölbten Augenbrauen
Sind frecher als Skorpion oder Schlange.

Es gibt viel unbescheidenen, schamlosen Kummer in der Welt,
Aber keiner ist so schändlich wie Trennung.

Nur Dämonen sind so unbekümmert um Trennung;
Menschen dagegen sind niemals so schamlos.

Würde es wohl solchen Unfug und Aufruhr geben,
Wenn die Welt nicht so schamlos gemacht wäre?

Nicht einmal der Liebende stirbt aus Kummer um seine Geliebte;
Gott hat die Welt so zuchtlos gemacht.

Sie haben Josef für eine so kleine Summe verkauft;
Möge sich eine so dreiste Karawane nie wieder zusammenfinden.

Dass er seine Geliebte ohne Höflichkeit zu küssen begehrt:
Möge **Rahman** nicht so ungehobelt sein.

D30

Die Gebäude der Liebe

Während Könige Paläste bauen,
Lege ich das Fundament für das Gebäude der Liebe.

An welchen Königsnamen erinnert man sich so liebevoll
Wie an die Namen **Majnun** und **Farhad**?

Liebe ist ein solcher ***pir*** und Lehrer für den Liebenden,
Dass man mit ihr keinen ***pir*** oder Lehrer vergleichen kann.

Alles das ist das Wunder der Liebe,
Das *einen* zu einem Heiligen, *einen* zu einem ***qutb*** und einen anderen zu einem ***autad*** macht.

Alle Unternehmungen der Welt gehen vorüber:
Wie kann nur irgendjemand an ihren Sinn glauben?

Wie Sterne, die sich mit den Sonnenstrahlen bewegen,
Halten sie weder an noch bleiben sie an irgendeinem Ort stehen.

So war es wechselhaft mit allen,
Ob es nun **Jamsched, Bahman** oder **Qubad** war.

Ob **Jamsched, Bahman** oder **Qubad**,
Namrud, Pharao oder **Schadad**.

Niemandem wurden die Träume erfüllt;
Niemand hat sein Ziel erreicht.

Für keinen wurden Gebete oder der Koran gesprochen;
Weder von Nachkommen, Familie noch Abkömmlingen.

Ich, **Rahman**, fliehe vor der Grausamkeit dieses Zeitalters
Zu meinem Herrn und flehe ihn um Hilfe an.

D 31

Prüfe dich selbst

Wenn du entschlossen bist, deine Ziele zu erreichen,
Vergiss die Gedanken an Verlust oder Gewinn.

Alles, was dir auch über den Weg läuft:
Sieh es als Vorteil an.

Was es auch neben Gott geben mag:
Sieh es als nichts an.

Füge dich dem Schicksal;
Lebe immer in zufriedener Harmonie.

Verirrt im Schauspiel des Universums
Wie Wolken und Rauch.

Prüfe dich selbst,
Um herauszufinden, ob du akzeptiert oder zurückgewiesen wirst.

Bedenke deinen Zustand genau,
Ganz gleich, ob du Moslem oder Jude bist.

Werde zu einem Jünger Abrahams;
Setze dir nicht **Namruds** Krone auf.

Wache auf aus dem Schlaf der Unachtsamkeit,
Wie lange willst du noch weiterschlafen?

Lebe verbunden und tätig;
Mit Gebet und Segnungen.

Knie dich hin wie der Himmel
Und falle in Verehrung nieder wie die Erde.

Alle Dinge preisen Gott
Im Gesang, wie David.

Wenn man aufmerksam ist, wird man bestimmt
Von allen Seiten diese Musik hören.

Wenn du ein Diener wirst wie **Ayaz,**
Wird **Mehmud** sogar noch stolzer auf dich sein.

Alle Mittel des Guten und Bösen
Sind verfügbar und vorhanden.

Wenn du weise bist, dann unterscheide
Das, was du tun sollst, von dem, was du nicht tun sollst.

Wenn er nicht wie ***spund*** im Feuer verbrannt wird,
Bekommt der Duft der Aloe keine Schärfe.

Reinige dich von der Unreinheit
Wie das weite Meer.

Er muss verderben, oh Rahman:
Denn dieser Leib ist nicht rein.

Außer der Nennung der Geliebten
Hört noch redet **Rahman** irgendetwas anderes.

D 32

Ich handele mit Liebe

So sehr ich mich auch meiner Treue rühme:
Meine Geliebte traut meinen Schwüren nicht.

Ich existiere in der Welt ohne meine Geliebte
Wie ***spund*** im Feuertopf.

Die Geliebte ist die Ehre der Liebenden;
Die Ehre der Sklaven ist ihr Herr.

Da meine Liebe in dieser Welt hochmütig ist,
Bin ich seinetwegen begeistert.

Da meine Liebe in dieser Welt offenkundig ist,
Rage auch ich in diesem Zeitalter hervor.

Als ich begann, die Geliebten zu preisen,
Wurde mein Wort anziehend und beliebt.

Der Geschmack meiner Rede ist so, dass
Nicht einmal Zucker ihm gleichkommt.

Der Zucker, den Gott mir in den Mund legte;
Nicht einmal ***halwa***-Hersteller können mit solcher Süße wetteifern.

Es wird keinen geben, dessen Gespräch
Und Intelligenz so scharf wie meine sind.

In der Dichtung bin ich stark wie ein Löwe,
Aber nicht so gefährlich.

Ich bin ein Fachmann in Lobgesang und Satire,
Aber sie befriedigen mich nicht.

Mag ich nun unfähig oder geschickt sein,
Ich will mich mit nichts anderem als mit Leidenschaft verbinden.

Ich bin ein Liebender und ich handele mit Liebe,
Ich bin weder **Khaleel, Daudzai** noch **Mohmand.**

Die mir Ratschläge in der Liebe geben,
Sind wie Söhne, die ihrem Vater Ratschläge geben.

Jeder, der lacht und dabei einen Spiegel in der Hand hält,
Lacht einfach nur sich selbst an.

Färber sollten zuerst ihre eigenen Bärte färben;
Und erst dann **Rahman** ihre Ratschläge anbieten.

D 33

Ich habe den Verstand verloren

In der Liebe zu dir habe ich den Verstand verloren;
Ich habe kein einziges vernünftiges Wort zu sagen.

Die Ärzte sagen, mein Heilmittel sei Geduld,
Aber Gott machte unsere Konfession äußerst ungeduldig.

Überall zieht man das Schwert gegen den Nebenbuhler;
Meine Liebe, deine Augen töten Freunde mit einem Schwert.

Die Geliebten des Zeitalters haben sich versammelt;
Sie plündern und brandschatzen das Haus meines Herzens.

Ich bin nicht der Einzige, der vom Schmerz um dich befallen ist;
Die Liebe ist aus Qual gemacht.

In der Welt hat jede Nacht ihren Tag,
Aber Trennung raubte meinem Leben das Licht.

Die Schönen sind niemandem treu;
Dafür sind sie in der Welt wohlbekannt.

Vor Staunen stecken *die* alle Finger in den Mund,
Denen die Bindungslosigkeit der Entfremdeten bewusst wird.

Er sollte sich gegen die Blicke seines Nebenbuhlers verteidigen:
Jeder Liebende, der mit der Gegenwart der Geliebten gesegnet ist.

Ich zähle nicht auf das Schicksal, denn ich habe genug Kraft und Segen,
Um mich vor Schlechtem und Niederträchtigem zu bewahren.

Die Nebenbuhler sehen sie als einen geschwärzten Topf an,
Selbst wenn ich ihnen eine ***hoori*** aufs Bett setzen würde.

Die Tränen aus **Rahmans** Augen trocknen ebenso wenig,
Wie eine unheilbare Wunde trocken wird.

D 34

So viele Tränen

So viele Tränen rinnen mir über die Wangen,
Dass mein Hemd und meine Brust davon durchnässt sind.

Ich pflege meine Geliebte in meinem Herzen
Wie eine Blume, die jemandem auf die Wangen gelegt worden ist

Eine Schlange kann ja nicht aufs Bett kriechen;
Die Schlange der Locken hat mich jedoch auf meinem Bett gebissen.

Gott machte die sanften Augen meiner Geliebten mörderisch;
Wie sonst könnte jemand so liebenswürdig einen Mord begehen?

Wenn meine Freundin veranlasst, dass ich gehenkt werde, dann geschehe es!
Groß gewachsen und hoch sind meine Freundin und der Galgen.

Ich bin von Liebe durch und durch zerschnitten;
Gott möge nicht machen, dass meine Geliebte wie ich sei.

Meine Geliebte quält mich mit so viel Grausamkeit;
Ich kann mich nicht entsinnen, dass Nebenbuhler je so erbarmungslos waren.

Liebende machen sich magische Fetische, um Herzen zu stehlen;
Wahr ist die eine, die ohne Magie deine Geliebte ist.

Wenn sie sich nichts daraus machen, einem Herzen Aufmerksamkeit zu schenken;
Wozu stehlen sie dann Herzen?

Auch wenn es immerzu Tränen auf seine Brust regnet,
So kann der Staub von **Rahmans** Herzen nicht abgewaschen werden.

D 35

Die Welt und ihr Tun

Nur weil du dein Herz so fest an sie gebunden hast –
Denkst du denn, die Welt gehöre deinem Vater oder Großvater?

Sieh nur, was mit deinem Vater und Großvater geschehen ist;Du wirst auf dieselbe Reise gehen wie sie.

Die vorangingen sind für die hinteren eine Brücke;
Niemand kann auf der Brücke bleiben.

Ich spreche nicht nur zu dir;
Hunderttausende wie du sind gekommen und gegangen.

Stelle keine unbilligen Forderungen;
Du kannst weder Stadt noch Land noch Heimat eines anderen besitzen.

Die in einem fremden Land leben,
Haben weder Macht noch Autorität.

Selbst wenn sie tausend Schwüre schwören, wenn sie eine Arbeit verrichten;
Niemand traut einem Einwanderer.

Das, was in der Morgendämmerung blüht, welkt bis zum Abend;
Niemand kann solchen Blumen im Garten vertrauen.

Auch wenn einer Bruder, Verwandter oder Freund ist,Betrachte ihn nicht als Bruder, Verwandten oder Freund.

Alles, was geboren worden ist, wird verschwinden;
Oh **Rahman**, so ist die Welt und ihr Tun.

D 36

Locken auf den Wangen

Wenn er nicht die Grausamkeit der Nebenbuhler auf sich nimmt,
Wird er niemals das Antlitz seiner Liebsten mit eigenen Augen sehen.

Zuerst muss der Dorn in der Knospe sprießen,
Dann erst blüht eine Blume im Garten.

Niemand hat den Himmel durch die harte Arbeit der Gottesverehrung gefunden,
Aber jeder hat seine eigene Pflicht.

Wenn gutes Betragen einfach durch süßen Duft gewonnen werden könnte,
Läge der Drachen nicht auf Sandelholz.

Tulpen leuchten mehr als Rubine;
Es ist bloßer Zufall, dass einer wertvoll und ein anderer wertlos ist.

Rahmans Gedichte in diesem Band gefallen;
Wie Locken auf den Wangen der Schönen.

D 37

Wie ein wohlgepflanzter Baum

Lass sie fordern, ich solle bei Gott schwören,
Ob ich irgendwelche ***darhams*** oder ***dinars*** zu Hause habe.

Ich habe weder ***darhams*** noch ***dinars*** zu Hause.
Warum nennen sie mich reich?

Ich kann die Tatsache beschwören, dass ich mich nicht von der Stelle bewege,
Noch bin ich irgendeiner Kreatur für irgendetwas dankbar.
Und ich habe auch nicht hier und da Länder gesehen;
Ich kann nicht einmal rechts von links unterscheiden.

Ich bekomme Wasser und Nahrung wie eine Mühle in meinem eigenen Haus;
Ich lebe in meinem eigenen Haus ebenso gut wie auf Reisen.

Ich bin wie ein wohlgepflanzter Baum an seinem eigenen Ort;
Es spielt keine Rolle, ob der Herbst oder der Frühling kommt.

Vertrauen hat meine Hände und Füße mit ***henna*** gerötet;
Es hat mich zu meiner Zufriedenheit an meinen Ort gesetzt.

Was mir bestimmt ist, geschieht;
Frieden und Unruhe, sie kommen abwechselnd zu mir.

Er, der achtzehntausend Menschengeschlechter geschaffen hat,
Derselbe Gott ist mein Erhalter.

Alles hängt von Gottes Willen ab,
Abhängigkeit von anderen bringt dich nirgendwohin.

Er wird sich in dieser Welt überhaupt kein Sorgen machen,Wenn alles nach dem Willen **Rahmans** geschieht.

D 38

Der Liebespfad

Wie dornig der Liebespfad auch sein mag,
Der Liebende trägt Sandalen der Leidenschaft.

Wenn die Begegnung mit der Geliebten nur durch Warten so haben ist,
Bin ich ganz Augen wie der Tautropfen.

Die scharfe Spitze des Metalls kann von weichem Wasser umgeformt werden;
Vertrautheit und Liebenswürdigkeit sind weit stärker.

Ich bereue meine hochmütige Arroganz und meinen Ungehorsam;
Möge Gott niemanden von oben nach unten kehren wie den Himmel.

Gott weiß, welche Waren es auf dem ***bazar*** gibt;
Von zu Hause aus kannst du keine Geschäfte machen.

Alles ist für den Liebenden geschaffen:
Vorwurf, Tadel und Fluch.

Grausamkeit, Stolz und gefühllose Arroganz der Schönen
Habe ich mit Freuden entgegengenommen.

Niemand hat Behagen ohne Unbehagen gefunden,
Denn Traurigkeit und Freude sind Geschwister in dieser Welt.

Ich, **Rahman,** leide Schmerzen um meine Geliebte,
Wie Eltern über ihre Kinder verzweifeln.

D 39

Was?

Was für ein leuchtendes Gesicht ist das,
Das zugleich Sonne und Mond ist?

Was für duftende Flechten sind dies,
Die nach Moschus und ***anbur*** duften?

Was für benachbarte Augenbrauen sind dies,
Die zwei scharfe Klingen sind?

Was für todbringende Augen sind dies,
Sowohl Schwert als auch Dolch?

Was für weinfarbene Lippen sind dies,
Zugleich alkoholisch und süß?

Was für rein weiße Zähne sind dies,
Die Perlen und Diamanten sind?

Was für ein kleines, gefälliges Kinn ist dies,
Zugleich Reichtum und Frucht?

Was für ein Wuchs und was für eine Größe sind dies,
Sowohl Blume als auch Wacholder?

Was für eine zerbrechliche Taille ist das,
Zugleich zart und dünn?

Was für ein Herz die Geliebte hat,
Das sowohl aus Wachs als auch aus Stein ist?

Ich kann nicht ergründen, was für eine Freundin dies ist,
Zugleich Herz und Herzliebchen?

Was für eine Statue ist dies, mein Gott,
Die zugleich Götterbild und sterblich ist?

Was für ein Vers ist dies, o **Rahman**:
Der gleichzeitig Kleinod und Kunst ist?

D 40

Gegensätze

Dieser ist ein Freund, jener ein Feind.
Dieses eine Blume, jenes ein Dorn.

Dieses ist eine Blume, jenes ist ein Dorn.
Dieses ist **Mansur**, jenes der Galgen.

Dieser ist ein Nebenbuhler, jener ist ein Freund.
Dieses ein Kleinod, jenes eine Schlange.

Dieses ist Liebe, jenes ist Verstand.
Dieses ist Kummer, jener ist der Leidende.

Dieses ist Trennung, jenes ist Vereinigung.
Dieses ist Herbst, jenes ist Frühling.

Dieses ist Gehorsam, jenes ist Ungehorsam.
Dieses ist Erkenntnis, jenes ist Feuer.

Dieser ist ein Gelehrter, jener ist ein Analphabet.
Dieses ist Schlafen, jenes Erwachen.

Dieses ist **Rahman**, jenes die Geliebte.
Jenes ist der Arzt, dies der Patient.

D41

Eine falsche Liebe

Wer nicht leidet
Aus Liebe zu seiner Geliebten,

Für ihren Schal sei geopfert
Dieses Geliebten Turban.

Ach! Tausend, tausendmal,
Ach! Sogar hunderttausendmal.

Dass der Liebende in seiner Liebe
Weder gut noch schlecht ist.

Er ist weder eine Motte seiner Kerze,
Noch ein Bülbül seines Gartens.

Weder in Schande gebracht wie **Majnun**
Noch erhängt wie **Mansur**.

Du kannst nicht beides sein, **Rahman,**
Sei entweder ein Liebender oder ein Verlierer.

D42

Suti

Verachtung bewirkt nicht, dass ich mich meiner Leidenschaft schäme;
Ich schrecke so wenig zurück wie eine ***suti*** vor den Flammen.

Es wäre, als wollte man eine Flussmündung ins Meer mit Wachs verschließen,
Wenn man mir das Geräusch der Liebe verbieten würde.

Ich habe kein anderes Problem als die Trennung,
Aber es gibt nichts Schlimmeres als diese.

So viel Anziehungskraft Gott dir verliehen hat,
So sehr machte er mich ungeduldig.

Wer hat mir die Farben Schwarz und Weiß bewusst gemacht?
Hast du nicht ein weißes Gesicht und ein schwarzes Herz?

Was sollte ich zum schlechten Benehmen des Nebenbuhlers sagen?
Noch schlimmer ist es, wenn die Geliebte auf seiner Seite steht.

Die Rache dafür ist weit schlimmer als Mord;
Ach! Furcht ist die weit schlimmere Vergeltungsmaßnahme der Trennung.

Liebe macht einen verrückt, **O Rahman**!
Sonst würde der Weise nie sein Haus verlassen.

D43

Das grausame Herz der Geliebten

Ich habe Grausamkeit und Kränkung von meiner Freundin erfahren,
Wie kann ich Treue von einer Gegnerin erwarten?

Wie könnte Hoffnung auf Freude von einer Feindin kommen,
Wenn Leiden von Seiten einer Freundin kommt?

Am meisten beklagen sich die,
Die Güte in Hülle und Fülle erwartet haben.

Wenn ein Peiniger einen grausam behandelt, macht das nichts aus,
Aber beklage es, wenn das Herz der Geliebten grausam wird.

Suchende müssen ihre Suchwanderung fortsetzen;
Möge Gott dich Treue nicht untreu werden lassen.

Wenn du um übergroßer Bescheidenheit willen niemanden ansiehst,
Wende dein Antlitz nur einmal um **Rahmans** willen ihm zu.

D 44

Die Karawane macht sich auf den Heimweg

Freunde machen sich auf den Weg zu ihrem Grab,
Wie sich die Karawane auf den Heimweg macht.

Der Tod beeilt sich so sehr,
Wie der Bauer schnell sein reifes Getreide schneidet.

Die Welt hat einen schnellen Umsatz,
So schnell wie der Umsatz fliegenden Sandes.

Der Körper des Menschen bricht bald zusammen,
So wie im Herbst die Lilien schnell verwelken.

Dieses liebliche Leben geht vorüber;
So flink wie ein schnell dahinfließender Fluss.

Schneller als ein Lidschlag
Ist **Rahmans** Abgang aus der Welt.

D 45

Bei den Mächtigen sitzen

Wenn du ihnen nicht an Stärke gleichkommst,
Setze dich nicht so vertrauensvoll zu ihnen.

Wisse, dass die Starken Feuer und Wasser sind,
Ertrinke nicht und verbrenne dir nicht das Gesicht.

Zwar ist Leben nicht ohne Wasser und Feuer möglich,
Jedoch legt niemand sie sich auf die Brust!

Mein Gott, schicke niemandem eine Flut ins Haus,
Nicht einmal das reine Wasser von **Kausar.**

Möge kein Feuer irgendeines Menschen Haus verbrennen, Selbst
wenn man dafür das Licht von Sonne und Mond ausschließen müsste.

Wenn sein ganzer Stamm von Dornen durchwachsen wäre,
Würden die Früchte dieses Baumes wohl nicht gegessen.

Möge niemand im Schatten einer Mauer sitzen,
Deren zerbrochene Steine überhängen.

Was dir auch in den Bauch gestochen wird, soll verloren sein,
Ob es nun ein goldenes Messer oder ein goldener Dolch ist.

Ungesetzlichen Gewinn gibt es vielen in der Welt;
Aber ehrlicher Gewinn ist zuträglich und schadet nicht.

Spring nicht ins Meer, denn das Leben ist lieblich,
Allerdings gibt es viele Juwelen in der See.

Wenn einer weder Achtung noch Ehre hat,
Möge Gott ihm kein Silber und Gold gewähren.

Wenn der Mächtige jemandem eine Gunst erzeigen will,
Betrachte eine solche Gunst als Schädigung.

Lass dich nicht durch die Freundschaft eines Mächtigen täuschen,
Es sei denn, du bist stärker als er.

Nur wenn du der Gewinner und er der Verlierer ist,
Kannst du ihm auf den Kopf treten.

Sonst, wenn du nicht zu ihm gehst,
Betrachte dich als seinen Vater.

Die glauben, Freundschaft mit dem Mächtigen wäre klug,
Dem pisse ich, **Rahman**, auf die Geschicklichkeit.

D 46

Aurangzeb

Für die Augen des Blinden
Ist Morgen wie Abend.

Morgen wie der Abend,
Ein Diamant wie ein Kiesel.

Ein Diamant wie ein Kiesel,
Gold ist wie Erde.

Gold ist wie Erde,
Und Tugend wie Laster.

Ihm scheint,
Alles wäre dasselbe.

Wenn jemand ihm eine Freundlichkeit erweist,
Betrachtet er die als schlimmer denn ein Übel.

Wenn jemand ihm Schaden tut,
Denkt er, der wäre besser als Freundlichkeit.

Er wird vom Schlechten nicht gequält,
Und vom Guten nicht überwältigt.

Ob richtig oder falsch, er
Hat weder Gefühl noch Verstand.

Er ist unwissend hinsichtlich seines Wohlergehens,
Sich unbewusst seines Elends.

Er erkennt den Irrtum nicht
Und schätzt auch Geschicklichkeit nicht.

Wie ein blinder und tauber Mensch
Nimmt er nichts wahr.

Von Wohlverhalten oder Sünde –
Was weiß da schon ein Tier?

Tiere wissen nichts:
Sie schlafen nur und essen.

Du bist es, meine Sinnlichkeit,
Die mich so verwirrt.

Du verlorst den Verstand
Und folgtest der Welt.

Du hast Gott gegenüber deine Pflicht nicht erfüllt,
Und bist dem Weg des Propheten nicht gefolgt.

Du denkst nicht an den Tod
Und an die Nöte des Auferstehungstages.

Du liegst und schläfst und kümmerst dich nicht
Um die Reise, die du machen wirst.

Er kann dich jeden Augenblick verlassen,
Wenn du es nur wüsstest, wann: dieser Körper.

Wo ist dein schwarzes Haar geblieben,
Das wie Moschus und ***anbur*** war?

Dein hoher Wuchs ist wie eine Trauerweide gebeugt,
Dabei warst du ***chinar*** und Pinie.

Dein Körper ist vollkommen verfallen,
Auch wenn das Herz noch jung ist.

Du bist schon über fünfundfünfzig
Und nennst dich doch noch jung.

Du hast weder Mitleid noch Furcht.
Nichts rührt dein Herz.

Es wird keinen anderen Menschen wie dich geben,
So dreist und kühn.

Du hast dein Leben in Unachtsamkeit verbracht:
Weder Anhänger noch Führer.

Deine Gottesverehrung ist nur Vorführung
Wie Gold, das mit Wurmausscheidungen gefüllt ist.

Wie eine falsche Goldmünze
Wie ein in Gold verborgener Stein.

Als ob in der Frucht verborgen,
Hundert Dornen wären.

Es ist wie ein Zauber,
Von einem Zauberer oder Hexenmeister geschaffen.

Wie ein leerer, seelenloser Körper,
Den der Künstler malt.

Wie ein leerer hohler Kürbis,
Der Kern ist nicht mehr da, die Schale bleibt.

Wie der Kern einer Frucht,
Frucht außen, ein Stein in der Mitte.

Wie ein Ärmel ohne Arm
Von oben bis unten, vom Zeh bis zum Kopf.

Wie ein Bandit und Betrüger
Ist der ***dgur*** unter den Vögeln.

Wie eine hässliche Braut,
Die einen Schleier über dem Kopf trägt.

Unter dem Schleier – wer weiß da,
Ob sie Tochter oder Mutter ist?

Sie ist weder schön noch anziehend,
Sie täuscht die Welt durch ihren Aufputz.

Ach! über solche Schwindler,
Wie ein zerborstener überhängender Felsen.

Halb im Boden versunken,
Halb sichtbar wie ein Berg.

Er trägt ***miswik*** in seinem Turban,
Aber einen Dolch unter der Achsel.

Ein glühendes Holzstück, in der Asche verborgen,
Ein Funken, im Heu versteckt.

Nachts trinkt er das Blut der Unterdrückten,
Tagsüber nimmt er die Kanzel ein.

Sein Herz ist so schwarz wie ein Topf,
Sein Gesicht ist weiß wie der Mond.

Er rast auf der Suche nach der Welt,
Aber er nennt sich ‚***qalandar***'.

Er rezitiert ***kalima*** mit der Zunge,
Aber er glaubt in seinem Herzen nicht daran.

Er ist das Beispiel eines Heuchlers,
Weder Muslim noch Heide.

Weder Muslim noch Nichtmuslim,
Weder glücklich noch unglücklich.

Er wandert verwirrt und elend
Von einer Straße in die andere, von Tür zu Tür.50

Er kommt dorther und geht dorthin,
Wo die Reichen sind.

Auf der Straße der Reichen
Frisst er Dreck wie ein Esel.

Aurangzeb war auch ein ***fakir***
Mit einer Kappe auf dem Kopf.

Aber er wandte der Kappe den Rücken,
Als er die Herrschaft über das Königreich antrat.

Er war nur so lange ein ***fakir,***
Wie ihm nichts zur Verfügung stand.

Als das Schicksal sich ihm freundlich zeigte,
Eroberte er weiterhin das Land.

Sieh, welch Unrecht er tat
Den Kindern und seinem Vater.

Einen nach dem anderen tötete er mit dem Schwert,
Die ganze Familie von **Khorum**.

Es war nicht nur die Familie von **Khorum** allein,
Außerdem richtete er viele andere zugrunde.

Er nahm die ganze Welt in Besitz,
Als er die Oberhand hatte.

Durch Betrug und Trickserei
Nahm er **Bijapur** und **Bhagnagar**.

Nicht nur **Bijapur** und **Bhagnagar**,
Auch **Chinja** und **Chinjawar**.

Er nahm Indien im Sturm,
Ebenso **Kabul** und **Peschawar**.

Dann sagte ihm sein Herz,
Er solle König über sieben Länder sein.

In seiner Gier erschienen ihm als nichts:
Sowohl Darius als auch Alexander.

Er hegte diese Idee:
Meer und Land zu erobern.

Aber schließlich verließ ihn der Tag,
Der Abend kam über ihn.

Weder erreichte er das Ziel seines Herzens
Noch kühlte er seine Brust.

Alles verließ ihn:
Sowohl Land als auch Armee.

Mit leeren Händen verließ er die Welt,
Genau wie ein ***fakir.***

Er nahm nichts aus der Welt mit
Als einen gewaschenen ***chader***.

Äußerst bettelarm lag er auf dem Boden
Ohne Kissen oder Bett.

Auch keine Matratze
Oder auch nur eine Matte lag unter ihm.

Er wurde leicht wie eine Feder,
Während er zuvor schwer wie ein Berg war.

Er wurde von der Flut weggewaschen
Wie ein Strohhalm oder eine Feder.

Ungerechtigkeiten hingen ihm um den Hals,
Sowohl des Soldaten als auch des Dieners.

Jetzt bete ich für seine Seele:
Gott möge ihm Linderung schenken.

Mein Gott gewähre ihm
Die lieblichen Wasser des **Kausa**r.

Mit dem Duft des Himmels
Möge Gott seinen Geist parfümieren.

Er hatte die Herrschaft über ganz Indien,
Indien war die Nacht, er war die Sonne.

Mit seinem Licht, dieser Sonne,
Erleuchtete er ganz Indien.

Die Menschen lebten durch sein Licht,
Es gab weder Furcht noch Gefahr.

Aber als das Antlitz seiner Sonne sank,
Kamen mehr Kummer und Unruhe zum Vorschein.

Was **Aurangzeb** gehörte,
War ein von einer Kuh gefressenes Kapitel.

Jetzt ist **Schah Alum** an der Reihe;
Eine andere Zeit und ein anderer Stil.

Gott weiß, was geschehen wird,
Ob **Aschura** oder **Achtur.**

Er spielt verschiedene Spiele:
Der Himmel ist trügerisch.

Manchmal bitter wie Gift,
Manchmal süß wie Zucker.

Was erledigt ist, ist erledigt,
Das Vorbestimmte wird erst noch geschehen.

Ich nannte den Namen **Aurang**;
Aber es ist der Zustand eines jeden.

Jeder ist in seinem eigenen Haus
Sowohl König als auch Führer.

Alle Bewohner dieser Welt
Sind gewöhnlich so.

Dieser Bericht war lang und breit,
Aber **Rahman** machte ihn kurz.

D 47

Segne meinen Ranzen und meine Federtasche

O Gott, erfülle das Herz meiner Geliebten mit Zärtlichkeit
Und vereinige meine Freundin mit mir und mich mit meiner Freundin.

Den Schmerz, der von der Trennung von meiner Geliebten kommt,
Heile ihn mit dem Heilmittel der Vereinigung.

Durch den Schmerz der Trennung gehen ist schlimmer als durch Feuer,
Schütze mich vor dieser Qual.

Der Liebesverkehr ist sehr schwierig;
Mache mir diese Not leicht erträglich.

Nimm den Schleier zwischen mir und meiner Geliebten weg,
Zeige mir das schleierlose Gesicht meiner Geliebten.

Andere haben andere Ziele;
Mich mache nur zu einem Bettler im Hof der Geliebten.

Auch wenn die übrige Welt in eine andere Richtung blickt,
Mache, dass ich in Richtung meiner Geliebten blicke.

Auf dem Weg, den ich reise, um meine Liebe zu sehen,
Mache die Heiligen **Khizr** und **Ilyas** zu meinen Führern.

Befreie mich von Dunkelheit und Sündhaftigkeit,
Erleuchte mein Herz mit dem Licht des Gehorsams.

Ihm, der sich an meiner Qual freut,
Beunruhige das Herz mit Sehnsucht nach seiner Geliebten – wie meines ist.

Die meinen Garten unverschämt betreten,
Machen ihr Leben so kurz wie das des Taus.

So leicht, wie das Schwert den Ungläubigen fällt,
Mache das Schwert meiner Zunge wie Donner.

Wie einen Pfeil, der vom Blinzeln der Schönen abgeschossen wird,
Mache mein bloßes Wort zur Pfeilspitz.

Damit das Land der Afghanen lieblich dufte,
Mache du jede Zeile meines Gedichts zu Locken der Geliebten.

Damit jeder Buchstabe den Duft von Moschus habe,
Segne meinen Ranzen und meine Federtasche.

Du, der du mir verbietest, mich meiner Geliebten zuzugesellen,
Ach! Wie könntest du dem Morgenwind im Garten wehren?

Du kannst mich weder von meiner Geliebten fernhalten
Noch die Sterne vom Himmel auf die Erde herunterholen.

O Gott! Um des Propheten willen
Lasse die einfache Dichtung **Rahmans** schön sein!

D48

Warum zweifelst du an mir?

Ich habe die Schuld auf mich genommen, dir zu folgen;
Und dennoch zweifelst du an meiner Ehre und Treue.

Es hatte keinen Einfluss auf dein hartes Herz,
Soviel ich auch die Gebetsmatte benutzte.

Wie kann dein Herz Mitgefühl mit anderen haben,
Wenn du doch mit einem Aufrichtigen, wie ich es bin, streitest.

Nenne mich erst dann falsch in meiner Liebe,
Wenn du einen anderen ***malung*** wie mich geschaffen hast.

Wären diese Rufe und Schreie der Liebe unwahr,
Dann sänge die Motte immer wie ein Bülbül.

Die Liebe ist eine breite Straße, die zur Geliebten führt;
Du machst mir diese breite Straße zu einem Abgrund.

Wenn du auch nur einen Augenblick außer Sichtweite bist,
Schrumpft die Welt um mich zu einem Grab zusammen.

Die Leute preisen deine guten Taten,
Aber unglücklicherweise hat Gott dich mir gegenüber hartherzig gemacht.

Ich weiß nicht, wer neben dir sitzt,
Der dich dazu bringt, mit **Rahman** zu streiten.

D 49

Augen wie ein Reh

Du machtest dein Gesicht zu dem einer Fee und deine Augen zu denen eines Rehs;
Ich weiß nicht, ob du ein Reh oder eine Zauberei bist.

Es gibt keine Freude am Tod des Inbrünstigen;
Warum wünschst du mir den Tod?

Der Blitz trifft den Liebenden,
Wenn du die Brauen runzelst.

Ich weiß, dass, wenn du rosig wie eine Blume wirst,
Mein Gesicht bleich wie Safran wird.

Aus unmäßiger Grausamkeit, so scheint es,
Willst du mich in meinen eigenen Tränen ertränken.

Wenn du dein schwarzes Haar nur einmal schütteln solltest,
Würdest du das Basilikum im Garten in Asche verwandeln.

Von einem Ende zum andern wird die ganze Welt mit Duft erfüllt,
Wenn du nur einmal deine Locken kämmen solltest.

Wer von deinen schlangenartigen Locken gebissen wird, kann nicht geheilt werden;
Nicht einmal durch die Beschwörung des **Messias**.

Deine Hände und Füße sind ohne Schmuck schön,
Warum setzt du auf Bänder an Knöcheln und Armen?

Wenn du eine Nadel aus Wimpern und einen Faden deines Haares dafür benutzen würdest,
Könntest du damit die Wunde in **Rahmans** Herzen flicken.

D50

Der Zucker der Liebe

Wenn du den Zucker der Liebe kostest,
Wirst du andere Süßigkeiten wie Gift ausspucken.

Wenn du dem großgewachsenen Liebenden begegnest,
Wirst du wie eine Taube gurren.

Die Liebe wird dir ein scharfes Schwert in die Hand geben;
Du wirst das Land des geduldigen Friedens angreifen.

In Fairness und Gerechtigkeit wirst du wie **Nawsherawan** werden,
Wenn jede deiner Taten auf deiner eigenen Waage gewogen wird.

Wie Alexander wirst du die ganze Welt genießen können,
Wenn du dein Haupt in Kontemplation bis zu den Knien beugst.

Bittere Dämpfe werden wie Zucker schmecken,
Wenn du deinen Leib wie Tabak in das Feuer der Liebe wirfst.

Du wirst niemals der offenen Augen der Geliebten ansichtig,
Wenn du dich nicht mit deinem eigenen Blut purpurrot färbst.

Die wirst ohne die vollkommene Vereinigung mit der Geliebten niemals heil werden,
Selbst wenn du hundert Päckchen ***spund*** verbrennst.

Deine blinden, unachtsamen Augen werden wieder sehend,
Wenn du den Staub von der Straße deiner Geliebten darauf streichst.

Behandelst du oder misshandelst du mich, o Arzt,
Wenn du Medizin für den Schmerz der Geliebten verabreichst?

Ratschläge haben auf Liebende keine Wirkung,
Dieser ganze Kampf ist unnütz und fehl am Platz.

Ohne die Geliebte schlafen ist ***haram*** für **Rahman**,
Selbst wenn du ihn auf hundert Kissen legen würdest.

D 51

Geschäft

Wenn du die Pflichten der Welt betrachtest:
Es gibt zu viele, als dass man sie zählen könnte.

In jeder Not bleibe schweigsam
Oder du machst das Herz eines Nebenbuhlers froh und kränkst deine Freundin.

Fasse dich in Geduld, wenn du deine Wünsche verwirklichen willst,
Du wirst nichts schnell erreichen, wenn du dich eilst.

Ergib dich in den Willen Gottes.
Entspanne dich, denn wenn du immer weitermachst, entwürdigst du dich.

Freiheit und Geschäft sind verschiedene Pole.
Nimm deine Hand von der Arbeit weg, wenn du arbeitest.

Wenn du sie selbst vergänglich nennst, **Rahman**,
Warum vertraust du dann auf dergleichen Arbeiten?

D52

Vergänglichkeit

Steh auf, **Saqi,** bereite eine Schale Wein;
Die Zeit bleibt nicht stehen, beeile dich!

Jeder Atemzug ist ein Schwert, das sich in die Kehle bohrt;
Fürchte das Schwert und deinen Atem in jedem Augenblick.

Es gibt kein schlimmeres Unheil als Ichbezogenheit;
Diene den Selbstlosen in ihrem Hof.

Das Fünftageleben ist ein Segen,
Sei Gott für dieses Geschenk dankbar.

Wenn du dir in Kummer und Pein einen Mitfühlenden wünschst,
Dann gieße dir selbst ein Glas Wein ein.

So lange deine beiden Augen in dieser Welt offen sind,
Nutze jede Sekunde, um deine Geliebte anzusehen.

Welcher Mensch wird schließlich nicht kritisiert?
Höre auf niemanden – tu deine Arbeit.

Lasse den Nebenbuhler sagen, was er auch will,
Schenke nur den Worten der Liebenden Aufmerksamkeit.

Unbeständig sind alle Freunde dieser Welt;
Mache dich mit dem vertraut, der nach dem Tod dein Freund ist.

Rahman sagt, die Taten der Welt sind vergänglich;
Du musst diesem Rat fest vertrauen.

D 53

Der armselige ***bazar*** Welt

Oh armseliger ***bazar*** Welt, du wirst zugrunde gehen;
Jeden Augenblick kannst du durch den Ansturm der Trennung zerstört werden.

Die Knospe hat ihre Augen noch nicht geöffnet,
Wenn schon der Herbstwind die Liebe in ihrem Herzen zerstört hat.

Ein so starker Wind kommt vom Tod,
Dass er die Lilie entwurzelt.

Ich werde niemals wie ein Adler oder ***huma*** sein,
Auch wenn der graue Vogel auf hunderterlei Weise gepriesen wird.

Wenn ein Stein hunderttausend Jahre unter Wasser liegt,
Wird doch der harte, trockene Felsbrocken nicht die geringste Weichheit annehmen.

Gar kein Leben haben wäre besser als dieses Leben,
In dem das ganze Leben in den Geburtswehen des Todes liegt.

Es geht dir gebunden besser als frei, oh **Rahman**!
Gebunden durch das Haar der Geliebten, das wie ein Seil um deinen Hals liegt.

D 54

Heuchelei

Wenn du im Alter Lust auf reinen Wein hast,
Dann verwechselst du das Morgen- mit dem Mondlicht.

Du möchtest die Freundlichkeit Gottes ohne Gehorsam;
Und du hoffst auf Lohn anstelle von Strafe.

Du begehst absichtlich eine Sünde und bereust sie;
Wie eine Statue, die mit weit offenen Augen schläft.

Mit denselben Ohren, mit denen du dem Gotteslob zuhörst,
Hörst du auch ***rebab*** spielen.

Die Lippen, mit denen du Gott lobst und preist,
Sind dieselben Lippen, die du in den Trunk tauchst.

Du gewinnst Wissen, das du nicht befolgst,
Wie ein Kind, das mit einem Buch spielt.

Nachts liegst du in der Taverne der Feueranbeter
Und tagsüber wendest du dein Gesicht ***mehrab*** zu.

Zu folgst der Welt dein ganzes Leben lang
Und doch betrachtest du dich immer noch als Anhänger Gottes!

Du empfindest weder Scham noch hältst du ***purdah*** von Gott ein,
Aber halte den Zipfel deines Schals für **Rahman** fest.

D 55

In Tränen ertrunken

Wenn schwarze Wimpern im Ozean des Herzens ertrinken,
Wird das Haus durch die Herzensergüsse zerstört.

Du sprichst dem Lasterhaften vergeblich vom Kummer des Herzens;
Aber was wissen Jungen schon von Herzensqual?

An alle Gesichter außer an das Gesicht meiner Geliebten
Habe ich die Augen meines Herzens fest gebunden.

Himmel und Gottes Thron sind unter seiner Herrschaft:
So stolz ist der Schritt des Herzens.

Diese **Ka'ba** ist größer als Abrahams Haus:
Wenn einer das zerstörte Haus des Herzens neu erbaut.

Andere schreiten auf der Erde,
Ich aber setze den Schritt meines Herzens in den Himmel.

Der Raum zwischen Erde und Himmel
Ist eine Sprosse der Leiter des Herzens.

Zu wem sollte ich um Balsam gehen, wenn nicht zu meinem Herrn?
Denn Ärzte können mein Herz nicht behandeln.

Es gibt viele scheinbar vertraute Freunde in der Welt;
Aber **Rahman** kann keinen Herzensfreund finden.

D56

Die Geliebte anstarren

Wie die Augen des Adlers die Tauben,
So starre ich auf meine Geliebten – mit Adleraugen.

Ich erzähle meine Geheimisse niemandem
Außer denen, die langes Haar und lange Wimpern haben.

Kein König kann wohl das Reich der Herzen regieren
Außer dem, der ein schönes Gesicht mit einem Leberfleck hat.

Verglichen mit deinem Kinn
Sind andere Kinne der Schönen wie Zwiebeln.

Erwarte vom Bild einer Blume keinen Duft;
Gemalte Vögel haben kein Lied.

Wenn die Geliebte in ihrem Dünkel zufrieden ist,
Bin ich immer entzückt vom Stolz der Geliebten.

Auch wenn das schmerzhafte Liebesseufzen als gut empfunden wird,
Betrachte ich ihre Handlungen als etwas, das die Liebe zu sehr enthüllt.

Glück steht immer im Verhältnis zu Traurigkeit;
Das ist der Stil der Trauer in dieser Welt.

Armut segelt sicher auf dem Rücken der Reichtümer;
Wie ein leeres Schiff, das nicht ins Wasser sinkt.

Das ist eine Regel: je höher umso tiefer.
Wie dieser eine Körper sowohl emporgehoben als auch erniedrigt wird.

Ich habe immer diesen Wunsch gebetet:
Dass meine Freundin ewig stolz und ich demütig sein möge.

Eine, die König und Bettler als Gleiche ansieht,
Eine solche Freundin der Armen ist **Rahmans** Geliebte.

D 57

Die Weisheit des Endes

Wenn das Rebhuhn nicht im falschen Augenblick riefe,
Würden weder Jäger noch Falke etwas von ihm erfahren.

Daraus folgt auch,
Dass jeden seine Stimme verrät.

Bedenke **Mansurs** Zustand – was wurde aus ihm?
Möge keines Menschen verborgenes Geheimnis öffentlich gemacht werden.

Ach! Die Weisheit des Endes ist nicht am Anfang zu finden;
Die letzte Schlussfolgerung kann nicht am Beginn gezogen werden.

Tugendhafte Taten sind die guten Ergebnisse des Gebildeten;
Gott bewahre davor, dass einer ein Trinker oder ein Spieler sei.

Der, dessen Sohn ein Trinker oder Spieler ist:
Der Blitz trifft seines Vaters Haus.

Gott bewahre mich vor Nachkommen,
Die ungläubig und unehrlich sind und die nicht beten.

Wenn nicht einmal ein Ungläubiger widersprechen kann:
Ist das dein Gedicht oder ein Wunder, **Rahman**?

D 58

Das Schicksal verändern

Ein Unglücklicher kann niemals glücklich werden;
Eine Muschel wird sich nie in eine Perle oder einen Diamanten verwandeln.

Ebenso ist es am Himmel:
Ein Stern wird niemals zu Sonne oder Mond.

Zwar kommen sie aus derselben Erde,
Jedoch wird die Weide niemals zu einer **Zypresse** oder Pinie heranwachsen.

Selbst wenn sein Leben lang Regen darauf fällt,
Wird Stroh sich nie in die ***Blume des Propheten*** verwandeln.

Erwarte keine Treue von der Wankelmütigen,
Denn Schilf wird niemals zu Zuckerrohr.

Selbst wenn sich die schwarzen Berge von der Stelle bewegen:
Das Schicksal wird nie verändert werden.

Was vorbestimmt war, ist **Rahman** geschehen;
Aber dieser Gedichtband kann nicht noch einmal geschrieben werden.

D 59

Wahre Schönheit

Wenn einer auch stolz auf seine Ehre und sein Ansehen ist,
In der Liebe sind sie keinen einzigen Pfennig wert.

Was hilft es also, dass er goldene Kleider trägt?
Es ist, als wäre er ein goldener Vogel oder ein Pfau.

Selbst wenn er eine Krone auf dem Kopf trägt,
Meiner Meinung nach ist er nichts als ein Wiedehopf oder ein Hahn.

Wenn er weder Erkenntnis noch Verstand noch Intelligenz hat,
Ist er nur eine Abbildung – wie ein widergespiegeltes Bild.

Er hat kein Korn, kein Getreide auf seinem Dreschboden,
Er wirft nur Stroh über seinen Kopf.

Erwarte nichts Gutes von einem weltlichen Freund;
Ein derartiger Mensch bringt nichts als Ärger und Streit.

Ihre Gebäude liegen alle in Trümmern,
Geh und sieh dir den Palast **Dikianus'** an.

Wem meine Worte verschönt oder untertrieben zu sein scheinen,
Der soll nur durch die Stadt gehen und selbst sehen.

Oh **Saqi,** bringe mir ein Glas Wein, das mich betrunken macht,
Niemand möge von Nüchternheit ins Gefängnis gesperrt werden.

Wenn auch jemand die ganze Welt absuchte,
So wird er doch keine Braut wie meine Geliebte finden.

Ich, **Rahman**, sehe die Schönheit meiner Geliebten durch einen Schleier;
Das Licht einer Kerze kann durch einen Schirm nicht verborgen werden.

D 60

Komm, oh mein heiteres Herz

Komm, komm, oh Trost meines Herzens,
Oh Große und Schöne, komm, oh komm!

Alle Liebreizenden sind deine Anhängerinnen,
Du bist die Führerin aller, komm, oh komm!

Ohne dich bekommen die Liebenden keine Anbetung,
Oh Hochachtung vor den Liebenden, komm, oh komm!

Gott weiß, ob solche Zeiten zurückkommen werden,
Ich fürchte mich vor den Zeiten, komm, oh komm!

Jetzt ist die Zeit, freundlich oder grausam zu sein;
Die Dinge ereignen sich nicht zur falschen Zeit, komm, oh komm!

Diese Welt ist eine Herberge für Reisende;
Diese Stadt muss verlassen werden, komm, oh komm!

Oh Feen-Gesichtige mit Hyazinthenhaar, Engelsgleiche;
Nach **Unbar** Duftende, Errötete, komm, oh komm!

Vergiss die Nacht, denn der helle Tag ist für mich zur Nacht geworden;
Oh komm, **Rahmans** Vollmond, komm!

D 61

Die Wunde der Liebe

Wieder einmal wird mein Herz von schwarzen Locken gefangen genommen.
Von links und rechts umringt mich die schwarze Armee **Habashs.**

Ich habe Pfeile des Gebets um mich her abgeschossen,
Aber keiner erwies sich als brauchbar.

Wenn ich lausche, höre ich von allen Seiten einen Höllenlärm,
Die Schreie der Trennung oder die des Auferstehungstages.

Was kümmern sich die Ratgeber um die Last ihres Ratschlages,
Die auf diejenigen fällt, die vor Liebe verrückt sind?

Derjenige, der mir Ratschläge wie ein Vater gab,
Wurde bei deinem Anblick zu meinem Sohn.

Die an deiner Tür liegen, haben Glück,
Denn heimatlos sind diejenigen, die dein Haus verließen.

Wie kannst du die Wunde der Liebe nähen, oh **Rahman**?
Du nähst nur eine Wunde auf die andere.

D62

Liebesqual

In meinen Tagen wurde eine Geliebte geboren, die so beschaffen ist,
Als ob eine Sonne von einer Sonne geboren worden wäre.

Entweder ist es das Glück des Zeitalters oder mein eigenes Schicksal,
Dass ein so liebliches Gesicht geboren wurde.

Als der Bote ihm Nachricht über den verloren gegangenen Joseph brachte,
Gewannen Jakobs Augen ihre Sehkraft zurück.

Ich weiß nicht, ob dies Liebe oder Unheil ist,
Lärm und Unruhe, die in der Welt erschaffen wurden.

Ich wünschte, der Baum der Liebe wäre nicht gewachsen,
Um Früchte des Schmerzes auf seinen Zweigen zu tragen.

Engel kennen keine Liebesqual,
Diese schwere Reise jedoch wurde nur für mich gemacht.

Die Gleichgültigkeit meiner Geliebten und die Liebesleidenschaft
Bilden für mich eine Wunde über einer anderen.

Derjenige wird sich niemals von der Krankheit der Liebe erholen,
In dem sich erst einmal der Einfluss der Liebe niedergeschlagen hat.

Was kann der Vater eines Taugenichts feiern,
Wenn ein verrückter Sohn aus seinen Lenden geboren worden ist?

Die Tugend wird Laster genannt und das Laster Tugend;
So ist es Sitte in **Rahmans** Tagen.

D 63

Von der Klinge der Schönen geschnitten

Was ist das für eine Zeit? Ich weiß es nicht,
Denn meine Geliebte nahm Form und Gestalt eines Nebenbuhlers an.

Dieses Zeitalter tötet mich im Auftrag meines Feindes,
Zwar betrachtete ich ihn als einen Hund, er wurde jedoch zu einem Löwen für mich.

Das Leid der Trennung bekümmerte mich so sehr,
Dass das Leben, das ich für kurz gehalten, sich in die Länge zog.

Ich verdiene Strafe dafür, dass ich mit einem Dolch gespielt habe.
Denn mein Herz wird von der Klinge der Schönen zerschnitten.

Niemandem kehrt die Zeit zurück:
Was kann ich jetzt, da sie vorüber ist, noch tun?

Als ich den bitteren Kelch der Trennung trank,
Verwandelte sich der Segen der Vereinigung ganz und gar in bitteres Gift.

Wenn er nicht Freundlichkeit oder Grausamkeit an den Tag legt,
Hat der Geliebte **Rahman** vergessen.

D64

Der Ignorant

Wenn das Schicksal seine Brust zerschlug und sein Herz verwundete,
Schlug die Glocke in Klagelauten.

Als der Ruf der Liebe den Liebenden erreichte,
Wachte er aus dem Schlaf der Gleichgültigkeit auf und wurde munter.

Die Anbetung des Heuchlers ist nutzlos,
Er verwest in der See wie ein Frosch im Ozean.

Die Anbetung des Ignoranten wird nicht als Anbetung gezählt,
Wie der Reichtum eines Trinkers, den er für Wein ausgibt [nicht als Reichtum gelten kann].

Die Anbetung des Toren ist ein vollkommener Verlust,
So wie Wolken ohne Regen nur Staub machen.

Die Gelehrsamkeit ungehorsamer Schüler
Gleicht wertvollen Büchern, die man auf einen Esel geladen hat.

Der geistig Beschränkte und Unfähige
Braucht keine Belehrung durch den Ratgeber.

Die Dichtung **Rahmans** in den Ohren des Ignoranten
Ist wie eine von Kinderhänden abgegriffene Perle.

D65

Wahrheitsliebe

Seht nur, welchen hohen Rang Wahrheitsliebe einnimmt,
Sodass die ganze Welt Sklave der Wahrheitsliebe ist.

Zwar ist es schwer, von der Erde in den Himmel zu klettern,
Für Wahrheitsliebe ist die Entfernung jedoch nur ein Schritt.

Das, was die wahren mystischen Kräfte gibt,
Ist ganz und gar die Offenbarung der Wahrheitsliebe.

Sitten und Rituale stehen nicht ein für allemal fest,
Aber das Leben der Wahrheitsliebe ist beständig.

Unaufrichtiger Islam ist nicht lieblich,
Wenn es Islam gibt, ist es der Islam der Wahrheitsliebe.

Es überrascht nicht, dass die Betrunkenen um **Any Saqi**
Herumstehen, der eine Schale der Wahrheitsliebe in den Händen hält.

Es überrascht nicht, dass ***huma*** sich in einer Schlinge verheddert hat,
Der Schlinge eines Jägers, der die Falle der Wahrheitsliebe aufgestellt hat.

Nach dem Tod gibt es weder Liebe noch Wahrheitsliebe;
Wenn du also wahrheitsliebend sein willst, musst du es jetzt sein.

Die Gedichte von **Rahman** sind aus diesem Grund lieblich:
Jedes einzelne seiner Gedichte ist das Gedicht der Wahrheitsliebe.

D66

Ein Auge auf andere werfen

Wenn du kein Auge auf andere wirfst,
Werden sie keine Erwartungen an dich haben.

Wenn der Bettler nicht in den Hof eines anderen eindringt,
Wird der Hund den Bettler nicht anwinseln.

Das Boot von keinem wird am Ufer versinken,
Wenn niemand auf den Fluss geht.

Einsiedler sind in ihrer Einsamkeit zufrieden,
Die Geschändeten entehren einander.

Die Welt wird von Ignoranten betrieben;
Die Weisen mischen sich da nicht ein.

Ich, **Rahman**, genieße den Liebesschmerz
So sehr, dass ich nicht für ein Heilmittel dagegen sorge.

D67

Ein ***Serai*** für Reisende

Erwarte in dieser Welt kein Vergnügen,
Du findest keine Glückseligkeit auf der Erde.

Wie du gekommen bist, so wirst du scheiden;
Diese Welt ist ein ***serai*** für Reisende.

In dieser Welt ist unter jedem Schritt eine Vertiefung,
Jeder Schritt muss achtsam genommen werden.

In dieser Welt kann der Weise sowohl Himmel
Als auch Hölle unterscheiden und die Brücke von ***sirat***.

Der Liebende hätte keine Furcht vor dem Nebenbuhler,
Wenn er sich nicht mit den Schönen verbunden hätte.

Vom unehrlichen, nicht betenden Gewöhnlichen
Erwarte nicht die geringste Tugend.

Sehnsucht nach der Schönen hüllt **Rahman** ein
Wie ein nach Maß gearbeitetes Kleidungsstück.

D 68

Kalte Leidenschaft

Die vernünftigen Worte eines Ratgebers sind nie fehlerhaft,
Was er auch sagt, alles ist richtig.

Bei dem Versuch, mich von meiner Geliebten zu entfernen,
Hätte er mir keinen irreführenderen Rat als diesen geben können.

Es fällt mir sehr schwer, meine Geliebte zu verlassen;
Warum wiederholt mein Ratgeber diese Forderung immer wieder?

Du wurdest durch sein liebliches, sanftes Sprechen getäuscht:
Das süße Reden des Ratgebers ist in Wirklichkeit bitter.

Wer kann seinem Rat trauen,
Wenn der Rat davon spricht, die Liebste zu verlassen?

Ich bin unfähig dazu, irgendein anderes Geschäft als die Liebe zu betreiben;
Der Ratgeber dagegen redet davon, ihr zu entfliehen.

Traue seiner leise und ruhig gesprochenen Raserei nicht;
Das Reden des Ratgebers ist kalte Leidenschaft.

Ich, **Rahman**, höre nicht auf seine Rede,
Es wäre besser, wenn der Ratgeber nicht mehr spräche.

D69

Die Kerze

Da sich die Kerze immer die Brauen verbrennt,
Findet sie Ehre in der Welt.

Die Erleuchteten sind von ihrem Licht belehrt worden,
Ihr Licht wird immer weiterbrennen.

Motten kreisen um die Flamme,
Deshalb gönnt sich die Kerze beim Brennen keine Pause.

„Verbrenne dich in meiner Flamme“,
Ist die unterschwellige Botschaft der Kerze an die Motte.

Deine Gesellschaft ist für die Elite der Edlen;
Ein gewöhnlicher Mensch wie **Rahman** kann dergleichen Gemeinschaft nicht haben.

D 70

In deinem Garten

Jede Blume in deinem Garten ist heller als eine Lampe;
Strahlender als eine Lampe ist jede Blume in deinem Garten.

Die Krähe mit ihren Federn in deinem Garten ist für mich wie ***huma***;
Für mich ist sie wie ***huma*** – in deinem Garten die Krähe mit ihren Federn.

Für gepeinigte Gemüter ist der Staub auf deiner Schwelle ***anbur***;
Der Staub auf deiner Schwelle ist ***anbur*** für die Gepeinigten.

Die Narbe auf der Brust des Liebenden ist die Sonne am Liebeshimmel;
Am Liebeshimmel die Sonne ist eine Narbe auf der Brust des Liebenden.

Rahman kann keine Befriedigung ohne die Schöne finden,
Ohne die Schöne kann **Rahman** keine Befriedigung finden.

D71

Unverändert

Lass nur König **Aurangzeb** und **Shah Jehan** geopfert werden
Für die Neigungen des Baumwollkämmers **Mansur**.

Was liegt daran, wenn sie auch riesengroß sind;
Möge Gott den Berg Sinai nicht in den Berg **Qaf** verwandeln.

Möge der Gierige seine Geliebte nicht begehren;
Es ist eine Lüge, dass ein Mattenflechter zu einem Sticker werden kann.

Es gibt keinen Zweifel an der Heiligkeit von **Mekka**;
Aber ein Esel wird nicht durch ***tawif*** zum ***haji***.

Und sollte er in hundert Meeren baden,
Man denke nicht, dass ein Hund dadurch rein würde.

So wie ein überladenes Boot sinkt,
Wird Extravaganz zum Schrecken des Extravaganten.

Der Geduldige hat die Fassung verloren und ist gierig geworden;
Er kennt weder Fairness noch Gerechtigkeit.

Die vier Sekten sind eine,
Du und ich stifteten Uneinigkeit zwischen ihnen.

Gott ist der Herr aller Länder,
Ob es nun Hölle, Himmel oder **Araf** ist.

Es gibt keine Märtyrer, sondern nur Blut-Händler,
Die den Blutpreis für das Opfer nicht erlassen.

Es ist besser, wenn die Zunge des Lügners in seinem Mund vertrocknet
Wie ein hölzernes Schwert in seiner Scheide.

Wie lange wird er noch gegen die Wand rennen,
Der Lügner, der mit seinen Lügen prahlt?

Die falsche Münze glänzt hell,
Bis sie vom Goldschmied erkannt wird.

Lass dich nicht von weltlichem Wohlstand täuschen, Rahman,
Nach Meinung der Experten ist er nur ein Staubkorn.

Ich lobe den Freund und verachte den Nebenbuhler,
Rahman kennt weder einen anderen Tadel noch ein anderes Lob.

D72

Die Pferde des Irak

Als seine Beine durch die Liebe Leilas gebunden waren,
Trennte sich **Majnun** von den anderen.

Als er den Geschmack von Wein und Fröhlichkeit kostete,
Vergaß der Sufi seine Morgengebete.

Es ist entweder bei einem Glas Wein oder beim Tanz der Geliebten,
Dass die Liebenden zusammenkommen.

Der Liebende gibt seiner Geliebten in dieser Welt den Vorzug,
Und lässt sich nicht zum Lob von ***hoora*** und ***buraq*** verführen.

Wenn Liebende vereinigt sind,
Sprechen sie nicht von Trennung.

Er ist wie eine Kerze, die sich nicht von der Stelle rührt,
Selbst wenn ihr ein Feuer auf dem Schädel brennt.

Er ist so glücklich in seinem Liebesschmerz und Liebeselend,
Dass man ihn für den König der Welt halten könnte.

So verloren ist er im reinen Wein der Liebe,
Dass ihm weder Vereinigung noch Trennung bewusst ist.

Anwesend im Körper, aber abwesend im Geist –
Wie das Wort ***„la“*** auf einer Seite geschrieben.

Erst wenn ihr Körper in der Schlacht getötet worden ist,
Wenden die Pferde des Irak ihr Gesicht ab.

Die Pferde des Irak reagieren auf Signale,
Aber das untrainierte Pferd wird mit Schlägen gelenkt.

Diejenigen, die Gott belehrt, verstehen ein Augenzwinkern,
Die nicht Belehrten verstehen es nicht einmal mit einer Peitsche.

Nicht einmal, wenn er den Kopf oder den Reichtum verlieren sollte,
Möge Gott Feindschaft zwischen Liebenden und Geliebte bringen.

Ich sitze und halte den Würfel des Schicksals in der Hand;
Ich weiß nicht, ob ungerade oder gerade herauskommen wird.

Der du Ratschläge gibst, oh Ratgeber **Rahmans**,
Oh, wenn du doch das, was geschrieben steht, ändern könntest!

D73

Erscheinungen

Oh du Arglistige! Dein Hass verleumdet mich ungerechterweise;
Tücke wird deinen Spiegel nicht putzen.

Niemand zieht unberaten das Schwert gegen jemanden;
Deine eigenen Taten stürzen die Welt ins Verderben.

Als sie über das kalte Stöhnen des Bülbüls lachte,
Zupfte Gott der Rose die Blütenblätter ab und zerfetzte ihre Blüte.

Das Auge der Blase wurde zuerst blind,
Von ihrer Heimtücke zerplatze sie wie eine Hautblase im Ozean.

Wäre dein Körper Erde, dein Herz Samen, deine Augen Regen,
Würdest du dein Haupt aus der Erde erheben wie ein Baum.

Du wirst erst über andere Bäume hinauswachsen,
Wenn du die Lektion der Demut von der Weinrebe gelernt hast.

Du wirst weder Macht noch Herrschaft über die Schönen haben,
Wenn du nicht aus der Herrschaft der Welt heraustrittst.

Du wirst nur dann in der anderen Welt das Leben finden,
Wenn du deine Hand von diesem Leben abziehst.

Wenn du liebst, behütest du dich selbst und deine Besitztümer;
Liebe ist jedoch nicht so unbedeutend, oh du Dummer!

Wenn du einen so wichtigen Gast in dein Haus mitbringst,
Räume erst einmal den Müll aus deinem Hof weg.

Du kannst ***tauhid*** nicht durch Zweischneidigkeit erreichen,
Dein Bewusstsein muss leer von Dualismus sein.

Wir sehen nichts als einen Schleier;
Das Licht der Schönheit übersteigt jedes Verstehen.

Lasse dich nicht von der äußeren Erscheinung eines Menschen täuschen,
Sieh dir die Innenseite der Nuss an, um zu sehen, ob sie weich oder hart ist.

Heilige erscheinen nicht in dieser Welt,
Denn die Reinen machen sich nicht mit den Unreinen gemein.

Da es sich nie gegen irgendeinen als treu erwiesen hat,
Welche Klage kann **Rahman** dann über das Schicksal führen?

D74

Reichtum der Religion

Wie ein König stolz auf die Schätze seines Königreichs ist,
So sind die Liebenden stolz auf die Wangen der Geliebten.

Die Kuttenträger haben an ihrer Kutte
Ebenso Geschmack gefunden wie die Weltlichen an der Welt.

Das, was Gott den Motten an der Flamme gegeben hat,
Ist dasselbe Vergnügen, das der Bülbül an der Blume hat.

Mögen die angenehmen Augenblicke von niemandem gegen schlechte getauscht werden,
Die den Kummer der Trennung in die Vereinigung bringen.

Der Bauch des Grabes und der einer Mutter haben dieselbe Bedeutung:
Für einige ist es eine dunkle Gruft, für einige ein ***bazar***.

Wenn Gott erlaubt, dass Schiffe sinken,
Wie kann der Seemann der Herzen es verhindern?

Das Gesicht, das nicht von Natur schön ist,
Macht alle Arbeit einer Schönheitspflegerin zunichte.

Die Geliebte lässt ihren süßen Schlaf fahren und läuft ihnen nach,
Wenn das Schicksal das Glück der Liebenden begünstigt.

Um Mitternacht sitzt die Geliebte ihm zu Häupten,
Als ob jemand eine Kerze auf einem Altar anzündet.

Trunkenheit und Nüchternheit erkennt man am Gang,
Was innen ist, so geht es außen.

Den Ruf des Bülbül kann die Krähe nicht zwitschern,
Denn jede Weise hat ihre eigene Melodie.

Rahman ist kein so dummer Tauschhändler,
Dass er den Reichtum der Religion gegen Geld eintauscht.

D75

Wenn Glück sich in Schlimmes verwandelt

Wenn Glück sich in Schlimmes verwandelt, was kann der Weise und Kluge tun?
Wenn der Tod kommt, was können die Ärzte tun?

Eltern wünschen sich ein braves Kind von Gott;
Wenn es unartig wird, was kann da die Mutter oder der Vater tun?

In guten Zeiten verlässt ein Freund seinen Freund nicht,
Wenn der Freund hilflos wird, was kann ein Freund tun?

Flüche und Gebete sind nutzlos – Gott ist der Handelnde.
Wenn Gott nicht will, sind Flüche und Gebete umsonst.

Niemand kann sich mit Hilfe von Gewalt oder Reichtum mit dem Schicksal anfreunden;
In dieser Hinsicht sind der Schwache und der Reiche gleich hilflos.

Oh **Rahman**, die Motte hat ihre Pflicht getan und sich selbst verbrannt,
Sie hat sich nicht mehr um Lachen oder Weinen der Kerze gekümmert.

D76

Schlaf

Wie kann jemand, der sich verliebt hat, schlafen gehen?
Wie kann ein Tunnelbauer wie **Farhad** schlafen?

Ein Mensch kann jeden Augenblick die Welt verlassen.
Wenn er sie in jedem Augenblick verlassen kann – wie kann er da schlafen?

Wenn er sich morgen von seiner Freundin trennen muss;
Obwohl er hundert Nächte ruhelos ist - wie kann er da schlafen?

Gott schuf die Liebe aus Feuer;
Während einer im Feuer lebt - wie kann er da schlafen?

Die Grausamkeit des Nebenbuhlers verhindert den Schlaf des Liebenden:
Wenn seine Freundin seine Gegnerin ist – wie kann er da schlafen?

Schlaf und Lachen sind etwas für den sorglosen **Rahma**n,
Wem aber das Herz gebrochen wurde wie dir - wie kann der schlafen?

D77

Ein Dorn im Auge

Wer einen Dorn im Auge hat - wie kann er schlafen?
Wer an seine Geliebte denkt - wie kann er schlafen?

Der Liebende kann noch nicht einmal schlafen, wenn er bei seiner Geliebten ist,
Wie kann er dann also schlafen, wenn seine Freundin in einem anderen Land ist?

Wer in dieser Welt schläft, ist unwissend;
Wer weise ist - wie kann er schlafen?

Welcher Suchende hätte sein Ziel im Schlaf erreicht?
Wer ein Suchender ist - wie kann er schlafen?

Niemand kann die Geliebte mit geschlossenen Augen ansehen;
Wenn es jedes Menschen Zweck ist zu sehen - wie kann er schlafen?

Kein Weg ist schwieriger als der Pfad in den Tod,
Wenn einer diesen Pfad betreten muss - wie kann er schlafen?

Jeder Blick der Geliebten ist das Schwert ***zulfikar***,
Wer von ***zulfikar*** verletzt worden ist - wie kann er schlafen?

Ich, **Rahman**, bin Diener und Begleiter der Geliebten,
Wer Diener und Begleiter ist - wie kann er schlafen?

D78

Gottesliebe

Wenn einer irgendetwas außer Gott liebt,
Ist seine Zuneigung falsch ausgerichtet.

Jede andere Liebe als die zu Gott ist eine Krankheit des Herzens,
Wie eine Zuneigung zu Flöte und Horn.

Die Fröhlichen, die füreinander schwärmen,
Kraulen einander nur den Rücken.

Das Ergebnis ist ein verfilzter Bart und zerrissene Kleider,
Ein Mensch, der ein Tier liebt.

Es wird einem Menschen schwerfallen, in jene Welt zu gehen,
Wenn er diesen ***sera***i liebt.

Die Wollüstigen werden nie wie eine Motte sein,
Sondern stattdessen aus der Entfernung lieben wie eine Biene.

Einer, auf den der Schatten schwarzer Locken fällt,
Wird niemals ***huma*** lieben.

Rahman liebt den Boten
Wie der Pilger den Führer liebt.

D79

Einfluss

Die Gesellschaft von Grausamen lässt einen herzlos werden,
Wie die Gesellschaft von Feiglingen einen feige werden lässt.

Gesellschaft bleibt nicht ohne Einfluss, das ist ein ***hadith***,
So wie Safran ein Kleid safranfarben färbt.

Jeder Stoff, den jemand auf den Boden legt,
Wird die Farbe des Bodens annehmen.

Möge niemand sich der Gesellschaft der Jammernden anschließen,
Denn selbst wenn es ihm vollkommen gut geht, wird er traurig seufzen.

Wenn die Trennung zwischen ihnen verbannt ist, oh **Rahman**,
Wird die Geliebte selbst den Liebenden verwöhnen.

D80

Das Flattern schwarzer Augen

Mein Herz ist von den scharfen Spitzen ihrer Wimpern zerstochen,
Sie haben mit einem Schlag alle meine zweiunddreißig Zähne zerschmettert.

Ich werde vom Flattern schwarzer Augen geschlachtet,
Verprügelt und zerrissen, in Stücke gerissen.

Zwar schreie ich und streue mir Staub aufs Haupt,
Aber ich schwöre: Niemanden kümmert das.

Zu einer Blume, die man einem Kind in die Hand gegeben hat,
Hast du mein Herz gemacht: zerpflückt, zerpflückt.

Er reitet das Ross des Himmels wie die Sonne
Und setzt sich den Turban aus goldenem Stoff schief auf den Kopf.

Wenn auch mein Herz vor äußerstem Schmerz und Kummer zerspringt,
So bedeuten meiner Geliebten doch Elend und Qual gar nichts.

Sie hat alle Welt vom Scheitel bis zur Sohle in Kummer ertränkt,
Ob sie nun Bettler oder Könige in dieser Welt sind.

Wenn ihr Gerechtigkeit in euren Herzen habt, oh Richter,
Kommt und seht, wie mich die Geliebte behandelt.

Warum singe ich nicht das Lob meiner Liebe,
Wie der Frosch, der immer schon beim Hellwerden quakt?

Weil du der Schönheit der Geliebten verfallen bist,
Oh **Rahman,** weine um dich selbst mit lautem Schluchzen.

D81

Das Werk der Liebe

Niemand kennt die Schönheit meiner Geliebten.
Wenn jemand sie herausfände, würde er sich nicht von jener Tür entfernen.

Das Werk der Liebe ist ganz flüchtig,
Als wenn man absichtslos Staub auf den Kopf streut.

Wer an der Tür der Geliebten angenommen wird –
Niemand wird so vom Glück begünstigt wie er.

Wer in das Gesicht meiner Geliebten blickt,
Wird nie wieder in eine andere Richtung blicken.

Niemand hat die Kraft, ihn anzusehen,
Wer kann direkt in die Sonne schauen?

So viele Liebende es auch in der Welt geben mag –
So wie meine Geliebte wird es niemals eine geben.

Die Arbeit der Liebe ist eine hohe Berufung,
Der nicht jeder folgen kann.

Es gibt kein größeres Unglück als Trennung,
Möge niemand durch dieses Messer verwundet werden!

Niemals wird der sein Gesicht woandershin wenden,
Der durch deine verführerischen Augen verwirrt ist.

Man kann dich nicht leicht erreichen,
Es sei denn, dass man sich sehnsuchtsvoll stark darum bemüht.

Er wird seinen Misserfolg bejammern,
Deswegen, weil er im Brettspiel keinen Stein gewonnen hat.

Nenne ihn nicht ‚Liebhaber‘,
Bevor er ein ***qalandar*** in seiner Liebe geworden ist.

Der nimmt keine Notiz von Silber und Gold,
Dessen Aufmerksamkeit auf seine Geliebte fixiert ist.

Der wird niemals Rosen im Beet ansehen,
Der in der Asche seiner Geliebten schläft.

Ohne Führer den Pfad der Liebe gehen ist schwer,
Man sollte hier besser einen Führer finden.

Er sieht mit eigenen Augen die Trennung und verliebt sich immer noch;
Es gibt keinen, der so dumm ist wie **Rahman**.

D82

Eines

Wenn man nicht von der Liebenswürdigkeit der Schönen verzehrt wird,
Welchem Geschäft kann man in der Welt sonst nachgehen?

Ein Gespräch sollte es nur mit der Geliebten geben,
Mit wem sollte man sonst reden?

Niemand wird einer anderen ins Gesicht sehen,
Wenn er deinen Flaum und deinen Leberfleck ansieht.

Tatsächlich hat Gott nicht deinesgleichen geschaffen,
Wie kann also einer ein Gesicht wie deines verlangen?

Verglichen mit deinem Gesicht, sind andere Schönheiten
Wie eine Fackel, die man gegen die Sonne hält.

Wenn die mit Herz ***onqa*** werden,
Mit wem sollte man dann noch sprechen und wem vertrauen?

Es ist für den Liebenden keine Sünde, vor Liebe zu jammern,
Denn niemand kann einem solchen Schmerz standhalten.

Erfolg kann man erreichen, indem man rotes Blut vergießt,
Nicht dadurch, dass man nur einen roten Schal des Erfolgs umlegt.

Das Gesicht glänzt von den Tränen des Liebenden,
Nicht davon, dass man es mit dem Taschentuch abwischt.

Ein Mensch sollte sich über seine eigenen guten Taten freuen Und er sollte nicht stolz auf sein Königreich oder seinen Wohlstand sein.

Weltliche Dinge sind vergänglich. Ein Mensch ist der,
Der auf ***haram*** und ***halal*** achtet.

Wer Gerste sät, aber Weizen erwartet,
Sollte sich diese Idee aus dem Kopf schlagen.

Wer die Dichtung von **Rahman** Mohmand hört,
Wird den Versen **Khushhals** keine Aufmerksamkeit schenken.

D83

Schicksal

Wenn sie das Schicksal nicht ändern können,
Ist es nutzlos, einen Rat zu geben.

Wer würde sich selbst Unglück wünschen? Aber was kann man machen?
Niemand kann Gott ins Handwerk pfuschen.

Taten hängen von der Auswirkung des Schicksals ab,
Niemand kann sie durch Kampf und schwere Arbeit verrichten.

Wenn man auf Bestimmung und Schicksal blickt:
Niemand kann dafür getadelt werden.

Herzlosigkeit und Zuneigung der Liebenden sind beide wohltuend –
Wer kann die Logik des Philosophen ergründen?

Denke an die Frömmigkeit des Teufels,
Wenn eines Menschen Arroganz von Gehorsam und Enthaltsamkeit kommt.

Krankheit geht vorüber, aber die Gewohnheiten verlassen den Menschen nicht:
Möge niemand von schlechten Gewohnheiten abhängig werden.

Mich**, Rahman**, hat die Flut der Trennung erfasst,
Kann mir jemand um der Liebe Gottes willen die Hand reichen?

D84

Der unfreundliche Geliebte

Nicht dass mein Geliebter immer unfreundlich zu mir wäre;
Hundertmal ist er barsch, hundertmal liebevoll.

So sehr ich meinen Geliebten auch liebe;
Er liebt mich hundertmal mehr.

Sein Herz war von Freundlichkeit eingenommen, nicht von Grausamkeit.
Darum weinte **Majnun** um **Leila**.

Die ganze Welt verhätschelt die Schönen,
Ihr arrogantes Verhalten gilt nicht nur dir und mir.

Wie kann **Rahman** nicht das Gesicht beobachten,
Dessen Schönheit die Engel anschauen?

D85

Die Schlacht der Ehre

Nimm deine Waffe, lege sie an,
Dann kämpfe die Schlacht der Ehre.

Sprich nicht von Ehre mit den Schamlosen,
Oder du müsstest dich als von ihnen getötet betrachten.

Wenn die Tapferen ihren Geist auf eine Aufgabe richten,
Bemerken sie weder Wasserloch noch Graben auf ihrem Weg.

Sie nimmt weder sich selbst noch die Welt wahr:
Die Motte, wenn sie die Flamme erblickt.

Der Bülbül landet im Garten,
Der ***samandar*** singt immer beim Feuer.

Zwar erscheint die Welt dem Simplen grenzenlos,
Dem Weisen ist sie wie ein enges Grab.

Für den Juwelier ist jene Stadt ein Gefängnis,
In dem Rubin und Kiesel gleich sind.

Himmel und Erde sind die Kiefer eines Krokodils,
Wie kann irgendjemand im Maul eines Krokodils leben?

Wenn du weise bist, erfreue dich nicht an Festen;
Traurigkeit und Glückseligkeit gehen in dieser Welt Hand in Hand.

Wenn **Rahman** die Gesellschaft der Verstorbenen finden kann,
Wird er keinen einzigen Augenblick mehr in dieser Welt verbringen.

D86

Dein Gesicht

Ich habe mein Haupt mit dem Blumenstrauß deines Gesichts geschmückt,
Deine schwarzen Locken sind in meinen Augen Hyazinthen.

Du bist überrascht, wenn du in den Spiegel siehst;
Woher sollte ich Geduld und Selbstbeherrschung nehmen?

Du durchwanderst den Garten mit Blumen in der Hand,
Gott weiß, ob du Blumen oder Herzen in der Hand trägst.

Ich habe Moschus und ***anbur*** in dieser Welt gesehen,
Aber ich preise die Ringellocken auf deiner Stirn.

Weder hat jemand einen Garten wie dein Gesicht gesehenNoch sind die Seufzer des Bülbüls wie meine.

Er schenkt deiner Grausamkeit und Ungerechtigkeit so wenig Beachtung:
Die Leute staunen über **Rahmans** Toleranz.

D87

In Sünde ertrunken

Ich habe nichts in diesem Leben erreicht,
Sondern bin verflucht und unfähig.

Ich habe nicht einmal den Geruch von Gemeinschaft eingefangen;
Es bedeutet nichts, dass man mir den Namen Gefährte gegeben hat.

Ich bin so tief in Strömen von Sünde versunken,
Dass ich das Ufer nicht einmal sehen kann.

Sie können mich jeden Augenblick aus dem Land vertreiben;
Der Richter schickt Nebenbuhler nach mir.

Ob Unheil, Grausamkeit oder Aufopferung:
Gott brachte alle diese Dinge über mich.

Ich habe mich mit dem Schmutz der Welt befleckt.
Was für eine Schande – ich wurde weder gebildet noch unwissend.

Ich bin erschrocken, dass mein schwarzer Bart weiß geworden ist;
Ich**, Rahman**, bin weder reif noch weise geworden.

D88

Geformt und zerbrochen in einem Augenblick

Höre nicht auf das nutzlose Reden der Fleischeslust,
Das Geschwätz der Übelwollenden ist von keinem Nutzen.

Entweder rühmt er sich seiner Vorfahren
Oder er denkt an seinen Reichtum und sein Eigentum.

Er fängt an, Unsinn zu reden
Über ein Thema, das weder ***mordar*** noch ***halal*** ist.

Die Gesellschaft des Weisen mit dem Törichten
Ist so, als mischte man Rubinen mit roten Beeren.

Als mischte man Rubinen mit roten Beeren
Oder für Christus, als hätte er Gemeinschaft mit dem Antichrist.

Ein Leben, das man ohne Gegenüber verbringt,
Was könnte ein solches Leben wert sein?

Die Weltangelegenheiten sind vergänglich; ein Mann ist der,
Der auf Belohnung und Strafe Acht gibt.

Wie das Wasser des Flusses unkontrolliert fließt,
So entfalten sich die Ereignisse der Welt und bewegen sich weiter.

Weltliches Geschäft ist wie ein Traum;
Wer kann solchen Träumen und Fantasien vertrauen?

Wie einer, der von Reichtum und Besitz träumt
Und beim Erwachen weder Land noch Reichtümer findet.

Wie Schaum, den man auf der Wasseroberfläche sieht:
Wenn du danach greifst, behältst du nichts in der Hand.

Wie Rauch, der wie Berge aussieht,
Der aber durch die leichteste Brise zerstiebt.

Wie Eis, das im Griff der Kälte hart wird,
Aber keinen Widerstand gegen die Sonne leisten kann.

Geformt und zerbrochen in einem Augenblick
Wie Ton in den Händen des Töpfers.

Die Liebenden in dieser Welt zeigen keine Ergebenheit,
Ich habe tausendmal darauf gewettet.

Lass dich nicht vom Glück und vom Leid, das sie mit sich bringt, täuschen:
Beständigkeit gibt es weder in der Trennung noch in der Vereinigung.

Manchmal ist schwarzer Ruß auf ihr Gesicht geschmiert,
Manchmal ist ihr Gesicht mit einem Taschentuch abgewischt.

Ein Klumpen Salz, der ins Wasser gelegt wurde:
So bin ich in meinem Leben.

Wenn ich den Angriff des Todes bedenke,
Sehe ich meinen Leib, als wäre er eine von einem Fuß zertretene Ameise.

In Gesellschaft meiner Geliebten wäre ich jemand.
Andernfalls bin ich, **Rahman**, mit einem Niemand vergleichbar.

D89

Vom Blick der Geliebten verwundet

Ich bin verwundet, verwundet vom Blick der Geliebten;
Aber ich bin noch mehr zerschnitten, wenn sie außer Sicht ist.

Tausende liegen dort, wie Josef einmal lag,
So werde ich im Brunnen deines schönen Kinns gefangen gehalten.

Wenn meine Augen ihre Gestalt und Form sehen,
Bin ich der Bülbül auf dem Gipfel der **Zypresse** deines Seufzers.

Die weiße Haut und das Rabenhaar bewirken,
Dass ich jeden hochschätze, ob er nun weiß oder schwarz ist.

Um meiner Geliebten willen ertrage ich den Spott des Nebenbuhlers;
Ich bete sowohl für ihre Gegner als auch für die, die ihr Gutes wünschen.

Gott selbst senkte die Zweige ihrer Locken zu mir herunter,
Sonst wäre ich zu klein gewachsen, um die Größe meiner Geliebten zu erreichen.

Außer der Liebe kenne ich weder Laster noch Tugend.
Ich bin unempfänglich für Gottesverehrung und Sünde.

Ich war wohl recht unaufmerksam
Bis zu dem Tag, als ich empfänglich wurde.

In der Gesellschaft des Geliebten hält mich Ungeduld von ihm fern:
Ich bin trockenes Gras auf der Wiese im Frühling.

Erst schlage ich mir die Brust, dann klage ich –
Ich krähe und krähe wie ein Hahn in der Morgendämmerung.

Durch ihre Anziehungskraft zog sie mich zu sich;
Meine Freundin ist wie Bernstein und ich bin wie Heu.

Wie eine Frucht reift und vom Baum fällt,
Ein solcher mit Früchten beladener Senior bin auch ich.

Für mich ist in dieser Welt kein Platz übrig,
Jetzt bin ich über vierzig und fünfzig.

Den Nebenbuhler loswerden ist einfach; das Problem ist, dass
Ich, **Rahman**, meiner Liebsten nicht trauen kann.

D90

Alamgir

Wenn mich jemand als ***fakir*** betrachtet, bin ich ein ***fakir***;
Wenn mich jemand zu den Reichen zählt, bin ich reich.

Ich wünsche mir Reichtum, um ihn für meine Freunde auszugeben,
Nicht weil ich nach der Welt hungere.

Obwohl der Dienst der ***fakir***-Kutte schwer ist,
Bin ich jeden Augenblick dafür bereit.

Rat bekomme ich von anderen und gebe ihn ihnen,
Für einige bin ich ein Jünger, für andere ein ***pir***.

In der Trennung ist der Gedanke an meine Freundin mein Gefährte;
Ich bin mit **Joseph** ein Gefangener im Gefängnis.

Wie die Kerze weine ich im Gelächter,
Verborgen vor der Welt wehklage ich allein.

Es gibt keine größere Freiheit als diese: dass
Ich durch die Kette der Locken meiner Geliebten gebunden bin.

Ich habe immer den Schrei der Trennung in meinen Ohren,
Darum betrachte ich, **Rahman**, das Gesicht meiner Geliebten so aufmerksam.

Khushhal und **Doulat** sind meine Sklaven,
Ich, **Rahman**, bin durch die paschtunische Sprache universell geworden.

D91

Besessenheit

Ich bin keinen einzigen Augenblick frei von meiner Besessenheit von dir,
Ich kann den Gedanken an dich keine Sekunde lang entkommen.

Bei jedem Heiligtum, das ich besuche, habe ich dich im Sinn.
Ich bin kein Pilger in der **Ka'ab**a oder in einem Tempel.

Ich begnüge mich mit dem schwarzen Staub an deiner Tür,
Aber wenn ich ohne dich das Paradies betreten soll, bin ich unglücklich.

Seitdem ich dich sehen konnte,
Nehme ich das, was ich sonst noch in der Welt sehe, nicht mehr wahr.

Außer deinem schönen Gesicht suche ich nichts anderes,
Nicht einmal irgendetwas von der Größe eines Nadelöhrs.

Auch wenn es viele Bewunderer deines schönen Gesichts gibt:Ich bin der Vorderste von ihnen allen und niemals ein Zweitplatzierter.

Wenn deine Folterung mich nicht tötet, nur dann
Kannst du behaupten, ich sei ein Dämon oder ein Tier, kein Mensch.

Mein Herz ist durch dein Zwinkern verletzt;
Es spielt keine Rolle, ob meine Hände und Füße etwas taugen.

In Rechtschaffenheit bin ich aufrecht wie ein ***alif***;
Aber ich bin nicht wie ein Pfeil für die Gewalt gemacht.

Ich bin das Löckchen der Locken, der Bogen geschwungener Augenbrauen;
Ich bin nicht gekrümmt wie eine Schlange oder ein Skorpion.

Wenn ich manchmal Fehler mache,
Bin ich ein Mensch und nicht ohne Bedürfnisse.

Ich, **Rahman**, weine vor Trennungsschmerz;
Es ist eine sehr bittere Erfahrung, an der nicht ich schuld bin.

D92

Verrückt gemacht

Wer hat mich zu einem so verrückten ***mujnoon*** gemacht?
Wer hat mich aus Sitte und Tradition vertrieben?

Ich weiß nicht, wer mir das angetan
Oder mich durch den Zauber seines Anblicks verrückt gemacht hat.

Diese zwinkernden Augen und Wimpern
Haben mich wie einen Märtyrer in Asche und Blut begraben.

Ich hatte nicht das Herz, Feindseligkeit entgegenzutreten,
Wer hat mich mit feindlichen schwarzen Augen verdammt?

Ich, **Rahman**, bin mir meiner selbst überhaupt nicht bewusst;
Oder wer hat mich so elend und traurig gemacht?

D93

Baldiges Dahinscheiden

Ich muss bald aus dieser Welt scheiden
Wie ein Blatt im Herbst. Mein Fuß ist schon im Steigbügel.

Auch wenn ich auf Erden tausend Häuser bauen würde,
Stände am Ende doch nur meine vollkommene Vernichtung.

Zwar stamme ich aus dem Wasser des Lebens,
Ich bin jedoch nur eine Blase an des Wassers Oberfläche.

Gott machte diese Welt für mich zum Schlachthaus
Und ich stehe mit zusammengebundenen Beinen im Hof des Schlachters.

Wenn ich unfähig bin, Gott zu begreifen,
Ist klar, dass ich entweder ein Dämon oder ein wildes Tier bin.

Was hilft es, dass mein Körper der eines Menschen ist?
Im Grunde werde ich unter die Vierbeiner gerechnet.

Wie eine Statue, die mit offenen Augen schläft,
Schlafe ich, während ich noch wach bin.

Ich habe mein Herz nicht in Gehorsam und Gebet zufriedengestellt,
Ich werde für immer im Feuer des Ungehorsams geröstet.

Ich kann mein Haupt nicht im Gebet vor Gott beugen,
Ich ertrinke unaufhörlich im Meer der Sünde.

Wenn ich so meine eigenen Sünden betrachte:
Ich verdiene all und jede Bestrafung.

Wie einer, der mit geschwärztem Gesicht auf einem Esel paradiert,
In derselben Weise bin ich vor Gott beschämt.

Es spielt keine Rolle, wenn ich so spreche.
Wenn ich, **Rahman,** mich anders verhalte, bin ich ein Lügner.

D94

Die Gebete der Bettler

Ich wurde durch ein Zwinkern ihres Auges vernichtet,
Ausgelöscht, ungeschützt vom Kopf bis zu den Zehen.

Um meinen Kummer um die Geliebte zu erleichtern, rauche ich keinen***chars***.
Zwar habe ich keinen Zug genommen, aber ich bin doch entlarvt.

Ich bin glücklich, dass ich in Liebe aufgelöst wurde und mich dann neu formte;
Ich war ein Tautropfen, der jetzt zu einem Fluss geworden ist.

Ich sehe der Geliebten ins Gesicht, die Geliebte sieht mich an.
Sobald ich die Szene betreten habe, werde ich zum Schauspiel.

In der Trennung war ich ein Bettler, den Umhang um die Schultern:
In der Vereinigung bin ich der König der Könige.

Die Monarchie verdankt sich den Gebeten der Bettler;
Ich, **Rahman**, bin ein König, weil ich ein Bettler bin.

D95

Ein Hund deiner Straße

Ich bin ein zügelloser Mann des Bösen;
Der Dorn in den Augen der ganzen Welt.

Die ganze Welt hat ein normales Leben und normale Arbeit,
Nur ich passe als Einziger nicht hinein.

Die ganze Welt meidet mich.
Zwar trage ich weiße Kleider, doch wurde ich zu einem schwarzen Topf.

Die Glück haben, hängen nicht von Fähigkeiten ab;
Welche Rolle spielt es, ob ich **Mohmand** oder **Daudza**i bin?

Noahs Sohn hatte einen frommen Großvater,
Und wenn ich nun auch einen gottesfürchtigen Großvater habe?

Alle Sorgen kommen von der Voraussicht;
Dass ich empfindsam bin, hat mich verrückt gemacht.

Erst jetzt werde ich als Mensch anerkannt,
Als ich, **Rahman**, ein Hund der Straße meiner Geliebten wurde.

D96

Die Qual der Trennung

Warum gehe ich nicht an der großen Qual der Trennung zugrunde?
Warum werde ich von solchem Kummer nicht ausgelöscht?

Wenn ein Liebender von seiner Liebe getrennt wird,
Warum sterbe ich nicht an der Grausamkeit dieser Welt?

Da jeder Morgen meine Tränen verspottet,
Warum werde ich von solcher Morgenbrise nicht getötet?

Es bedeutet den Tod, wenn die Augen eines Liebenden die Geliebte nicht sehen;
Ich bin ohne meine Geliebte -warum sterbe ich also nicht?

Mit der geringsten Wärme, die er der Pflanze lässt,
Verursacht ein so unbeständiger Tau meinen Tod.

Da du den Schrecken des Todes ertragen musst, **Rahman**,
Wäre es dir besser, wenn du schon tot wärst.

D97

Kein Vertrauen in die Welt

Wie lange wirst du noch dein Vertrauen in die Welt setzen?
Wie lange noch wirst du heimlich so weitermachen?

Wie lange noch wirst du dem Tod entkommen, jetzt, da dein Bart weiß ist?
Wie lange noch wirst du weiter im hellen Tageslicht stehen?

Du wünschst dir die Zuneigung von Freunden auf Erden;
Wie lange willst du noch ***onqa*** nachjagen?

Alter kann nicht mit einem Spazierstock oder einem Gehstock kuriert werden,
Wie lange wirst du also noch einen Stab gebrauchen?

Oh Ratgeber, der du **Rahman** Rat gibst,
Wie lange noch wirst du viel Wirbel um das Schicksal machen?

D98

Leidenschaft

Wenn **Saqi** mich mit einem Glas ehrt -
Könnte irgendeine Anerkennung größer als diese sein?

Dieser überfließende Wein ist gut für mich,
Damit ich diesen bläulichen Umhang darin waschen kann.

Zwar ist Trinken eine Schande in der Welt,
Und doch habe ich meine Ehre mit Füßen getreten.

Auf der einen Seite der Waage liegt der Rubin, auf der anderen ein Kiesel:
Liebe ist für den Gewöhnlichen wie für den Hervorragenden dasselbe.

Liebhaber weißer Wangen und schwarzer Flechten
Sind nicht in Sorge um Heidentum oder Islam.

Keine Einschränkungen gelten für einen ***mujnoon***,
Ob er nun auf ***halal*** oder ***haram*** stößt.

Eine ***halal***-Leidenschaft ist über **Rahman** gekommen.
Halal wird man immer respektieren.

D99

Ehrlich in der Liebe

Denke immer an **Mahmud**,
Dessen Liebe ihn zum Diener seines Sklaven machte.

Das Ziel des Frommen ist Wohlverhalten,
Sie achten nicht darauf, ob es Morgen oder Abend ist.

Wenn das Herz nicht am Gebet beteiligt ist,
Sollte es weder von einem Laien noch von einem Imam gesprochen werden.

Derjenige, der in der Liebe ehrlich ist wie **Mujnoon**,
Ich, Rahman, grüße ihn mit einem „***Salam***".

Sie singen, tanzen und lachen
Zu **Rahmans** Gedicht, die Schönen von **Bagram**.

D100

Der Wein roter Lippen

Ich weiß nicht, woher sie mich gebracht haben,
Oder welchen Weg sie mich schicken werden und sagen: „Geh!"

Wie ein Blinder, der einem anderen seine Hand auf die Schulter legt
Und keine Ahnung vom Auf und Ab hat.

Gott legte einen schmalen unsichtbaren Pfad vor mich hin,
So verwirrend wie ein Garnknäuel ohne ein Ende.

Mein leidenschaftliches Herz sehnte sich nach schwarzen Flechten,
Aber er verfing sich in der Schlinge wie ein Vogel.

Liebe verhexte mich so,
Dass mein steinernes Herz weicher als Wachs wurde.

Da sie nicht die geringste Furcht oder Scheu vor Gott haben,
Wehe diesen Gewohnheiten der Liebenden!

Manchmal gibt man mir den Wein roter Lippen,
Manchmal einen Becher mit Gift und sagt: „Trinke es!"

Du hältst dich für einem unter den Liebhabern der Geliebten;
Zuerst einmal verdiene es, dann begehre, oh **Rahman**.

D101

Der Gang der Zeit

Der Gang der Zeit ist geschwind,
Als wäre sie ein aufleuchtender Blitz.

Wie ein Mühlenrad dreht sich
Der Himmel um die Erde.

Die Schädel der Menschen
Werden dazwischen zerrieben.

Sie sind geboren, sie verschwinden,
Ohne Grenze ohne Ende.

Unbegrenzt und endlos
Über allen Sinn und alle Vernunft.

Einige schlagen die Trommel und feiern,
Einige beweinen sich selbst.

Einige weinen wie eine Kerze,
Einige lächeln wie eine Blume.

Einige sehen darin einen Garten,
Einige sehen darin eine Wüste.

Es ist ein seltsames Schauspiel,
Über das man nichts sagen kann.

Seine Bedingung kann man nicht herausfinden,
Weder durch Argument noch durch Beweis.

Auch nicht, welchen Weg es geht
Oder wo sein Wohnort ist.

Gott kennt diesen Zustand.
Rahman weiß nichts darüber.

D102

Heiratstragödie

Gul Khan und **Jamal Khan** hatten viele Freunde,
Keiner von ihnen war ihnen in Zeiten der Not eine Hilfe.

Möge das Gesicht aller Freunde schwarz gemacht werden,
Wenn sie Freundschaft wie die Freunde dieser beiden halten.

Wenn ein Freund im Schatten liegt und der andere im Feuer,Wie
könnte man sie Freunde nennen?

Lobesworte lassen mich im Stich,
Hundert Segensworte auf die Freundschaft von **Gul Khan**!

Welche höhere Anforderung an Liebe kann es geben,
Als dass beide gleichermaßen im Feuer verbrennen?

Sie wurden mit ihren Familien und Kindern verbrannt,
Möge niemand auf so grausame Weise verbrannt werden!

Dieser wird für einen anderen verbrannt,
Ich habe niemals eine solche Aufrichtigkeit gesehen.

So schamlos waren Feuer und Menschenmenge,
Dass sie sie nicht mit einer Tränenflut löschen konnten.

Ach! Ach! Ach!
Dass der Mensch zum Menschen so grausam sein kann!

Ich sah die Taten **Namruds** mit eigenen Augen, Er,
der Propheten ins Feuer warf.

Ich wundere mich auch über Erde und Himmel,
Dass weder Erde noch Himmel aufgeschrien haben.

Ich wundere mich auch über diese großen Berge,
Dass ihre Gipfel nicht ins Tal stürzten.

Ich verachte mein Ich, das einem Hunde gleicht,
Das Wasser trinkt und Nahrung isst in der Welt.

Die Leute sagen, der Jüngste Tage werde ein Freitag sein,
In dieser Zeit sah ich ihn am Sonntag.

Es ist tausendmal bedauernswert, dass solche Taten
Sich ereignen wegen weltlicher Geschäfte.

Issa und **Jamal** sind ohne Sünde,
Dies sind Verschwörungen der Lust und Satans.

Wenn Verwandte einander töten,
Ist das von Gott vorherbestimmt.

Sie werden danach nicht aufhören und vielleicht mehr tun,
Wie Könige, die tun, was ihnen gefällt.

Seht, wie **Shah Alum** und **Azam**
Das ganze Land Indien mit Mord verschmutzten.

Ich bin erschüttert über **Dara** und **Aurangzeb**, 20
Über das Furchtbare, das zwischen ihnen geschah.

Kannst du über den Krieg von **Hassan** und **Hussain** nachdenken,
Die durch das Schwert zu Tode gemartert wurden?

Ihre Körper taumeln in Blut und Tränen.
Zahllose andere wurden auf diese Weise abgeschlachtet.

Das ist das Schicksal aller, die auf Erden leben,
Ob sie nun Menschen, ***jinn*** oder Tiere sind.

Menschen töten einander auf der Erde
Wie Fische im Meer einander fressen.

Ein Fisch frisst das Fleisch eines anderen im Meer,
Vögel tun dasselbe in der Luft.

Sowohl die kriechenden als auch die fliegenden Geschöpfe in der Welt,
Sie alle kämpfen gegeneinander.

Das ist die widerliche Verseuchung dieser Welt,
Mit der Derwische nichts gemein haben.

So verlogen sind die Zeiten,
Dass **Rahman** sie niemandem beschreiben könnte.

D103

Ich folge der Religion

Die Weltlichen betreiben weltliche Beschäftigungen, während ich der Religion folge.
Khans sind nur Ährenleser auf meinem Land.

Es ist keineswegs des schönen Gesichts der Geliebten unwert:Tatsächlich ist mein elegantes Gedicht sogar noch besser.

Liebe ist der Wunsch sowohl des Hell- als auch des Dunkelhäutigen;
Sie ist etwas, das nicht von Schwarz und Weiß abhängt.

Wenn jemandem **Salomon**s Rang gegeben wird,
Wird er durch ein Kleinod weder erhöht noch erniedrigt.

Wenn das, was geschrieben worden ist, keine Anziehungskraft hat,
Ist es überflüssig, die Seiten des ***diwans*** mit Buchmalerei zu verzieren.

Der Geschmack ist im Mund, nicht im Essen oder Trinken:
Gleich, ob Essen oder Trinken bitter oder süß ist.

Das Ziel ist Schlaf, ob auf Stroh oder auf dem Boden.
Wozu braucht man Bett oder Kissen?

Sogar ein ägyptisches Schwert rostet in einer verrotteten Scheide;
Gott bewahre, dass irgendjemand ein Gefährte des Niederträchtigen sei.

Es ist nicht so seltsam, dass er die Sonne bei Tag und der Mond bei Nacht ist;
Rahmans Geliebter ist sowohl die eine als auch der andere.

D104

Die Derwische

Wenn irgendeiner die Taten der Derwische betrachtet,
Wird er die Derwische hochachten.

Auf dem Weg wird *der* Gott und den Propheten finden,
Der den Weg der Derwische geht.

Dessen bloßes Wort wird an Gottes Hof akzeptiert,
Der die Worte der Derwische akzeptiert.

Kein ***baza***r der Welt
Ist so überfüllt wie der leidenschaftliche ***bazar*** der Derwische.

Sie erreichen Gottes Thron mit einem einzigen Schritt;
Ich habe die Wege der Derwische miterlebt.

So viele Menschen kommen nach ihrem Tod zu ihrem Grabmal,Dass es am Grab der Derwische einen ***bazar*** gibt.

Alle Könige dieser Welt liegen dort
Wie Staub auf dem Grab der Derwische.

In der Welt hat jeder Frühling einen Herbst,
Aber der Frühling der Derwische hat keinen Herbst.

Diejenigen werden die Blumen im Himmelsgarten vergessen,Die die Blumenbeete der Derwische sehen.

Sie haben Gottes Welt verlassen;
Die Arbeit der Derwische möge hundertmal gesegnet sein!

Sieh dir den Zustand von **Qarun** an, was geschah mit ihm?Komm schon, lehne die Derwische nicht ab!

Auf wen sie auch ihren Bogen des Ärgers richten,
Er wird sein Ziel nicht verfehlen: der Schuss der Derwische.

Der ganze ***diwan*** **Rahmans** kann für diese Ghasele heiliggesprochen werden,
Das sagt uns etwas über das Wesen der Derwische.

D105

Zahllose Tränen

Zahllos sind die Tränen meiner Augen,
Die Flut meiner Tränen quillt über.

Meine schwarzen Augen wurden ganz weiß,
Als das Buch meiner Augen so sorgfältig gewaschen wurde.

Ob rot, weiß oder schwarz:
Tränen haben alle Teile meiner Augen weggetragen.

Wenn die Wangen der Geliebten vor mir verborgen sind,
Trübt sich das Funkeln meiner Augen.

Sie wird durch diese heiße Tränen nicht schmelzen:
Die Pupille meines Auges ist nur ein Stein.

Als die roten Lippen meiner Liebsten in mein Herz geprägt wurden,
Wurde meine Augenhöhle ein Rubinen-Bergwerk.

Wenn andere ihr Leben dem Sonnenlicht verdanken:
In meinen Augen ist das Gesicht der Geliebten die Sonne.

Ich sattelte die schwarzen und weißen Pferde meiner Augen für sie,
Aber sie will nicht in die Steigbügel meiner Augen treten.

Wie wilde Tiere vor dem Menschen fliehen,
So floh der Schlaf meine Augen.

Seit ich, **Rahman**, meine Geliebte ansehe,
Kann ich unmöglich damit aufhören, sie anzusehen.

D106

Schwarze Flechten

Möge niemand gefangen genommen werden von schwarzen Flechten
Noch verzückt von den rabenschwarzen Zöpfen der Geliebten.

Der wird ebenso wie schwarzes Haar abgewiesen,
Der auf schwarze Flechten wartet.

Die Leute in **Mahshar** werden nie in Frieden leben,
Denn wie kann man Frieden verlangen von schwarzen Flechten?

Bis der Auferstehungsmorgen dämmert,
Wird sie sich nicht in Tag verwandeln: die stockdunkle Nacht schwarzer Flechten.

Wenn nicht die Kerze ihres weißen Gesichtes brennt,
Gibt es kein Licht für ihre schwarzen Flechten.

Das Haus des Herzens des Liebenden ist zerstört,
Wenn sich ein Knäuel schwarzer Haare auseinanderwickelt.

Wenn sich die ganze Welt in ihrer Falle verfängt,
Wer kann ihnen dann noch widerstehen, den schwarzen Flechten?

Aus welcher Schlinge sollte ich meinen Kopf ziehen?
Sie haben tausend Schlingen: die schwarzen Flechten.

Es zerbricht dem Zensor die über seinen Kopf erhobene Peitsche,
Wenn die Peitsche schwarzer Locken über ihn kommt.

Sie hat so viele Herzen auf jede Strähne aufgezogen,
Dass ihre Korkenzieherlocken einen Rosenkranz bilden von schwarzen Flechten.

Das ganze Land Indien und das Land **Habash** wurden erobert,Als er geboren wurde: der König der schwarzen Flechten.

Sie kriechen, wie Drachen über den Schatz kriechen;
Im Herzen haben sie nicht die geringste Furcht, schwarze Flechten.

Eine Schlange kann dich in die Hand oder in den Fuß beißen,
Ins Herz jedoch beißt die Schlange der schwarzen Flechten.

Moschus und ***anbur*** flossen aus **Rahmans** Feder,
Als er Gedichte begann über die schwarzen Flechten.

D107

Keine Achtung

Auf der Schwelle meiner Geliebten
Genieße ich weder Verehrung noch Achtung.

Sie sägen am Sitz meines Herzens
Mit einem Blick ihrer Augen.

Ich genieße nicht so viel Achtung
Wie ein einziger Grashalm.

Mir ist noch nicht einmal bewusst,
Welche Schuld ich habe.

Sie gönnen mir keinen einzigen Blick,
Nicht einmal um Gottes willen.

Wenn ich mich vor ihrem Kummer verstecken sollte,
Finde ich keinen Platz, mich zu verstecken.

Möge niemand wie **Rahman** sein,
Der alles verloren hat.

D108

Die Leidenschaft des Liebenden

Es wäre kein Schaden, wenn jemand die Zinsen abschaffte;
Ein ***malung*** zahlt weder Steuern noch hat er Verbindlichkeiten.

Trennung wird von Liebe geboren;
Die nicht lieben, brauchen keine Entfremdung zu fürchten.

Der Käufer von Zuneigung sollte woandershin gehen;
Diesen Artikel findet man nicht in den Läden der Welt.

Nur die, die sich Gott unterwerfen, sind in Sicherheit;
Es gibt für niemanden irgendwo anders Sicherheit.

Wo kann ich einen Liebenden finden,
Der niemals weder einen Platz noch ein Heim hat?

Wie viele Liebende es auch in der Welt geben mag:
Es gibt keine Geliebte in der Welt wie meine.

Wer ist großgewachsen, hat Flechten und rote Lippen?
Keine andere Sonne in der Welt ist wie diese.

Die Leidenschaft des Liebenden ist ein solcher Garten,
Dass der Herbst ihn unmöglich betreten kann.

In der Liebe sind alle Liebenden Könige,
In deren Städten niemand Bettler ist oder Not leidet.

Wenn jemand in der Liebe aufrichtig ist wie **Majnun**,
Für den gibt es keinen Türhüter vor Leilas Tür.

Der Weise wird **Rahmans** Worte verstehen,
Der Einfältige und der Dumme haben hier nichts zu suchen.

D109

Heuchelei

Du erwähnst häufig **Mekka** und **Medina**,
Aber du liegst mit dem Gesicht nach unten auf den Brüsten einer Frau.

Du meditierst mit einem Kopf, der wie eine Knospe gesenkt ist.Aber in deinem Herzen verborgen ist die Vision einer bunten Tracht.

Du möchtest einen seidenen Umhang, aber wenn du keinen bekommst,
Machst du dir frustriert einen wollenen Umhang.

Wie weit übersteigt deine Anbetung deine Sünde?
Sieh dich selbst im Spiegel an.

Feindseligkeit ist schlecht, Krieg ist zweifellos **haram**,
Aber den Teufel und die Wollust hassen ist nicht **haram**.

Die Hauptaufgabe ist, die Wollust zu bekämpfen,
Anders als es Frauen mit ihrer Stickerei und ihrem Geschmeide tun.

Eine fromme, zurückhaltende Frau
Ist besser als unkeusche Männer.

Man opfere hundert sinnliche Männer
Für einen einzigen Schuh einer frommen Frau!

Ein tugendhafter Mann, selbst wenn er jung ist,
Ist einem unmoralischen Weißbärtigen vorzuziehen.

Selbst wenn ein unmoralischer Mensch hundert Jahre alt ist,Erscheint er doch **Rahman** wie ein Kind, das erst eine Nacht alt ist.

D110

Herrschaft der Liebe

Die Liebe hat einen solchen Zauber über mich geworfen, dassIch nichts ohne meine Geliebte hinunterschlucken kann.

Sie haben keinen Verstand im Kopf:
Die vom Geist besessen sind.

Sie reißen mir das Herz mit der Klaue der Wimpern heraus, Denn Gott machte die verführerischen Augen der Liebenden zu Löwinnen.

Ihre Nahrung wird nichts als Schmerz sein:
Die Nahrung derer, die den Geliebten dienen.

Der möge mir bitte eine kleine Lektion in Geduld geben,
Der so viel Herrschaft über die Liebe hat.

Gott hat mich in die Hände der Polizei gegeben,
Die auf mir immerzu wie auf einer Flöte spielt.

Ich habe in meinem Körper ein Fieber bekommen,
Da du deine beiden Augen leicht geschwärzt hast.

Wo kann ich einen finden, der Gemeinschaft verkauft,
Jetzt, da ich im Hof der Trennung eingesperrt bin?

Seit wann kann Kerzenlicht von dem Schatten einer Lampe verborgen werden;
Du, die du das dünne Kleid der Arroganz angezogen hast?

Ich bin **Rahman**, dessen Herz von Mädchen besänftigt wird,Deren Taille so dünn ist wie ein Haar.

D111

Das Feuer der Trennung

Die Verletzung durch Liebe ist nicht wie eine Wunde,
Sie ist nicht so schmerzlos und einfach wie andere Wunden.

Liebende und Geliebte verstehen einander;
Dieses Geheimnis kennt die übrige Welt nicht.

Es ist nicht Liebe. Betrachte es als Verwirrung;
Welchen Menschen, der damit zu tun hat, verwirrt das nicht?

Zeige mir einen Liebenden, der liebt,
Dessen Gesicht nicht von Tränenströmen überflutet ist.

So viele Tränen fallen auf die Brust des Liebenden,
Man könnte sie für ein Flussbett halten und nicht für etwas, das mit einem Hemd bedeckt ist.

Die Trennung macht den Tod so bitter für den Liebenden,
Ohne Trennung gäbe es überhaupt keine Not.

Auch wenn man andere Gedanken hart finden mag:
Niemand hat eine Abneigung gegen die Sehnsucht nach der Geliebten.

Zwar ist das Feuer der Hölle außerordentlich heiß,
Es gleicht jedoch noch lange nicht dem Feuer der Trennung.

Der , von dem man sagt, er sei verrückt vor Liebe,
Ist deswegen weise und durchaus nicht dumm.

Wenn ich sehe, dass die Welt ohne meine Geliebte ist,
Erkläre ich, **Rahman**, sie für verlassen und unbewohnt.

D112

Untreuer Freund

Ein untreuer Freund ist überhaupt kein Freund;
Eine kurzlebige Bemühung ist überhaupt kein Bemühen.

Zwar ist es schwer für dich und mich, wenn wir uns selbst opfern,
In der Liebe aber ist es leicht und überhaupt nicht schwer.

Sorge weckt den Menschen aus dem Schlaf,
Die Sorglosen sind nicht aufgeweckt, selbst wenn sie wach sind.

Für den Liebenden besteht das Leben, wie es auch sein mag, in Vereinigung.
Alle Zeit, die in Trennung verbracht wird, zählt nicht.

Im Handumdrehen gehen sie in die Irre;
Vertrauen auf die Welt ist überhaupt kein Vertrauen.

Selbst wenn er der Vater von hundert Söhnen wäre, was wollte er tun?
Welchen Nutzen hat er von einem törichten Sohn?

Die Geliebten necken ihre Liebhaber immer,
Rahman ist überhaupt nicht ärgerlich über seine Geliebte.

D113

Die Buchstaben deiner Liebe

Die Buchstaben deiner Liebe sind nicht schwarz, sondern rosenfarben,
Denn sie sind mit Herzblut geschrieben.

Der Becher der Liebe kann nicht ohne Wein sein,
Der Becher, der aus der Tonerde **Farhads** und **Majnuns** gemacht ist.

Die Angelegenheiten der Welt sind alle vergänglich;
Warum nehmen dann deine Gewalt und Grausamkeit zu?

Sie sind die Opfer deines Blicks, nicht Tulpen,
Die, rot umhüllt, aus der Erde kommen.

Die Jugend kann sie sich nicht leisten;
Sie sind keine Mädchen, sondern der Schatz von **Qarun**.

Es verwandelt in einem Augenblick Könige in Bettler:
Ich habe das Unheil des Schicksals erlebt.

Wenn das Blut aus **Rahmans** Herzen Gunst findet,
Werden die Gesichter der Liebenden karmesinrot.

D114

Die Gedanken des Liebenden

Die Gedanken des Liebenden gelten nicht Nahrung und Schlaf;Er
träumt von keiner anderen Tür als der der Geliebten.

Verlasse dich nicht auf deine Begabung und deinen Verstand;Diese
Methoden sind in der Liebe von keinem Nutzen.

Wenn die Beziehung des Liebenden zu einer weltlichen Berechnung
wird,
Wird er gar nicht zu den Liebenden gezählt.

Wenn der Liebende kein Anführer in der Liebe wird,
Ist er kein Anführer, selbst wenn er der Anführer der ganzen Welt ist.

Ein Buch, das Liebende trennt,
Ein solches Buch ist nicht das Buch der Liebenden.

Der Schleier, den andere Schleier nennen,
Ist kein Schleier zwischen mir und meiner Geliebten.

Jede Belohnung außer dem Anblick des Gesichts der Geliebten
Ist so beschaffen, dass ich sie gar nicht als Belohnung betrachte.

Zulaykha hat Josef vielleicht in einem Traum gesehen,
Aber ich habe ihn gesehen, als ich wach war – nicht als ich schlief.

Sei geduldig, wenn du willst, dass deine Wünsche erfüllt werden;
Niemand hat diese Arbeit in Eile erledigt.

Rahman hat seine Geliebte um einen Kuss angefleht,
Und hat noch keine Antwort von ihr bekommen.

D115

Dir auf Schritt und Tritt folgen

Mögen deine Schritte mir immer im Sinn sein,
Solange ich Atem hole.

Alles aus deiner Hand tut mir wohl,
Ob es nun Gift oder Balsam für meine Wunde ist.

Ohne dich betrachte ich es nur als irdenen Becher,
Selbst das Glas **Jamsheds**, wenn ich es an den Lippen hätte.

Zwar ergötzen sich andere an den Freuden der Welt,
Mein Herz aber möge immer Freude in meinem Schmerz um dich finden.

Wenn hundert Sorgen in mein Herz einziehen,
Möge der Schmerz um dich der erste von allen sein.

Möge Gott mich nicht gefühllos für den Schmerz machen, den du mir bereitest,
Solange ich Leben in mir habe.

Rahman ist in dein Gesicht verliebt. Gott ist Zeuge,
Dass er keinen Makel darin gefunden hat.

D116

Ein Fisch außerhalb des Wassers

Jeder, der in deinem Grübchen lebt,
Wird wie Stroh im Ofen verbrannt.

Jeder, der deine Lippen mit seinem Mund erwähnte,
In dessen Mund würde Gift zu Honig.

In der Trennung bin ich nur arm und mittellos,
Wie Getreide, das kein Wasser bekommt und verdorrt.

Zweifele nicht auf so eine Weise an einem Liebenden,
Dass seine Geliebte sein Herz nimmt und eine leere Brust hinterlässt.

In der Welt gibt es nichts Süßeres als die Liebe,
Ach! Dass Trennung sie zu einer bitteren Frucht macht!

Ohne meine Geliebte bin ich, **Rahman**, verwirrt und versehrt;Wie ein Fisch, der außerhalb des Wassers gelähmt ist und sich nicht mehr bewegen kann.

D117

In deine Richtung blicken

Meine beiden Augen blicken in deine Richtung;
Sie sind für immer in den Tränen der Trennung ertrunken.

Ich bin dein scharfäugiger Hund:
Alle Augen in gespannter Erwartung auf dich gerichtet.

In gespannter Erwartung auf dich bemühen sich meine beiden Augen,
Von Haus zu Haus herumzusuchen.

Als ich das Bild der Geliebten in meinem Herzen sah,
Wandten sich meine beiden Augen nach innen zu meinem Herzen,

Um deinetwillen ertrage ich die Arroganz des Nebenbuhlers;Gewinn und Verlust sind Bruder und Schwester in dieser Welt.

Verdächtige **Rahman** nicht auf diese Weise:
Es sind andere, die von etwas anderem als dir verlockt werden.

D118

Liebesmühe

In **Saqis** Hand ist ein Glas reinen Weines,
Der Barde hat die ***rebab*** auf seine Knie gelegt.

Oh Ratgeber, du sagst mir, ich solle bereuen,
Aber wer hat den Mut, in dieser Zeit reumütig zu sein?

Wenn ich mich von der Liebesmühe zurückhalten sollte,
Welcher Gewinn oder welches Verdienst läge in einer derartigen Vermeidung?

Der Himmel erscheint dem Geist als so riesig,
Er ist jedoch nur eine Luftblase im Ozean der Liebe.

Jeder, der sein Ich und seinen Reichtum verteidigt, wenn er liebt,
Hat sein Haus im Überschwemmungsgebiet gebaut.

Du, der du Ruhe wünschst, wenn du verliebt bist,
Sag mir, wer kann im Maul eines Löwen schlafen?

Was hilft es, wenn eine unachtsame Person ein Buch auf ihren Kopf legt?
Es ist, als legte sie das Buch unter ihre Füße.

Jeder, der aus seiner Bosheit Segen herausholen will,
Ist wie ein durstiger Mann, der von einer Luftspiegelung Wasser erwartet.

Hüte dich vor der Arglist des Nebenbuhlers!
Lass dich nicht von seiner Freundlichkeit täuschen: Er ist ein Felsen unter Wasser.

Bete an, so schnell du kannst, **Rahma**n,
Denn dein Leben geht schnell vorüber.

D119

Keine wie meine Geliebte

Wenn Taucher nach einer Perle suchen – dies ist sie.
Wenn jemand nach einer Geliebten sucht – dies ist sie.

Es gibt keine wie meine Geliebte,
Sie ist die Königin aller Geliebten.

Koste ihre Lippen und ihr Grübchen,
Komm und sieh – dies ist **Zamzam**, dies **Kausar**.

Wenn ich über Gemeinschaft mit dir und Trennung von dir nachdenke,
Erscheinen sie mir als Himmel und Hölle.

Oh Redner, warum hältst du deine Predigt von der Kanzel herab,
Die Kanzel besteht darin, das Ich zu demütigen.

Pilgerreise nach **Mekka** ist leicht. Ein Mensch ist der,
Der vom Ich weg reist – das ist Pilgerfahrt.

Jeder reiche Mann, der einen ***qalander*** unterstützt,
Wird an Stelle des ***qalanders*** zu einem ***qalander.***

Reich werden mit dem Schatz der Genügsamkeit:
Es gibt keinen anderen Reichtum in der Welt. Eben das ist er.

Es ist keine Kunst, Staub in Gold zu verwandeln,
Aber es ist wirklich etwas, Gold in Staub zu verwandeln, **Rahman**.

D120

Ein Führer über jeden Führer

Zwar sind die Wohlhabenden reich an Silber und Gold,
Die Gebildeten jedoch haben den Schatz ihres Wissens.

Es ist nutzlos, sich selbst stark zu nennen,
Wie mächtig der weltliche Mann auch sein mag.

Sage nicht, es gibt nur mich in der Welt;
Gott hat einen Führer über jeden Führer geschaffen.

Er machte einige zu Heiligen, einige zu Propheten,
Nicht jeder ist ein Heiliger oder ein Prophet.

Ein Edelstein von der Größe eines Samenkorns wird darin gefunden,
Die übrige Welt ist ein Berg schwarzer Steine.

Nur dem König folgt eine Armee,
Nicht jeder hat ein Gefolge von Soldaten.

Gott hat die Menschen verschieden gemacht,
Nicht alle Welt ist gleich.

Wenn man die Geschwindigkeit des Lebens bedenkt,
Könnte man schließen, dass die Sonne gerade untergeht.

Jeder, der sich vor seiner Geliebten demütigt,
Ist erhöht wie die Sonne am Himmel.

Sei nicht erstaunt über meine vielen Tränen,
In diesem Ozean habe ich eine Perle gefunden.

Möge er kein anspruchsvolles Kleid tragen:
Rahman ist ein ***qalandar*** mit einem schiefen Turban.

D121

Fußstapfen der Liebe

Wenn der Geliebte meinen Spuren in Liebe folgt,
Ist es, als wäre jeder seiner Schritte einer auf dem Weg nach **Mekka**.

Es passt ihm, mir einen Kuss zu geben, ohne dass ich darum bitte;
So großzügige Leute machen, dass man für ihre Freundlichkeit dankbar ist.

Der Geliebte sollte freundlich und liebevoll sein,
Nicht wie **Qarun**, der sich **Hatim** nannte.

Ich verberge diese bleichen Wangen vor den Leuten
Wie Gold, das man vor dieser Welt versteckt.

Gott machte sie zu himmlischen Blumen für mich,
Auch wenn Er schmerzhafte Brandmale auf mein Herz macht.

Niemand sollte sich über Augen beklagen, die für sinnliche Eindrücke empfänglich sind,
Denn welcher Betrunkene geht schon geradeaus?

Auf Schmerz folgt immer Vergnügen;
Ein gesunder Körper wird von keinem Arzt bandagiert.

Ich schäme mich für mein Verhalten der Geliebten gegenüber; Sogar der Brahmane berührt mit seinem Kopf die Füße seiner Geliebten.

Die Hand des Verstandes reicht nicht bis zum Himmel;
Allein die Liebe betritt Gottes Thron.

Ich, **Rahman** betrachte es als Krone von meiner Geliebten,
Auch wenn sie eine Last Grausamkeit und Leiden auf mein Haupt lädt.

D122

Die Taten der Welt

Die Taten der Welt sind alle Betrug;
Betrachte niemanden als deinen Verwandten.

Kein Ziel ist in der Welt übrig geblieben,
Es ist, als benutzte man Wasser, um ein Loch im Eis zu schließen.

Alle haben Ohren und eine Nase,
Aber sie können damit keine Scham empfinden.

Wenn du zwei Schalen Getreide im Fass hast,
So sieh es nach dem Abend einfach als den Besitz eines andern an.

Wenn du ein oder zwei Fehler in einer anderen Person zählst,Sagen andere sicherlich, dass du hundert hast.

Der Rat eines Ratgebers hat keine Wirkung,
Er ist nutzlos wie Hämmern auf kaltes Eisen.

Ich weiß nicht, ob es treulose Vertraute sind
Oder Wespen, die das Herz **Rahmans** bedrängen.

D123

Ein Garten ohne Blumen

Ein untreuer Liebhaber ist überhaupt kein Liebhaber;
Ein Garten ohne Blumen ist überhaupt kein Garten.

Ich mag die, die von bitterem Wein betrunken sind;
Ein Dorn mit dem Duft einer Blume ist kein Dorn.

Rechtschaffenheit und Weltlichkeit sind völlig verschiedene Dinge,
Ich habe niemals eine rechtschaffene weltliche Person erlebt.

Was für Arbeit es auch auf Erden geben mag, es ist Liebe;
Die Beschäftigung der übrigen Leute ist keine wirkliche Arbeit.

Wenn das Glaubenszeugnis in deinem Herzen nicht fest ist,
Ist das äußerliche Glaubensbekenntnis überhaupt kein Bekenntnis.

Ein Herz, das die Bürde des Kummers der Geliebten trägt,
Trägt keine Bürde, sondern eine Wolke des Segens.

Keiner würde etwas anderes als Liebe praktizieren,
Aber das ist ein Schatz, der nicht jedem offenbart wird.

Die Geliebte ist niemandem treu;
Wenn es anders wäre, wer würde dieses Glück dann nicht einsehen?

Vereinigung mit der Geliebten ist nur durch Gottes Gnade möglich;
Dieses Werk kann keine Machtvollkommenheit irgendeines anderen erfüllen.

Rahman ist den Geliebten dankbar,
Aber er erkennt unattraktive Liebhaber nicht an.

D124

Jamsheds Glas

Das Herz, das Gott erleuchtet, wird zu **Jamshed**s Glas:
Die ganze Welt erscheint in diesem Glas.

Die Gewohnheiten der wilden Tiere gibt es auch in der Menschheit;
Man sollte sie aber nur Menschen nennen, wenn sie menschlich werden.

Nur wenn er keine Tier-Eigenschaften in sich hat,
Wird ihn die Menschlichkeit überkommen.

Selbst wenn er die Kleider von Heiligen trägt,
Aber unmoralische Taten begeht, wird er immer noch schuldig sein.

Wie köstlich das Essen auch sein mag, es schmeckt nicht,
Wenn eine Prise Salz zu viel oder zu wenig daran ist.

Glück gibt es immer im selben Maße wie Kummer;
Wie könnten diejenigen Freude empfinden, die keine Traurigkeit kennen?

Jeder, der sich dem Schicksal überlässt,
Wie sehr er sich selbst auch schilt, wird hocherfreut sein.

Wenn die Liebe ihre Vollkommenheit erreicht,
Wird die Wunde, die die Geliebte verursacht, zum Balsam.

Wenn du auf dich selbst trittst, **Rahman**,
Bekommst du die Himmel unter die Füße.

D125

Das Schicksal des Liebenden

Ein Liebender kann ohne seine Geliebte nicht ruhig sein;
Der Kranke kann nicht ohne Arzt genesen.

Diejenigen, die ins Buch des Schicksals als „verrückt" eingeschrieben sind,
Werden durch die Belehrung des Lehrers nicht klug.

Der Sohn, dessen Geist ihn verlässt, wenn er noch im Schoß seines Vaters liegt,
Dessen Schicksal können seine Eltern nicht ändern

Diejenigen, die Gott mit atemberaubender Schönheit gesegnet hat,
Können durch die Leugnung der Spötter nicht befleckt werden.

Liebesschmerz und –kummer ist furchtbar;
Möge sich kein Mensch diese Krankheit einfangen.

Ich bitte Gott immer und ewig:
Meine Geliebten mögen einander nicht satt bekommen.

Soviel sie ihn auch ihrer Liebe und Ergebenheit versichern,**Rahman**
vertraut den Liebreizenden nicht.

D126

Mitleid

Wessen Freund kam betrunken von Wein nach Hause?
Wessen Hof wird er als nächsten verwüsten?

Er schont die nicht, die Zuflucht an einem Altar gesucht
haben,Wessen mitleidloser und herzloser Schuss ist das?

Ich habe nie jemanden grundlos belästigt,
Wessen böser Will ist es also, der mich verdirbt?

Die ganze Welt lebt vom Licht seiner Wange,
Wessen Wange ist so hell wie die Sonne?

Der Bülbül kann seine Blume nicht erreichen,
Die im Garten steht, der innerhalb des Heiligtums ist.

Er hat kein Mitleid in seinem Herzen, **Rahman**:
Wessen grausamer und gefühlloser Freund ist dies also?

D127

Ekstatisch

Du kannst von einem einzigen Krümel geleert oder gefüllt werden,
Heiß oder kalt gemacht nur durch ein einziges Fleckchen.

Wenn du willst, dass Gott dir Jugend gebe, wirst du jung sterben,
Wenn du die Jugend überwunden hast, bist du alt.

Dem Menschen geht es manchmal gut und manchmal schlecht,Du
bist nicht Gott, dass du ewig gesund sein wirst.

Die Liebe wird dich wie den Himmel erscheinen lassen,
Selbst wenn dein Körper so klein ist wie **Majnun**s.

Liebe kann ohne Begeisterung nicht sein, **Rahman**,
Du bist begeistert von der Liebe der Geliebten.

D128

Rüpel

Geh weg! Verschwinde! Unartiger Rüpel,
Ob er nun dein Bruder, Verwandter oder einer von außerhalb ist.

Ein frommer Fremdling ist besser als ein Sohn oder Enkel,
Wenn Sohn oder Enkel zuchtlos werden.

Aller Hausrat wird befleckt:
Denn der Unartige wird zu einem Schakal oder hungrigen Hund.

Alle Leute werden tollwütig,
Wenn ein Hund im Dorf tollwütig wird.

Es gibt keine andere Behandlung für einen tollwütigen HundAußer dem Tod und den Brunnen auffüllen.

Die Bösen sind wie Hermaphroditen,
Wie tapfer sie auch mit Schwert und Dolch sein mögen.

Diejenigen sollten tapfer genannt werden,
Die andere nicht rücksichtslos plagen.

Der Topf, der einmal auf die brennende Feuerstelle des Schwertes gestellt worden ist,
Kann nicht durch kalte Seufzer abgekühlt werden.

Seine Großzügigkeit erreicht jeden,
Er ist bekannt als der **Hatim Tai** seiner Generation.

Oh **Rahman**, wenn ein Mensch lasterhaft und böse wird,
Sag mir, wer ist besser: Hund oder Mensch?

D129

Schatzkammer der Perlen

Als ich mit meiner Geliebten vertraut wurde,
Entdeckte ich eine Schatzkammer mit Perlen und Korallen.

So viel hatte ich von meinem Glück gar nicht erwartet,
Ich weiß nicht, wie ich zu dieser Schatzkammer gekommen bin.

Zwar hat Gott ihn nach einer Menge schwerer Arbeit in meine Hände gegeben,
Und doch kann ich sagen: Ich habe ihn leicht gefunden.

Als ich ihm nur einen Augenblick lang begegnete,
Fand ich darin die vollkommene Entschädigung für meine Trennung.

Es ist kein Wunder, dass die ganze Welt mein wird,
Da ich dem König der ganzen Welt begegnet bin.

Ich, **Rahman**, bin dankbar für meine Gedichte,
Dass ich einen solchen ***diwan*** entdeckt habe.

D130

Ein Haufen Staub

Alle, die die Welt begehrt haben,

Sie alle haben Staub und Asche auf dem Haupt.

Zwar bilden sich die Dummen etwas auf weltlichen Erfolg ein,Für den Weisen jedoch ist das törichter Unsinn.

Wenn Menschen etwas anderes als Gott lieben,
Sind die Männer Esel, die Frauen Eselinnen.

Betrachte die Graubärtigen nicht als alt,
Sie sind nur Kleinkinder in der Wiege.

Sieh sie einfach als Frauenlocken an:
Die Feder, die sie sich in ihren Turban stecken.

Wenn man von Leuten nichts Nützliches oder Zuträgliches bekommen kann,
Sind diese Leute unnütz und nutzlos.

Häufe keine weltlichen Dinge an, **Rahman**,
Sie sind alle nur ein Haufen Staub.

D131

Verliebe dich nicht

Liebe ist ein dunkles Ungeheuer, falle ihm nicht anheim!Trennung wird dich vernichten, lass dich nicht vernichten.

Schmerz und Sorge werden die Wurzeln deines Herzens abschneiden;
Lass dich nicht vom Schmerz und von der Sorge um die Geliebte gefangen nehmen.

Karminrote Tränen werden für immer deine blassen Wangen hinunterfließen.
Sei nicht zweifarbig wie die ***ra'n***a Blume.

Da Lügner Gegner Gottes sind,
Erzähle niemandem in dieser Welt eine Lüge.

Wenn du eine hohe Stellung begehrst: In der Liebe ist sie zu finden,
Jede andere Stellung ist unwichtig. Begnüge dich nicht damit.

Du wirst sonst für immer mit hängendem Kopf dasitzen,
In Gedanken verloren. Beschäftige dich nicht mit Lobpreis wie **Rahman**.

D132

Vorkehrungen für das künftige Leben

Wenn du nach etwas anderem verlangst als nach Gott,
Wie kannst du wissen, ob es richtig ist oder nicht?

Du kannst nicht ewig leben,
Auch wenn du immer weiterlebst, kannst du nur hundert Jahre alt werden.

Wenn du hundert Jahre leben solltest,
Sag mir, was willst du danach tun?

Dinge können nicht im Augenblick getan werden. Ein MenschIst auf der Hut, schon während sein Feind noch weit entfernt ist.

Von Geburt bist du ein Mensch und kein Tier,
Oh Zweibeiner. Handele nicht wie die Vierbeiner!

Dein Zustand wird zu dem einer Fliege oder Ameise;
Oh ***huma***, verlange nicht nach fettem Fleisch!

Du wirst nicht durch Gier, sondern durch Genügsamkeit zufrieden,
Du Bettler, der du auf dem Thron **Aurangzebs** sitzt.

Triff Vorkehrungen für den ***serai***, der vor dir liegt, **Rahman**,
Bis du *diesen****serai*** verlässt.

D133

Unter die Füße getreten

Du wirst von diesem Bett und dieser Matte erhoben werden,Dann weiß nur Gott, welchen Weg du gehen wirst.

Vom äußeren Anschein sieht es so aus,
Als werdest du unter die Füße getreten wie Stroh.

Die Erde und der Himmel werden bleiben und du wirst nicht bleiben;
Du wirst vernichtet, während alles andere bewahrt wird.

Das Leben der Frühlingsblumen dauert nicht ewig,
Aber du wirst weinen wie der Bülbül im Sommer.

Du wirst welken, wenn du weiter für sie einstehst:
Lass dich nie vom Versprechen der Schönen betrügen.

Wenn du Leila willst, ist es nötig, **Rahman**,
Dass du ein Bewohner des Berges und des Bergwerkes wirst wie **Majnur**.

D134

Pflanze den Baum der Geduld

Du bist immer auf Silber und Gold versessen,
Ich sehe, wie du dich ständig selbst zerstörst.

Das Ergebnis wird sein, dass ein Pflock deine Brust durchbohren wird:
Die Brust dessen, der weiter die Frucht von jedem Ast isst.

Sag mir, welchen Gehorsam du zeigst
Als Gegengabe für das, was du abends und morgens isst.

Derjenige, der fastet, isst im vierten Quartal,
Aber du isst eine Mahlzeit viermal in jedem Quartal.

Wenn du erst einmal Vollkommenheit erreichst,
Wirst du dein eigenes Fleisch verschlingen wie der Mond.

Wenn du den Menschen im Spiegel von Namen und Ehre siehst,Wird
dich die Unart jedes Menschen verstimmen.

Für den Unreifen ist sogar Zucker ein tödliches Gift,
Aber wenn es klug verabreicht wird, wird Gift für Zucker gehalten.

Pflanze den Baum der Geduld in dein Herz, **Rahman,**
Damit du immer mit Freude seine Frucht essen kannst.

D135

Das Geschenk Liebe

Wenn du denkst, deine Torheit wäre Weisheit:
Oh, dass du Reis zum Preis von Hirse bekommen könntest!

Liebe ist ein Geschenk an den Liebenden von Gott,
Sie ist nichts, das man kaufen oder verkaufen kann.

Es gibt wohl keinen, der so verrückt verliebt ist wie **Zulaykha**,Selbst
wenn du alle Damen Ägyptens versammelst.

Ein Meer ist kein Meer,
Wenn sein Wasser schmutzig und schlammig ist.

Wie werden die sich um ihren Freund kümmern,
Die sich Sorgen über Häuser und Familie machen?

Liebe ist nicht möglich, wenn man gemütlich ums Feuer sitzt,Stattdessen muss man aufstehen und die Liebe kämpferisch verfolgen.

Sei nicht stolz auf den Segen der Vertrautheit,
Trennung davon hat viele Herzen verwundet.

Niemand hat Perle und Diamant auf einer Waage gewogen,
Rahmans Gedicht ist ein Diamant, warum wägst du es?

D136

Lobeshymne

Ich beginne im Namen Gottes,
Einer seiner vielen Namen ist **Subhan**.

Er ist sowohl König der Könige
Als auch Kaiser der Kaiser.

Die Arbeit, die für jeden schwer ist,
Ist für Ihn leicht.

Wer kann die Sonne am Himmel aufgehen lassen?
Er hat die Sonne in den Himmel gehoben.

Wer kann der Sonne einen Schleier übers Gesicht breiten?
Er hat die Sonne in den Wolken verborgen.

Wer kann nachts den Mond bringen?
Er hat den hellen Mond in die Nacht gebracht.

Wer kann machen, dass ein einziger Tropfen vom Himmel fällt?Er hat uns mit Regen begossen.

Wer kann eine Seele auch nur in eine einzige Mücke legen?
Er hat die ganze Welt mit ihren Seelen ins Leben gebracht.

Wer kann einem Stein die Farbe der Blumen geben?
Er hat dem Stein eine rote Farbe gegeben.

Wer kann auch nur eine einzige Blume aus Erde formen?
Er hat aus der Erde einen ganzen Garten geschaffen.

Wer kann aus einem Kiesel eine Perle schaffen?
Er hat eine Perle aus einem Stein gemacht.

Wer kann jede Kreatur mit Nahrung versorgen?
Er versorgt jede Kreatur mit Nahrung.

Wer kann dem Menschen Glauben geben?
Er hat jedem Gläubigen Glauben gegeben.

Wer kann von der Erde in den Himmel aufsteigen?
Er hat Jesus diese Ehre geschenkt.

Wer kann mit Gott sprechen?
Damit hat er Moses geehrt.

Wer kann das Ross des Himmels zügeln?
Er hat den Thron **Salomon**s in den Himmel gestellt.

Wer kann mit weißem Bart bis zum Tag des Gerichts leben?
Er hat **Khizr** mit dieser Gunst gesegnet.

Die Arbeit, die Er verrichtet, kann kein anderer ausführen,
Jeder Starke ist schwach, verglichen mit Seiner Stärke.

Er hat einen Hügel aus Steinen im Wasser geschaffen
Und hat ihn zu einem Haus für Feuer im Wasser gemacht.

Seine Erde ist in Anbetung aufs Knie gefallen,
Und auch der Himmel hängt im Gebet über uns.

Jeder Baum steht betend vor Ihm,
Jeder Grashalm kündet von Seiner Größe.

Alle sind damit beschäftigt, Ihn zu preisen,
Ob Engel, ***jinn*** oder Menschheit.

Jeder Fisch im Fluss singt Sein Lob,
Jeder Vogel im Feld erhebt Ihn.

Niemand hat Ihn, wie es Ihm gebührt, gepriesen,
Eine angemessene Beschreibung hat niemand gegeben.

Kreaturen kennen Ihn nicht
Auf die Weise, auf die Er sich kennt.

Niemand hat seine Tiefe ausgelotet
Sein ***marifat*** ist wie der bodenlose Ozean.

Er erleidet keinen Verlust, Niedergang oder Schaden,
Er ist ohne Verlust, Niedergang oder Schaden.

Es gibt keine Kopie, keine Ähnlichkeit und keinen Ort für Ihn,
Er ist ohne Kopie oder Ähnlichkeit und hat keinen Ort.

Betrachte Ihn reinen Herzens – ohne Zweifel oder Verdacht,
Anders als jemand, der Zweifel an Ihm und Verdacht gegen Ihn hat.

Niemand kann Ihn mit seinen Augen sehen noch kann Er gesehen werden,
Er ist unbeschreiblich, aber doch sichtbar.

Wenn jemand sagt, man kann Ihn nicht sehen, so ist das wahr,Aber gleichzeitig ist Er für alle sichtbar.

Er ist seitenlos, ohne jede Seite,
Und doch ist Er auf jeder Seite gegenwärtig.

Komm und sieh Tausende Seiner Lobpreisungen, von denen**Abdur Rahman** Ihn nur halbwegs gepriesen hat.

D137

Taten sagen die Zukunft voraus

Im Augenblick, wenn er sein Herz verliert,
Wird ihm jede Sekunde zu einem Jahr.

Er ist in Gedanken verloren
Unfähig zum Sprechen.

Er kann weder sprechen noch hören,
Er wird taub und stumm.

Weder antwortet er irgendjemandem
Noch hört er die Fragen von irgendjemandem.

Kenntnisse und Vernunft verlassen ihn,
Sein ganzer Körper wird träumerisch und überspannt.

Er schläft mit weit offenen Augen
Wie ein Bild an der Wand.

Seine Vitalität stammt aus dem Blut seines Herzens,
Sie wird seine einzige Aktivität.

Der Regen aus seinen Augen
Wird zum Monsun auf seinem Gesicht.

Wegen der Liebe
Liebt er Familie und Kinder.

Er verliert Familie und Kinder
Ebenso wie Eigentum und Reichtum.

In seinem Schmerz und seiner Traurigkeit
Ist er von der Welt befreit.

Er hat weder Stärke noch Macht,
Er ist kraftlos und schwach.

Zwar ist er lebendig auf der Welt,
Aber er wird wie die Toten.

Wie ein Fisch auf dem Trockenen
Wird er ohne Messer getötet.

Er kann von seinem Platz nicht aufstehen:
So verwundet ist er im Herzen und so träge im Körper.

Er geht wie einer, auf den geschossen worden ist,
Er hinkt allen anderen hinterher.

Wie Stroh auf der Hauptstraße
Wird er unter den Füßen zertreten.

Möge Gott einen vor Traurigkeit bewahren,
Glücklich sein ist einfach großartig.

Wenn die Wurzeln des Herzens abgeschnitten sind,
Wird sein übriges Leben schwer.

Es macht die Augen des Gärtners ungeduldig,
Wenn ein neuer Baum gepflanzt worden ist.

Getreide säen ist leicht,
Sich dann darum zu kümmern ist so schwer.

Zerstörung kann in einem Augenblick geschehen,
Aufbau ist sehr schwierig.

Nachdem sein Vater [früh] gestorben ist, ist es eine große Leistung,
Wenn der Sohn erfolgreich ist.

Wer kennt schon diese Welt
Und weiß, was jemandem zustoßen wird?

Wenn einer zurzeit keine Stellung hat,
Welche Hoffnung gibt es für ihn für die Zukunft?

Im nächsten Augenblick,
Gott weiß, was dann geschehen wird.

Die Dinge der Welt sind vergänglich,
Sie verändern sich im Handumdrehen.

Wie Schatten,
Die an jeder Wand die Seiten wechseln.

Vertraue nicht darauf,
Dass Wasser im Sieb bleibt.

Während eines Zwinkerns der Wimpern 29
Verändert es den Schal in eine Decke und eine Decke in einen Schal.

Selbst wenn er der König des Landes ist,
Wird er arm und hält eine Bettelschale in der Hand.

Lass dich nicht von seinem Verdienst täuschen,
Es wird in einem Augenblick zur Sünde.

Sei nicht stolz auf seine Vollkommenheit,
Sie verschlechtert sich in einem Augenblick.

Der Elefantenhändler
Wird zu einem Kuh- und Eselhändler.

Der Juwelier, der Diamanten verkauft,
Wird zum Ton knetenden Töpfer.

Er arbeitet als Töpfer und Maurer
Und handelt mit zerbrochenen Töpfen.

Solange er wohlhabend ist, wird er geachtet,
Aber wenn er arm ist, wird er Lump genannt.

In der Jugend ist er ein Löwe,
Im Alter ein Schakal.

Er ist wegen seiner Rechtschaffenheit berühmt,
Schnappt törichtes Gerede auf und wird zum Lügner.

Ein Richter, der gerecht entscheidet,
Nimmt den Posten eines Polizisten an. 40

Ein frommer Mann, der Gutes tut,
Wird zum bösen Übeltäter.

Jeder Mensch hat sein eigenes Schicksal,
Einer ist Christ, ein anderer wird zum Antichrist.

Wenn er glücklich geboren wurde, tut er Gutes,
Wenn er vom Unglück verfolgt wird, tut er Böses.

Küsse Hände und Füße
Der Wohlgesitteten und Tugendhaften.

Verliere die Hoffnung nicht, wenn du getrennt wirst;
Gott ist mächtig – Vereinigung kann geschehen.

Sei optimistisch in ***haram***,
Vielleicht liegt ***halal*** vor dir.

Er kann einen Ungläubigen aus dem Heidentum herausheben,Er kann
ihn im Augenblick zu einem Heiligen machen.

Gott macht, dass schwarz besser als weiß ist!
Ein schwarzes Muttermal auf einem weißen Gesicht.

Einer, der nach einem einzigen Strohhalm verlangt,
Wird zum Besitzer von Land und Reichtum.

Einer, der sich niemals anstrengt,
Wird gleichrangig mit Konkurrenten.

Er ist lange Zeit isoliert
Und wird in einem Augenblick vertraut.

Man kann das Schicksal nicht ändern,
Selbst wenn man viele hundert Male gerüstet ist.

Wenn Gottes Wille geschieht,
Irrt das Wissen der Astrologen.

Warum setzt du auf den wahrsagenden **Rahman**?
Deine eigenen Taten sagen die Zukunft voraus.

D138

Nicht bewässertes Land

Diejenigen, deren Ackerbau von Regen und Fluten abhängt,Werden
ihr ganzes Leben lang Not erfahren.

In einem Land ohne Fluss und Kanal
Leben alle Bauern im Unglück.

Ihre Augen blicken zum Himmel,
Schlaflos warten sie auf Regen.

Als ob sie in einer Pfanne gebraten würden
Oder gekocht wie Fisch-***kabab***.

Wann wird es auf sie regnen
Und wann werden ihre Bäume und Feldfrüchte bewässert?

Immer fleht er zu Gott um Wasser,
Wenn seine Bitte nur jemals im Leben erhört wird!

Er lauscht verzückter auf das Murmeln von Wasser,
Wie auf den Klang von ***chung*** und ***rebab***.

Wenn es auch sein ganzes Leben lang auf ihn regnet,
So hat er doch noch die Hitze der Sonne im Leib.

Furcht vor Hitze und Dürre
Lässt ihn den Mond für die Sonne halten.

Wasser wird so kostbar, dass
Seine Töpfe und Pfannen verschmutzt und ungewaschen bleiben.

Er unterscheidet nicht zwischen sauberem und unsauberem Wasser,
Auch dann nicht, wenn sein Wasser mit Urin vermengt ist.

Wenn er die Möglichkeit hat, Wasser zu stehlen, versäumt er sie nicht,
Selbst wenn er ein Bewohner von ***khanqah*** oder Moschee ist.

Wenn er Wasser verteilt, tut er das nicht gerecht,
Selbst wenn er heilige Schriften in den Händen hält.

Er gewinnt nicht das Verdienst, Wasser zu spenden,
Selbst wenn ein einziger Schluck mit dem ***haj*** belohnt würde.

Er erwartet keinen Regen von Gott,
Selbst wenn am Himmel Tag und Nacht Wolken hängen.

Wie kann er sich den Schmutz vom Körper waschen,
Wenn Wasser knapper als Rosenwasser ist?

Erwähne Baden und Waschen nur ja nicht,
Wenn ein Tropfen Wasser rarer ist als eine Perle.

Davon, dass er so oft ***tayamum*** mit Staub gemacht hat,
Ist sein Bart für immer mit Schmutz verklebt.

Das Gesicht eines Mannes, dessen Land nicht bewässert ist, leuchtet nicht;
Die ohne Wasser sind, sind niemals frisch.

Selbst an nassen Tagen sind die Dinge schlecht für
Ein Dorf, das als letztes an der Reihe ist.

Der kann nicht mit dem Mann, der zuerst Wasser bekommt, konkurrieren,
Der der Letzte ist, selbst wenn er der Sohn des ***arbab*** ist.

Er bekommt niemals seinen gerechten Anteil von seinen Verwandten,
Er kommt immer erst nach den anderen an die Reihe.

Weder hat er die Stärke, sie zu verfluchen, noch hat er Selbstbeherrschung,
Er zischt wie eine Schlange, die auf den Rücken geschlagen wurde.

Weder kann er morden noch Feindschaft ertragen,
Seine Hände sind vom Seil seiner Ehre gebunden.

Wenn Toleranz sein Leben und seine Arbeit wird,
Lehnt er immer Gewalt ab.

Wenn ein einziges grobes Wort über seine Lippen kommt,
Schilt er sich sofort selbst.

Selbst die Dummen kritisieren ihn,
Der niemals irgendwie intelligent war.

Paschtunen werden ihre Pächter und Bauern,
Obwohl ihre Kaste Schuster und Schlachter ist.

Sanfte Worte beeindrucken nicht
Diejenigen, die weder Scham noch Ehre im Herzen haben.

Wie ein Dämon in Menschengestalt. Man
Hält ihn für einen Menschen, aber er ist ein wildes Tier.

Er gibt niemals seine schlechten Angewohnheiten auf,
Er ist trunken vom Alkohol der Unwissenheit.

Wenn Edle solchen Bären in die Krallen kommen,
Wie können sie da ihrem Tod entgehen?

Möge Gott niemanden erhalten,
Der seine Nahrung auf diese Weise bekommt.

Im Vergleich mit diesen Grundherren, wäre es besser,
Einem garstigen Hund zu dienen.

Einem Hund dienen ist besser für ihn,
Gott bewahre ihn davor, Dienst bei einem ***nawab*** zu finden.

Angesichts des Leidens seiner Rasse in der Dürre, ist **Rahman** froh,
Wenn seine Leute schnell die Welt verlassen.

D139

Schwarze Augen

Ich vergoss Tränen bei der Erinnerung an deine schwarzen Augen;
Eine solche Traurigkeit sollte die Sterne aus der Nacht fallen lassen.

Deine Flechten werfen Schatten, dein Gesicht zündet die Welt an;
Wen ich auch sehe, er ist halb im Sonnenlicht, halb im Schatten.

Einige essen Süßigkeiten in deiner Liebe, einige verschlingen Kummer,
Einige genossen einen Anblick, während andere äußerste Frustrationen ertragen müssen.

Ich habe das Feuer deiner Wangen mit meinen Tränen angezündet,
Ein Spiegel brennt immer, wenn die Sonne in ihn scheint.

Gedanken an dich ließen meine Augen in Richtung meines Herzens sinken,
Kein Wunder, wenn mein blinder Körper woandershin geht.

Manchmal hast du Nebenbuhler gern, manchmal hast du mich gern;
Der Regen deiner Liebe fällt gleichmäßig auf Gute und Böse.

Führe dich nicht selbst mit flirtenden Augen in Versuchung, **Rahman**,
Die Verliebten sind klug und verhalten sich weise.

D140

Vom Schwert deiner Liebe geopfert

Du fragst mich, in wen ich verliebt sei;
Ich bin in dich verliebt. Sag mir: Wessen Geliebte bist du?

Welche Erfindungsgabe kann ich einsetzen, um dich zu besiegen?
Wer hat so viel gelernt wie du? Sag, was du willst.

Weil ich arrogant war, hat mir die Liebe das Genick gebrochen.Auch du warst stolz und bist es noch immer.

Was werde ich tun, wenn ich mich in deiner Liebe vernichte,
Da du so wenig auf meine Seufzer achtest?

Ich weiß nicht, was dich dazu bringt, meinen Tod zu feiern,
Verfolgst du einen Zweck damit oder weidest du dich nur daran?

Was bedeutet es schon, dass ich deiner Liebe ausgesetzt bin –Der ***qazi*** und der ***mullah*** lieben dich mehr als ich.

Lass den Kopf **Rahmans** durch das Schwert deiner Liebe geopfert werden.
Wenn du es wünschst, meine Geliebte, ist selbst das leicht.

2. Der Zweite ***Daftar*** [D141-D343]

D141

Keine Wiederkehr

Es gibt keine Wiederkehr in die Welt,
Heute ist deine Chance, Richtiges oder Falsches zu tun.

Wenn die Zeit erst einmal vergangen ist, wird sie ein ***anqa***.Niemand hat in seiner Falle je den ***anqa*** gefangen.

Das Wasser, das einmal in den Abfluss gelaufen ist, kommt nicht zurück;
Auch die Zeit, die vergangen ist, kommt nicht zurück.

Zeit, die erst einmal vergangen ist, gleicht einem Leichnam im Grab:
Niemand hat durch Weinen die Toten wieder ins Leben zurückgebracht.

Wenn du ein Ziel hast, sei schnell – denn die Zeit ist kurz.
Lass dich nicht vom Gedanken täuschen, das Leben wäre dauerhaft.

Das Ziel, von dem du meinst, du werdest es gewiss erreichen - Der
Stolz bewirkt, dass das Erreichen dir nicht gelingt.

Hoffnung täuschte Menschen, die Erwartungen hatten,
Sei nicht so unbekümmert um die Hinterlist der Zeit.

Wenn dein Mund von der Pistole des Todes zerschlagen ist,
Wie willst du dann damit noch Lob singen?

Das Jammern und Weinen, das eine Verschmachtende von sich gibt,
Gilt in Wahrheit dir, wenn du es nur verstehen würdest!

Du bist kein Kind, das jemand zum Lernen zwingt,
Du bist weise, intelligent und erwachsen.

Unterscheide gute und schlechte Taten,
Und ob dir dieses oder jenes Gewinn bringt.

Prüfe dich selbst mit offenen Augen,
Klettere nicht umsonst immer höher.

Klettere nicht in den Himmel, den Kopf hoch erhoben,
Denn ursprünglich bist du aus Erde geformt.

Dein Verhalten wird nicht danach beurteilt,
Wessen Sohn oder Enkel du bist.

Hilf dir selbst, täusche dich nicht selbst,
Indem du dich auf Mutter und Vater verlässt.

Wenn eine Braut nicht an sich schön ist,
Hilft ihr auch das Aussehen ihrer Mutter und Großmutter nicht weiter.

Ich gebe mir selbst ja denselben Rat, oh Freund,
Sei deshalb nicht ärgerlich darüber, dass ich dich anspreche.

Indem ich dich und einen anderen nenne, spreche ich zu mir selbst,
Ich will weder mit anderen zu tun haben noch kümmere ich mich um andere.

Wenn ich in meinem Herzen genug Raum für einen derartigen Kummer hätte,
Warum sollte ich dann diese Gedichte schreiben?

Da du ohnehin einmal die Todeskämpfe durchmachen musst,
Warum, oh **Rahman**, stirbst du nicht, bevor deine Zeit gekommen ist?

D142

Der Himmel ist der Töpfer

Niemand hat bewiesen, dass man der Welt vertrauen kann,
Alle Heuchler lieben diese Welt.

Jeder, der behauptet, ihm gehöre die Welt,
Redet Unsinn; die Welt gehört keinem.

Dieser Himmel ist der Töpfer, er formt und zerbricht.
Er hat viele wie mich und dich geschaffen und vernichtet.

Alle Steine oder Ziegel dieser Welt
Waren einmal Schädel – einige die von Königen, einige die von Bettlern.

Niemand sollte auf dem Weg der Welt eine Falle aufstellen,
Er kann ***anqa*** und ***simurgh*** nicht fangen.

Wenn einer fließenden Atem zu fassen sucht,
Kann er doch die Luft nicht mit einer Kette anbinden.

Sonne und Mond, sie werden am Ende vernichtet;
Selbst wenn eine Blume ständig blüht, wird das nicht ewig dauern.

Widersprich dem weisen **Rahman** nicht:
Kein Weiser bewies jemals Liebe zur Welt.

D143

Nichts als du

Du fragst mich, warum ich weine?
Ist dir denn deine rücksichtslose Grausamkeit nicht bewusst?

Du verhältst dich grausam und machst, dass ich weine, meine Liebe,
Wenn du das nicht tätest, würde ich nicht weinen.

Wie können die vielen Liebenden glücklich sein,
Wenn ihre Geliebten dieselben Angewohnheiten wie du haben?

Wenn dein Verhalten für immer gleich bleibt,
Kann ich kein Heilmittel für den Gequälten erkennen.

Auf der einen Seite stehen deine Klagen, auf der anderen der Stolz der Nebenbuhler.
Sie töten mich der Reihe nach – erst die einen, dann der andere.

Selbst wenn er wie **Plato** ist; derjenige, der liebt,
Wird früher oder später zum Trottel.

Nicht einmal ein Hund sollte durch Trennungsschmerz getötet werden;
Sieh mich einfach als Hund deiner Straße an.

Rahman will nichts anderes als dich, oh Geliebte;
Das ist mein Wunsch – alles andere hängt von dir ab.

D144

Gedanken an keine andere

Wem Nachdenken über die Geliebte ins Herz geätzt ist,
Dessen Seele und Wesen sind der Geliebten geopfert.

Nach dem Tod wird sein Gesicht wie ein Schwert leuchten:
Wenn der Liebende durch das Schwert der Geliebten niedergemetzelt ist.

Seine Heimat wird oben im Himmel der Liebe sein,
Nachdem seine Geliebte ihn auf der Erde niedergetrampelt hat.

Mein Herz ist in dem Augenblick glücklich,
Wenn das Herz meiner Geliebten glücklich ist.

Ich fühle, dass meine Seele nur dann in meinem Körper ist,Wenn sie sich mit der Geliebten vereinigt.

Ich brauche kein Gespräch mit irgendjemand anderem,
Wenn ich das Sprechen meiner Geliebten höre.

Eine Sekunde wird für mich zu einem Jahr,
Wenn ich diese Sekunde nicht mit meiner Geliebten verbringen kann.

Ein Lebenssamen sprießt hervor,
Wie der Gedanke an meine Geliebte in meinem Herzen wächst.

Es gibt für mich keinen anderen Arzt als meine Geliebte;
Und niemand kann sich mit meiner Liebe vergleichen.

Rahman sieht keinen anderen Menschen mehr an,
Wenn er die Schönheit seiner Geliebten erblickt.

D145

Art und Weise der Tiere

Auch wenn du am Abend mit ***halwa*** feierst,
Bittest du Gott am Morgen um Curry.

Du bist nicht das kleinste bisschen entspannt oder geduldig,
Übermäßige Gier und Begierde haben dich verrückt gemacht.

Selbst bei Freunden und Verwandten ist dein ganzes Leben
Durch diese Gier entehrt und in Verruf geraten.

Wenn du nicht einmal für deinen guten Ruf sorgst,
Wie kannst du für andere in der Welt sorgen?

Wenn du andere um die Befriedigung deiner Bedürfnisse bittest,
Bittest du damit Gott um Schwierigkeiten oder um Linderung?

Begierde stürzt zahllose Leute in den Brunnen:
Möge keines Menschen Führer blind sein.

Er kann niemals Gut von Schlecht unterscheiden:
Was kümmert ein Tier auch Recht und Unrecht?

Es spielt keine Rolle, dass Tiere Ohren und Augen haben;
In Wirklichkeit sind sie blind und taub.

Ich, **Rahman**, suche Zuflucht vor einer Gelehrsamkeit,
Die ohne Glauben und Religion ist.

D146

Du kommst nicht

Wenn die Ratgeber mich auch hundertmal ermahnten,
Könnten sie meinen Kopf nicht von deiner Tür losmachen.

Wie kann von Geduld die Rede sein, da ich doch in dich verliebt bin,
Wenn ich keine Haarbreite Mut in der Angelegenheit habe?

Wenn jemand sagt, ich könnte mich von deiner Liebe abwenden, ist das ein Lüge:
Selbst wenn ich auf dem Weg zu dir sterben sollte.

Außer dir besuchen alle Liebenden ihre Geliebten,
Aber du kommst überhaupt nicht zu mir.

Ich habe keinen anderen Kummer als die Trennung von dir.Welcher andere Kummer könnte für mich schlimmer sein?

Der Schlaf in meinem Haus und meinem Dorf wird durch meine Schreie gestört,
Warum habe ich denn dein Herz nicht damit gerührt?

Würde die ganze Welt zu **Rahmans** Geliebter;
Es gibt doch keine andere Geliebte für mich als dich.

D147

In Gedanken an dich

Ich denke immer so an dich,
Dass du jeden Morgen und jeden Abend meine Litanei bist.

Jedes Wort, das ich sage, ohne dass du mir im Sinn bist -Dergleichen Rede bedauere ich hundertmal.

Auch wenn ich mich auf hunderterlei Arten tröste, ohne dichKann ich gar keinen Frieden finden.

Auch wenn ich Ehre und Achtung durch deine Liebe verliere,Lass mich meine Ehre und meinen Namen deiner Liebe opfern.

Wenn ich fest an dem Ort der Liebe stehe,
Vergesse ich alle anderen Orte.

Wenn er mich nicht zur Taverne der Liebe bringt,
Ist mein Geist nicht entwickelt und ist noch unreif.

Jetzt ist die Zeit für dich, meine Seufzer und mein Jammern zu hören:
Solange meine Gliedmaßen noch nicht zu Staub geworden sind.

Der Himmel zerbrach Tausende von Bechern und Kelchen,
Wie lange wird mein Becher noch die Runde machen?

Wie lange noch soll ich, **Rahman**, geduldig sein?
Sag mir, wann mein Sehnen erfüllt wird!

D148

Nichts als Liebe

Wenn einer meine Geliebte nicht einmal gesehen hat,
Kümmert es mich nicht, wenn er sagt, mein Streben tauge nichts.

Jeder, der meine Geliebte gesehen hat,
Wird mir, so Gott will, nicht widersprechen.

Denn ich bin glücklich im Hof meiner Geliebten,
Und außerdem will ich nichts weiter.

Ich habe nichts als Liebe gelernt,
Das ist alles, was ich gelernt habe.

Möge niemand von einem anderen gequält werden;
Oh meine Geliebte, quäle mich nicht!

Oh Liebe! In Trennung und schrecklichem Kummer
Fließt ein Fluss von Tränen meine Wangen herab.

Jung und Alt, sie alle sprechen von dir,
Rings um mich her wird über nichts anderes gesprochen.

Warum sollte ich, **Rahman**, mit Liebe prahlen?
Mit der Zeit würde ich sicherlich entlarvt.

D149

Für meine Geliebte geopfert

Ich und meine Besitztümer sollen für meine Geliebte geopfert werden,
Geopfert für meine Geliebte, sowohl mein Besitz als auch ich selbst.

All meine Verletzung und all mein Verlust werden vom Abschied meiner Geliebten verursacht.
Die Trennung von der Geliebten ist mein ganzer Schmerz und Verlust.

Moschus und Safran sind der Staub deiner Straße für mich.
Der Staub deiner Straße ist mein Moschus und Safran.

Meine Rose und mein Basilikum sind dein Gesicht und deine Flechten,
Dein Gesicht und deine Flechten sind meine Rose und mein Basilikum.

Mein Geist und meine Stärke können deinen Schmerz nicht ergründen;
Der Schmerz um dich ist mehr, als mein Geist und meine Stärke ertragen können.

Mein Seufzen und Jammern haben keine Wirkung auf dich;
Keine Wirkung auf dich haben mein Seufzen und Jammern.

Mein Herz und meine Augen haben ohne dich keine Empfindung;
Ohne dich haben sie keine Empfindung – mein Herz und meine Augen.

Meine ***pirs*** und ***sheikhs*** verstehen dich nicht;
Sie verstehen dich nicht, meine ***pirs*** und ***sheikhs***.

Mein Garten und mein Obstgarten tragen ohne dich keine Frucht;
Ohne dich sind sie unfruchtbar – mein Garten und mein Obstgarten.

Meine Vereinigung wie auch meine Trennung, oh **Rahman**, sind segensreich.
Oh **Rahman** – segensreich sind meine Vereinigung wie meine Trennung.

D150

In deiner Schlinge gefangen

Jeder deiner Sklaven hat ein Königreich,
Deine Bürger sitzen auf den Plätzen der Edelleute.

Seit wann kann sich der Reife seiner Reife rühmen?
In diesem Gefäß sind die Reifen jung.

Sie achten auf ihren Namen und ihre Ehre,
Bis sie von deinem Namen hören.

Keiner wird sein Ziel erreichen,
Der nach deinem Aufenthaltsort sucht.

Wer nicht in seinem eigenen Blut ertrunken ist wie eine Blume,Wird
deine blumengleichen Wangen nicht sehen.

Diejenigen bemerken weder Morgen noch Abend,
Die sich jeden Morgen und jeden Abend nach dir sehnen.

Die Rede anderer macht keinen Eindruck auf das Herz
Derer, die deine lieblichen Worte gehört haben.

Der vergisst alle anderen Rauschmittel,
Der den Wein aus deinem Kelch getrunken hat.

Deine schwarzen Flechten sind eine Falle für alle Welt;
Ich bin nicht der Einzige, der in deiner Schlinge gefangen ist.

Ich, **Rahman**, schicke Gebete und Grüße
Jedem, der mir Grüße von dir bringt.

D151

Jeder, der dein Gesicht sieht

Wer dein Gesicht mit seinen Augen sieht,
Dessen Gesicht wendet sich dir für immer zu.

Selbst die Verrückten opfern dir alles, was sie haben,
Wenn ihnen dein Duft durch den Sinn geht.

Wenn du in deiner Großartigkeit stolz bist, steht dir das zu,
So erhaben, wie du bist.

Es ist Frühlingsanfang, die Leute schlendern durch den Garten;Gott hat deine Straße für mich zum Garten gemacht.

Nicht einmal Jesu Zauberspruch kann mich zum Sprechen bringen,
Wenn du den Mund zum Reden auftust.

Ein Strom fließt mir aus den Augen,
Nur weil ich deine liebliche Gestalt betrachte.

Deren Herz ist immer ***spund*** auf dem Feuer,
Denen deine Art und Weise offenbart ist.

Der Stachel eines Skorpions ist ins Herz derer eingedrungen, Deren Herz einen Abdruck deiner Augenbrauen trägt.

Warum bindest du sie mit einer Kette?
Für einen Rasenden genügt dein Haar.

Der stürzt sich von einer Klippe,
Der dein Gesicht in sein Herz eindringen lässt.

Wenn du hundertmal mein wärst und ich dein,
Würde meine Suche nach dir nicht enden.

Die Blume fing Feuer vom Seufzer des Bülbül, **Rahman**,
Aber deine Geliebte schenkt deinem Weinen und Klagen keine Aufmerksamkeit.

D152

Ich bin ein Bülbül in deinem Garten

Wenn dein Gemüt so sehr das Herz verletzt,
Welches Glück werden die, die dich suchen, genießen?

Ach! Man kann von ihr hören, sie aber nicht sehen:
Deine zarte, feenartige Schönheit.

Niemals wird der eine andere ansehen,
Der dein Gesicht gesehen hat.

Gott weiß, wessen Freundin du bist,
Zu jeder deiner Seiten stehen hunderttausend Freunde.

Man findet keinen Platz zum Stehen,
So zahlreich sind die Liebhaber in deinem Hof.

Wenn Gott will, gibt es keinen wie mich,
Einen so demütig Liebenden wie mich.

Zweifele nur ja nicht an mir,
Ich werde mein ganzes Leben lang auf dich warten.

Liebe ist Schönheit, Schönheit ist Liebe,
Du bist meine Geliebte und ich deine Liebe.

Du bist meine Geliebte, ich suche nach dir;
Du bist mein Arzt, ich bin dein Patient.

Wenn du eine frische Frühlingsblume bist,
Bin ich ein Bülbül in deinem Tulpengarten.

Sei es Grausamkeit, Treulosigkeit oder Unterdrückung:
Ich habe dies alles von dir sofort akzeptiert.

Wer kauft schon Grausamkeit und Treulosigkeit zu irgendeinem Preis?
Ich bin ein Käufer deiner Grausamkeiten.

Wenn eine Strähne deiner Locken verloren gegangen ist,
Werde ich mich für jede deiner Strähnen opfern.

Du hast mich hundertmal geprüft,
Ach! Du traust mir immer noch nicht.

Ich**, Rahman**, habe dir alles, was ich tue, aufgeopfert.
Jetzt bin ich entschlossen, auf dein Rufen zu hören.

D153

Leidenschaftliche Liebe

Oh Liebe mit Lippen wie Zucker, du bist meine Liebe.
Oh Rosenwangige mit einem Kinn aus Silber.

Die Auserlesene unter den Auserlesenen,
Die Bemerkenswerte unter den Bemerkenswerten.

Von allen Liebenden
Bist du die aufregendste Gewählte.

Du bist ohne Schmuck schön,
Ungekämmt, aber Achtung gebietend.

Dieses Geschenk ist von Gott,
Ohne Suchen und Streben.

Wenn das Wasser des Lebens wieder verjüngt wurde,
Dann wurde das durch deine Lippen verursacht.

Dein Gesicht ist weißer als der helle Morgen,
Deine Flechten dunkler als die schwarze Nacht.

Die Schweißtropfen auf deinem Gesicht
Sind schöner als die Sterne.

Deine Schönheit hat nicht ihresgleichen,
Weder im Osten noch im Westen.

Es ist schwer, mit dir vertraut zu werden,
Außer durch die Gnade Gottes.

Die von Gott gesegnet werden,
Sind frei von Unheil.

Diese Segnung geschieht durch Gottes Gnade,
Nicht wegen der Abstammung.

Leidenschaftliche Liebe gehört nicht zu den Kenntnissen,
Die man in der Schule erwirbt.

Die Schule spricht von religiösen Lebensweisen,
Liebe ist mehr als Religion.

Die Religion des Liebenden ist diese:
Das Leben ist nicht ohne Bedeutung.

Beim Lob deiner Schönheit
Verstummte **Rahman** aus Höflichkeit!

D154

Liebe ist eine sehr seltsame Sichtweise

Keinem Herzen, das von der Liebe zur Geliebten überwältigt ist,Ist eine andere Liebe angemessen.

Jedes andere Ansehen wird wertlos
Für die, die sich einer solchen Geltung bewusst sind.

Nicht jeder hat die Fähigkeit dazu,
Denn Liebe ist ein sehr erhabener Zustand.

Versage nicht in deinem Kampf,
Wie kurz auch dein Weg sein mag, oh Liebender.

Liebe ist ein offenbarter Schatz. Bettelarm ist der,
Dem dieser offenbarte Schatz verloren gegangen ist.

Keine andere Besonderheit ist mehr zu wünschen als die der Geliebten.
Nicht einmal wenn du tausenderlei Bücher schreiben solltest.

Frage die nicht nach Pflicht und Verpflichtung,
Für die Gott Liebe zur Pflicht gemacht hat.

Liebende geben Seele und Wesen für die Geliebte auf;
Möge Gott diesen Stamm nicht als Lügner erweisen.

Ich, **Rahman**, lebe dem Willen meines Herrn gemäß.
Ein Mensch sollte niemals ohne den Willen seines Herrn leben.

D155

Der Strick deines Haares

Meine Hände sind mit dem Strick ihres Haares gebunden,
Der mich ihren mörderischen Augen übergibt.

Die Schärfe des Schwertes ihrer Augen
Ist schärfer als die jeder anderen Geliebten.

Wenn sie stolz das Ross des Himmels sattelt,
Übernimmt die Mondsichel die Aufgabe des Steigbügels.

Um an ihrer Tür um Schönheit zu betteln,
Kommen Sonne und Mond mit einer Bettelschale.

Ich denke an rote Lippen und weiße Wangen;
Glühendes Feuer rinnt aus meinen Augen nieder.

Wenn ich das Leuchten ihres Gesichts sehe,
Ist mir der Glanz der Blumen nichts mehr.

Wenn mich die sanfte Brise ihres Haares erreicht,
Ertränkt sie mich vollkommen in Moschus und Rosen.

Wenn ich ihre Hunde bellen höre, bin ich ebenso glücklich
Wie jemand, der durch eine Melodie auf der ***rebab*** erfreut wird.

Ich wünschte, ich könnte ihr Gesicht im Traum sehen,
Aber wie könnte ich ohne die Geliebte essen und schlafen?

In einer Ghasele sind zwei Reime ausgewählt,
Aber **Rahman**s ganze Ghasele ist auserwählt.

D156

Üble Reize

Jeder Musiker, der die Zapfen seiner ***rebab*** richtet –
Sein Stimmen verbrennt mir das Herz.

Wenn ich seinem Lied und seiner Melodie zuhöre,
Werde ich verrückt und laufe im zerrissenen Hemd und schrecklicher Berauschung umher.

Sowohl die Saiten als auch die Stimme üben diese Wirkung aus,Der zu widerstehen, niemand genug Macht und Stärke hat.

Eines ist die Musik, ein anderes die Stimme der Tänzer,
Drittens beginnt er ein erlesenes Gedicht.

Viertens sitzt **Saqi** neben dem Spieler,
Der Sonne und Mond an Schönheit übertrifft.

Diese vier sind üble Reize aus vier Richtungen
Und der fünfte ist eine Flasche Wein.

Der sechste ist die Frühlingszeit, der siebente ist die Jugend,
Der achte ist die Bücherliebe und der neunte die ***rebab***.

Wenn alle diese Laster zusammengebracht worden sind,
Wie kann man sich dann wohl von ihnen zurückhalten?

Einer, den diese Reize nicht beeinflussen,
Ist entweder ein Geist, eine Mauer oder ein Tier.

Die Sorge des Braven wird auf den Prüfstand gestellt,
Wenn er Zugang zur Geliebten und zum Wein hat.

Ich**, Rahman**, will mich vor der Anbetung des Schwindlers verstecken.
Erheuchelte Anbetung ist sowohl Qual als auch Strafe.

D157

Ein Hoffnungsloser

Du verbringst deinen Tag mit ekelhaften Tätigkeiten, die Nacht im Schlaf.
Wann denkst du jemals an Gott, oh du Mensch ohne jeden Wert?

Wenn du es nur sehen könntest, bald wirst du scheiden,
Übersieh nicht die Geschwindigkeit des Lebens.

Für jeden Atemzug und jeden Schritt hier muss man Rechenschaft ablegen,
Weiche nicht versehentlich vom Pfad ab!

Gott hat Seine Beurteilung mit der Schrift gesandt.
Versuche aus dem Buch zu lernen und damit zu rechnen.

Achte auf deine guten und schlechten Taten
Und darauf, inwieweit deine Fehler das übersteigen, was du richtig gemacht hast.

Wie willst du denn in der nächsten Welt eine Frage beantworten können,
Wenn du nicht einmal in dieser deine Taten rechtfertigen kannst?

Schließlich wirst du in den schwarzen Erdboden gelassen;
Wie lange noch willst du den Staub mit einem Finger von dir abwischen?

Wie lange willst du in einem Papierboot segeln?
Der Tod wird dein Boot ertränken.

Was willst du tun, wenn du der Sonne nahe bist,
Wenn du nach Schatten suchst, um ihr nun zu entkommen?

Wünsche niemandem Schwierigkeiten, **Rahman,**
Wenn du am Tag des Gerichts nicht bestraft werden willst.

D158

Anbetung

Tagsüber sitzt du ziellos herum
Und nachts schläfst du schlecht.

Deine Hände sind abgeschnitten
Sowohl vom Tag als auch von der Nacht.

Du bist weder hier noch dort,
Sondern dazwischen ertrunken. Oh Launenhafte!

Deine Anbetung wurde heuchlerisch.
Oh Unreligiöse in der Religion.

Du bist immer nur mit deinen eigenen Angelegenheiten beschäftigt,
Dir unbewusst des wahren Fürsorgers.

Umsonst schüttelst du die Buttermilch,
Kein Gedanke, dass sie zu Butter wird.

Im Schlaf reitest du,
Dein Pferd bewegt sich ohne Zügel.

Du hast dein Pferd ganz umsonst mit einem Brandmal versehenUnd
es vergeblich geätzt.

Wenn der Reiter von einem anderen gelenkt wird,
Was hat man dann von einer Stelle?

Du sitzt bei den Lebenden,
Aber dein Wesen gehört zu den Toten.

Du bist im Wasser aufgewachsen,
Aber noch, oh Fisch, kennst du das Wasser nicht.

Wie ein Stein oder eine Tonscherbe
Bist du im Ozean durstig.

Zwar hast du keine Ahnung, aber du nennst dich erleuchtet,Das ist eine seltsame Täuschung.

Der Sinn der Anbetung ist Gemeinschaft mit Gott,
Nicht einfach nur Selbstkasteiung, oh Unglücklicher!

Rahman gehört der Wein der Liebe,
Der weder von der Weinrebe noch von der Traube kommt.

D159

Majnuns Stellvertreter

Ich begehre dich auf hunderterlei Weisen,
Aber auf hunderterlei Weisen bist du desinteressiert.

Wie kann es sein, oh meine Geliebte,
Dass du, wenn ich berauscht bin, nüchtern bist?

Wenn ich mich über deine Grausamkeit beklage,
Ist das auch unangebracht.

Was ich auch sage, es stößt auf taube Ohren,
Ich bin der Besiegte, du die Siegerin.

Welche Gleichberechtigung und Übereinstimmung gibt es
Zwischen Geliebter und Liebendem?

Liebe und Zuneigung zu dir
Hat Gott mir zur Pflicht gemacht.

Schmerz und Traurigkeit über dich sind mehr
Als ich einem Schreiber diktieren kann.

Trennung ist sehr schmerzhaft
Für Seele und Körper.

Als **Majnun** mit dem Tode rang,
Hinterließ er mich als seinen Stellvertreter.

Er gab mir seinen Rat,
Der ist auf vielerlei Weise wunderbar.

Er sagte zu mir, oh **Rahman,**
Möge all mein Ansehen dir gehören.

D160

Warnung

Wenn du auch nur das kleinste Gehirn im Kopf hast,
Bettele nicht an der Tür des Narren.

Staub wird zu Gold beim Blick derer,
Die nicht nach Silber und Gold suchen.

Besser ein Glas Gift trinken, ohne mit Stricken gebunden zu sein,
Als aus dem **Kausar** trinken und verpflichtet sein.

Lerne aus dem, was Joseph widerfuhr,
Dann erzähle deine Geheimnisse deinen Brüdern in dieser Welt.

Der Himmel hat niemals etwas gewährt,
Was er nicht zurückbekommen hätte.

Betrachte die Forderung als etwas, das der Traglast eines Esels ähnelt,
Wenn du irgendjemandem ein ***nati*** oder ein einziges Gerstenkorn schuldest.

Wenn du dein Gesicht von Gott zum Menschen wendest,Wendet sich dein Gesicht vom Himmel zur Hölle.

Du wirst immer von einer Tür zur anderen weitergeschickt
Und findest niemals einen Ort, an dem du bleiben kannst.

Rahman verdankt es der Faulheit seines Körpers,
Dass er sein Haus nicht verlassen und in ein anderes einziehen kann.

D161

Niemals von der Liebe freigelassen

Wenn ich auf die Wangen der Lieblichen blicke,
Staune ich über ihre Schönheit.

Aus Furcht kann ich den Übermittler nicht fragen,
Gott weiß, was sie dem Boten gesagt haben mag.

Vertraute werden wie Sklaven verkauft,
Auf dem Marktplatz der Schönheit sind sie stumm.

Du fragst mich nach der Wahrheit über meine Geliebte –
Wer würde schon die Worte der Liebsten einem Nebenbuhler mitteilen?

Qual und Sorge der Liebe sind so tief,
Dass der Verstand seine Tiefe nicht ergründen kann.

Wenn mein Geliebter und ich die Schrecken des jeweils anderen auflisten,
Ist mein Geliebter über meine und ich bin über seine schockiert.

Rahman wird niemals von der Liebe freigelassen,
Damit er auf den unnützen Ratgeber Acht gibt.

D162

Ich habe den Sorgen der Welt einen Tritt gegeben

Ich habe den Sorgen der Welt einen Tritt gegeben
Mit dem Segen des Glases der Flasche.

Selbst wenn das Wasser des Lebens im Stockdunkeln ist,
Gaben die Geliebten es mir bei Tageslicht.

Als mir die Geliebte einen Becher Wein gab,
Trank ich mit Muße das Blut des Nebenbuhlers.

Dass sie mir nicht bewusst war, befreite mich von weltlicher Sorge,
Ich fand einen Ausweg, als ich aus sechs Richtungen mit einer Hecke umgeben war.

Ich lache über die Feindseligkeit des Nebenbuhlers,
Wie eine Kerze über die Feindlichkeit der Schere lacht.

Ich betrachte alle Gefahr als Frieden;
Ich sitze beglückt im Maul des Löwen.

Tod ist besser als Untreue,
Möge niemand in der Freundschaft untreu sein.

Der Wunsch der ***sati***, die sich im Feuer verbrennt, ist der:
Lieber verbrennen als untreu werden.

Wenn ein Mensch in seiner Angst nur an Gott denkt,
Ist sein Kummer nicht weniger wert als Anbetung.

Ich, **Rahman**, bin von hundert Ringen ihrer Locken gebunden,Festgehalten durch die Kette ihres Naseschmucks.

D163

Die Schönheit deines Gesichts

Da die Schönheit deines Gesichts unbegrenzt ist,
Habe ich keine Selbstkontrolle.

Fürchte nicht für mein Leben und mein Eigentum,
Ich mache mir nichts aus meinem Leben und meinem Reichtum.

Der Grund, warum ich vor Furcht zittere,
Ist, dass Furcht in Bezug auf dich Verdienst und nicht Strafe ist.

Wenn du versprichst, etwas innerhalb einer Minute zu tun,
Erwarte ich es nicht innerhalb eines Jahres von dir.

Sieh dir die Verfassung eines Verwundeten an: In welchem Zustand ist er?

Ebenso ist es, wenn ich ohne dich bin, es gibt für mich keinen anderen Zustand.

Das Licht meiner Augen ist dein Anblick,
In diesem Haus gibt es weder eine andere Lampe noch Laterne.

Am Kanal meiner Augen bist du eine **Zypresse**,
Nichts anderes ist an diesem Kanal gepflanzt worden.

Dein Gesicht ist auch ohne Flaum und Leberfleck schön,
Es braucht weder Flaum noch Leberfleck.

Wenn du mich geradewegs ansiehst, oh Geliebte,
Bedeutet dein Blick Verdienst und nicht Sünde.

Die Sonne wird von Tag zu Tag schwächer,
Aber die Sonne deiner Schönheit wird nicht schwächer.

Rahman ist so von den Gedanken an dich eingenommen,
Dass er keine Sorge um Vereinigung in seinem Herzen hat.

D164

Ohne Vergleich

Wenn ich dein Gesicht Sonne nennen sollte, fehlten die Haarsträhnen.
Wenn ich deine Gestalt die einer **Zypresse** nenne, fehlt deine Größe.

Wer deine glühenden Wangen eine Blume nennt,
Redet Unsinn. Eine Blume besteht nicht vor dem Feuer.

Fälschlich nennen Leute deine Zöpfe Hyazinthen:
Kräuter haben nichts mit Moschus zu tun.

Als meine Ohren das Bellen deiner Hunde hörten:
[Dachte ich:] kein Bülbül im Garten könnte jemals so singen.

Nur der, dessen Kopf nicht auf seinem Körper ist, kann dich sehen,
Denn der Weg zu den ***hooris*** ist nichts für die Eigentümer von Köpfen.

Oh **Rahman**! Gott wird die Geliebte nicht dem Nebenbuhler zuführen,
Denn Hunde haben nichts mit Engeln zu tun.

D165

Vereinigung

Ach! Die Nacht der Vereinigung wurde zur Trennung,
Die Qualen des Jüngsten Tages haben mich im Leben heimgesucht, ach.

Ich erhoffte mir sogar die Segnungen der Vereinigung davon:Plötzlich kehrte sich das Glas des Schicksals um, ach.

Als ich die Fähigkeit in der Hand hatte, wusste ich es nicht,Jetzt, wenn es mir klar ist, hat mich die Kraft verlassen, ach.

Ich erwartete Vereinigung und fand die Girlande der Trennung um meinen Hals geschlungen,
Ich hatte die Hoffnung in eine Heimsuchung für mich verwandelt, ach.

Niemand kann die Last der Liebe mit Intellekt und Gelehrsamkeit tragen,
Plato brach sich den Rücken, als er es versuchte, ach.

Ich, **Rahman**, habe die Vereinigung mit der Geliebten nicht so leicht erreicht,
Mein blasser Teint wurde rot von meinem Herzblut, ach.

D166

Trennung

Der Geliebte will nicht freundlich zu mir sein, ach!
Er fühlt weder Mitleid noch Verachtung, ach!

Für meine Geliebte ist meine Seele und mein Dasein
Von weniger Wert als eine Seemuschel, ach!

Sie trägt mein Herz durch einen heftigen Angriff davon,
Ich weiß nicht, ob sie **Afridi** oder **Khattak** ist, ach!

Sie schlägt mir mit der Peitsche ihrer Flechten ins Gesicht,
Sie zielt auf den Ball meines Herzens, ach!

Trennung von ihr machte Peschawar für mich zu einem Ofen,Vom
Khyber bis **Attock**, ach!

Für ihre Grausamkeit ist kein Grund zu finden,
Ich weiß nicht, warum sie so ist, ach!

Ich diene ihr aufrichtig und ehrlich,
Warum verhält sich die Geliebte so grausam? Ach!

Wenn ich ihr aufrichtig hundert Dinge erzähle,
Gibt die Geliebte keine einzige Antwort, ach!

Wenn sie mich sieht, lacht sie mit meinem Nebenbuhler,
Meine Augen sind rot vom Weinen, ach!

Ich, **Rahman**, folge immer dem Willen meiner Geliebten,
Aber die Geliebte folgt nur ihrem eigenen Willen, ach!

D167

Das Geheimnis des Liebenden

Du kennst das Bedürfnis meines Herzens,
Warum fragst du mich also: „Was willst du, Bedürftiger?“

Ich hätte dich in den geheimen Weisen der Liebenden unterrichtet,
Wenn du ihre Bräuche nicht gekannt hättest.

Wie ist es, wenn ein Liebender seiner Geliebten seinen Zustand nicht verrät?
Ein Arzt kann Verborgenes aus der Veranlagung erkennen.

Wenn du nach meiner Verfassung fragst, meine Verfassung ist diese:
Ohne dich ist mein Tag dunkler als eine mondlose Nacht.

Aufgrund welcher Kraft könnte ich in der Liebe Nachsicht zeigen,
Wenn ich doch nur vom verheerenden Abschied von dir weiß?

Wenn nur eine einzige von hundert Bitten erfüllt würde:
Möge niemand eine unheilbare Krankheit bekommen!

Möge Unheil über **Rahman** kommen, wenn er eifersüchtig wird;
Vergnüge dich nur mit deinem Thron und deiner Krone!

D168

Auf der Suche nach der Schönen

Meine Seele ist ruhelos bei der Suche nach der Schönen
Wie die Brise, die sich nach dem Duft der Blumen sehnt.

Wie der Tau, der in der Schönheit deiner Sonne verdunstet;Anstatt zu weinen, lächelt meine Seele wie die Morgenröte.

Seit ich das Bild deiner Schönheit in meinem Herzen sah,
Ist meine Seele fassungslos wie der Spiegel.

Von der Macht der Widerspiegelung deines Gesichts, meine Liebe,
Spricht mein Geist immer wieder wie ein Papagei.

Wie man die Farbe reinen Weins in der Flasche sehen kann,
So ist meine Seele sichtbar in meinem schwachen Leib.

Ich freue mich immer auf den Garten, in dem wir uns treffen,Bei der Erwartung wird meine ganze Seele zu Augen wie Tautropfen.

Einmal habe bei meiner Suche das Strahlen deiner Schönheit entdeckt,
Seitdem bewegt sich mein Geist Tag und Nacht wie die Sonne.

Auf der Suche nach deinen Flechten und Wangen hat **Rahman** sein Heim verloren.
Meine Seele reist nach Indien und **Khorasan**.

D169

Meine Seele

Die Gemeinschaft mit dir hat mich mit einer Seele gesegnet,Aber dein Abschied hat sie weggerissen.

Auf der Suche nach deinem Gesicht ist mein ganzes Wesen zu einem Nomaden geworden.
Mein Geist hat meinen Körper verlassen.

Nicht einmal der Todesengel wird jemals erfahren,
Auf welche Weise du mir die Seele herausgezogen hast.

Sie hat sich auf eine solche Weise in deiner Liebe verirrt,
Dass niemand meine Seele wiedergefunden hat.

Wenn sie existierte, wäre sie, so Gott will, bei dir,
Nirgendwo anders hin ist meine Seele gegangen.

Sie ist kein Bülbül, der über Blumen fliegt,
Meine Seele ist in deine Richtung geflogen.

Sie hat ihren Körper zu Staub vor deiner Tür gemacht,
Mein Geist ist über den Himmel hinaus entschwunden.

Du weißt, was sie ist und was sie nicht ist:
Niemand sonst hat meine Seele kennengelernt.

Ich, **Rachman**, kenne meine Geliebte nicht,
Noch weiß ich, wie sie meine Seele geschlachtet hat.

D170

Dein Gesicht

Ich war lange Zeit ein Händler deines Gesichts,
Ich habe mein Ein und Alles angeboten auf dem ***bazar*** deines Gesichts.

Ich habe kein anderes Ziel im Leben als dein Gesicht,
Denn ich wurde zerfleischt von deinem unbarmherzigen Gesicht.

Ich bin geblendet und sehe nicht einmal meinen eigenen Körper,
So verwirrt bin ich vom Leuchten deines Gesichts.

Ich tue so, als wären meine Schmerzensseufzer nur Tabakrauch,Denn ich bin für immer gewürgt und versengt durch das Inferno deines Gesichts.

Alle anderen sind in weltliche Angelegenheiten verstrickt,
Nur ich werde verzehrt von der Sehnsucht nach deinem Gesicht.

Gott sei Dank bin ich von anderen Verpflichtungen verschont geblieben,
Ich falle in Anbetung auf die Knie und bin verbunden mit deinem Gesicht.

Wohin ich, **Rahman**, mein Herz auch werfe,
Ich habe keinen anderen Ehrgeiz als ein Suchender zu sein nach deinem Gesicht.

D171

Ohne dich

Wessen finsteres Gesicht habe ich am frühen Morgen gesehen?Seitdem habe ich den ganzen Tag dein Gesicht nicht mehr gesehen.

Gott machte mein Gesicht so, dass es für dich ohne Bedeutung ist,
Wir sind ganz anders als andere Liebende, die einander ins Gesicht blicken.

Du hast mir viele Gesichter der Grausamkeit gezeigt,
Wann wirst du mir das Gesicht treuer Liebe zeigen?

Ehe mich die Pistole des Todes von dir abgewendet hat,
Denke ja nicht, dass ich mein Gesicht eher von dir abwende.

Ich bin mit großen Erwartungen zu dir gekommen,
Wärest du nicht hier gewesen, wäre ich entehrt gewesen.

Warum würde ich um dich weinen,
Wenn ein ebenso schönes Gesicht wie deines zu finden wäre?

Ich habe den Nebenbuhler nicht in deinem Haus erwartet:
Du hast mir das Gesicht eines Ungeheuers im Paradies gezeigt.

Wie kann ich dem Nebenbuhler ins Gesicht sehen?
Die Anhänger des Propheten haben niemals einem Heiden ins Gesicht gesehen.

Die Turteltauben verlassen einander um Mitternacht,
Aber in unserem Fall wurden wir schon am Morgen getrennt.

Rahman sieht nur deinetwegen in diese trostlose Welt,
Möge er niemals die Welt ohne dich sehen!

D172

Warum?

Warum hältst du mich immer von dir fern?
Was verscheucht dich jeden Morgen und jeden Abend?

Ich bete jeden Morgen und jeden Abend für dich;
Warum verfluchst du mich?

Wie etwas Wildes, das immer unkontrollierbar umherläuft,
Warum bist du nicht einen Augenblick zahm für mich?

Du gehst immer von mir weg,
Wie Zeit, die keinen Schritt zurück macht.

Gebiete mir, das zu tun, was du willst,
Warum belohnst du meine Nebenbuhler mit deinen Befehlen?

Halte dich um Gottes willen fern vom Nebenbuhler,
Warum mischst du ***halal*** mit ***haram***?

Rahman liebt dein Gesicht, sogar ohne Flechten,
Warum stellst du ihn so sinnlos auf die Probe?

D173

Mein Leiden

Warum siehst du mich nicht richtig an?
Warum vermehrst du die Qual des Leidenden?

Die Leute fangen zu weinen an, wenn sie mein Leiden sehen,
Warum bringst du sie zum Weinen über mich?

Ich kann nicht erkennen, worauf deine Lippen hinauswollen,
Die mit jedem Atemzug mein Herzblut trinken.

Der Folterer nennt einen Grund für seine Grausamkeit.
Welche Entschuldigung hast du dafür, dass du mich quälst?

Möge niemand ohne seine Geliebte zufrieden sein,
Wie kann ich ohne dich glücklich leben?

Frage ihn nach dem Zustand seines Herzens:
Warum vergießen Rahmans Augen Tränen?

Und deine grimmigen Blicke –
Warum schneiden sie mich in Stücke?

Ich, **Rahman,** bin der Einzige, der das Recht hat, sich schuldig zu sprechen, weil er verliebt ist.
Warum sagen also andere, ich wäre schuldig?

D174

Was kann ich sagen?

Wenn ich mich über Trennung beklage – was kann ich sagen?Was kann ich sagen über den Schmerz ohne Heilmittel?

Ich habe nicht die Kraft, meinen Geliebten anzusprechen,
Mir fehlt der Mut, über Schüchternheit kann ich mich nicht beklagen.

Wenn ich ihn sehe, bin ich mir meiner nicht bewusst,
Wenn ich mich selbst vergesse – was kann ich sagen?

Wie kann ich die Gefühle meines Herzens jemandem erklären,Der weder Namen noch Ort hat?

Wenn niemand das Geheimnis der Liebe offenbar macht,
Wie kann ich da etwas vom Geheimgehaltenen sagen?

Der Liebesschmerz überschüttet mich mit Tränen,
Was kann ich über eine solche Flut sagen?

Während ich im Ofen der Trennung schmore,
Was kann ich da vom Garten der Vereinigung wissen?

Er plündert die Seele eines Menschen und packt sein Herz,
Was kann ich zu einem solchen Liebenden sagen?

Er lädt Krähen in den Garten ein, aber schickt die Bülbüls fort,Wie kann ich mich bei dem Gärtner dieser Welt beschweren?

Wie ich ihn auch beschreibe: Er ist von allen der beste,
Wie anders könnte ich, **Rahman,** den Geliebten beschreiben?

D175

Das Feuer deiner Qual

Der Schmerz um dich hat mich in solchem Maße überkommen, Dass weder innen noch außen Platz dafür ist.

Mein Jammern störte andere,
Denn grünes Holz verbrennt immer mit dem trockenen.

Der Kummer um dich lässt mich weinen wie eine tropfende Kerze,
Wie die Morgenröte lachst du über meinen Schmerz.

Mein Herz hängt in deine Richtung hinab,
Wie Locken über dein Gesicht hängen.

Ich habe auf dem Feuer deiner Sorgen
Allen weltlichen Kummer wie ***spund*** verbrannt.

Es ist ein Prinzip, dass, wenn einen ein größeres Elend befällt, Alle andern Nöte unter die Füße getreten werden.

Wer mir den Rat gibt, mich von dir abzuwenden,
Stürzt dann vor mir in deine Richtung.

Sieh, was die Flamme mit dem Kleinholz macht:
Das Gesicht der Geliebten macht mit **Rahman** dasselbe.

D176

Couplet

Wie ist es, wenn ich beim kalten Seufzer deiner Liebe schweige?
Jeder weiß von unserer Liebe.

Niemand sollte mit seiner Liebe prahlen,
Wer könnte trockene Lippen und blasse Gesichtsfarbe verstecken?

Die auf der Welt sind, sind alle schamlos, mögen ihre Gesichter verloren gehen,
Mögest du niemals einem Schändlichen begegnen.

Niemand fühlt sich von einer grausamen Person angezogen,
Ich würde hundert Herzlose einer einzigen liebevollen Person opfern.

Ohne die Asche der von dir Gemarterten,
Wie könnten rote Tulpen da auf irgendeinem Boden wachsen?

Khushhal und neunundneunzig weitere **Khattaks** ihrer Art
Können für ein einziges Couplet von **Rahman** vom Sarbani-Stamm geopfert werden.

D177

In dich verliebt

Es ist für mich kein Verbrechen, dass ich in dich verliebt bin,
Aber es wäre unrechtmäßig, nicht bei dir zu sein.

Wer in ein anderes Gesicht als deines blickt,
Hat einen schmutzigen Spiegel und keinen reinen.

Jeder Liebende, der um seine Geliebte weint:
Dieses Weinen ist ganz und gar ein Lachen – kein Weinen.

Wenn irgendjemand auf seine weltliche Darbietung stolz ist, Dessen
Unterhaltung ist nur für heute – nicht für morgen.

Wenn du mir auch hundertmal Grausamkeit zeigst,
Ist doch deine Grausamkeit nur Freundlichkeit, durchaus keine Grausamkeit.

Die Zeit ist vorüber, als ich noch im Geheimen liebte,
Jetzt ist meine Liebe der ganzen Welt bekannt und nicht verborgen.

Selbst wenn er, um seine Geliebte zu finden, mit seinem Kopf bezahlen müsste,
Für **Rahman** ist das nichts – das wäre überhaupt kein Preis dafür.

D178

Jeder Bülbül singt deinen Lobpreis

Du solltest nicht mit einem Nebenbuhler herumscherzen,
Noch auch mit einem Gegner Geschäfte machen.

Um eines einzigen Freundes willen sind hundert Freunde gemacht;
Freundschaft mit jedem ist nicht notwendig.

Jeder Bülbül wird dein Lob singen, wenn du eine Blume wirst,
Dein eigenes Lob zu singen, ist nicht notwendig.

Liebe ist wie ein Wohlgeruch, den man mit geschlossenem Mund einatmet;
Bei so etwas ist überhaupt kein Geräusch notwendig.

Aller Liebesschmerz ist für den Liebenden eine Erleichterung,
Für eine solche Krankheit ist kein Heilmittel notwendig.

Behandele den Perversen rau, aber den Aufrechten mit Sorgfalt,
Zuneigung zum Rücksichtslosen ist nicht notwendig.

Liebe, Gier und Arroganz unterscheiden sich voneinander,
Dass der Liebende stolz sei, ist nicht notwendig.

Liebe ist eine seltene Erfahrung in der Welt,
Liebe zu irgendjemandem außer zu Gott ist nicht notwendig.

Zwar trifft es auf mich zu, aber ich schwöre, dass ich es nicht als Wert ansehe:
Anhänglichkeit an die Welt ist durchaus nicht notwendig.

Liebe zur Welt, habe ich gesagt, ist nutzlos,
Da ich sie nun bemerkt habe, versichere ich: Sie ist nicht notwendig.

Ich, **Rahman**, lebe weiterhin in der Welt, oh Geliebte;
Mein Leben ohne dich ist wertlos.

D179

Der Garte der Liebe

Wer würde sich zufrieden verhalten,
Wenn er sie so schamlos mit bloßem Gesicht sehen würde?

Jeder, der eine Blume aus dem Garten der Liebe begehrt,
Hüte sich vor den Dornen der Trennung.

Ich habe den großen **Rustam** mit eigenen Augen gesehen,
Wie er wegen der Grausamkeit der Geliebten wie eine Witwe weinte.

Verdrossene Suchende sind auch überzeugt,
Dass die Geliebte das einzige Ziel sei.

Die Ursache für das Unglück des Liebenden ist, dass
Der Umgang der Liebenden hartherzig wurde.

Ohne meine Liebe – was werde ich mit den ***hooris*** des Paradieses anfangen?
Möge niemandes **Zypresse** in einen Rizinusstrauch verwandelt werden.

Ich werde die schweren Augenblicke der Trennung niemals vergessen,
Nicht einmal in der Qual eines dunklen und engen Grabes.

Ich, **Rahman**, bin der Bewunderer jener Schönheit,
Zu der sich der Rat der Liebenden versammelt hat.

D180

Ein Bettler im Bazar der Schönen

Als ich sah, wie sich meine Geliebte auf den Nebenbuhler zu bewegte,
Begannen meine Augen aus Eifersucht Blut zu vergießen.

Nur der Bülbül hat das Recht dazu,
Möge der Raubvogel nicht in den Tulpengarten kommen.

Ich erleide Trennung in Gemeinschaft,
Wie jemand, der mit leeren Händen im ***bazar*** umhergeht.

In der Hoffnung auf Flechten, sitze ich in der Falle fest,
Ich war ein einfältiger Wanderer in Hindustan.

Es ist keine Schande, wenn man um einen Blick bettelt,
Ich bin ein Bettler, der im ***baza***r der Schönen herumschlendert.

Dort gibt es kein Blütenblatt der Blume des Glaubens:
Ich wünschte, ich würde nicht im Garten dieser Welt wandeln.

Mein Herz kann ohne seine Herrin keinen Frieden finden,
So sehr mich auch Bild und Idol ablenken.

Wenn man vor der Liebe die Trennung voraussehen könnte,
Würde sich keine von Gottes Kreaturen darauf einlassen.

Es befreit mich, **Rahman**, von den Sorgen um das Paradies,
Wenn ich im Dorf und auf der Straße meiner Geliebten wandele.

D181

Klage

Mitgefühl zeigt sich niemals darin, oh meine Trösterin,
Dass du mich hier hinsetzt, während du weit entfernt bist.

Der Gott, der dein Gesicht zu einer brennenden Flamme machte,
Setzte dieselbe Flamme in meine Brust.

Er ist es, der meine schwarzen Augen rot
Und deine Hände rot und deine Augen schwarz werden ließ.

Der Dieb plündert Menschen und Besitz im Dunkel der Nacht,
Du bist eine Diebin meiner Seele und meines Besitzes am helllichten Tag.

Niemand kaufte oder verkaufte das Ehrenwerte,
Du aber kaufst und verkaufst das Ehrenwerte für einen Blick.

Was für eine Freundschaft und Brüderlichkeit ist das:
Ich preise dein Gesicht und du tadelst mich?

Gott suchte **Durkhanay** mit hunderterlei Schmerzen heim,
Warum sollte ich mich also über dich beklagen?

Ich schreie zu dir wegen deiner Grausamkeit,
Du reagierst darauf mit hundert klagenden Einwänden.

Du würdest **Rahmans** Liebe preisen,
Wenn du dein Gesicht auch nur eine kurze Zeit im Spiegel betrachten würdest.

D182

Lobpreis

Wo dein Lobpreis auch gesungen wird,
An dem Ort werden Glasperlen zu echten Perlen.

Ihre Augen werden Tränen, die wie Blumen sind, vergießen:
Sie, die deine Blumenwangen ansehen.

Der wird den Rat des Ratgebers nicht hören,
Der deinen süßen Worten lauscht.

Sie machen, dass der Liebende mit allen anderen unzufrieden ist,
Mögen Liebende niemals unzufrieden werden.

In einem Augenblick töten sie Menschen und bringen sie ins Leben zurück:
Gruppen von Schönen sind Zauberer.

Ohne dich fühle ich mich, wie in meinem eigenen Blut ertränkt,Auch wenn sie mich in Honig und Zucker ertränkten.

Du brachtest mir alle weit entfernten Schmerzen nahe,
Als du dir den Schleier vom Gesicht nahmst.

Als ich den Namen deiner dunklen Flechten nannte,
Jagte mich ein Geschwader schwarzer Drachen.

Du achtest nicht auf die Schulden des Verleihers,
Aber du leugnest immer, dass du mein Herz genommen hast.

Unsere Liebe ist der Welt offenbar,
Warum verbirgst du also ein so offenkundiges Zeugnis?

Während ich weine und mich über deine Behandlung beklage,Ertönen im Haus meines Nebenbuhlers Trommeln und Lieder.

Warum sollten **Rahmans** Gedichte nicht einzigartig sein,
Da er doch eine so Einzigartige wie dich lobpreist?

D183

Rahmans Tränen

Meine Liebe zu dir wäre vollkommen unehrlich,
Wenn ich nicht aus Schmerz um dich sterben würde, oh Geliebte.

Ich wünschte, ich wäre lange tot,
Aber das Leben liegt in Gottes Hand, mein Liebes.

Mein Abend und mein Morgen sind deine Flechten und deine Wangen,
Verlange von mir nichts weiter am Abend und am Morgen.

Als ich erst einmal von Vereinigung und Scheiden wusste,
Vergaß ich Himmel und Hölle.

Möge niemand ohne Leben und Lebensunterhalt sein,
So wie ich leblos und ohne jeden Pfennig bin.

Keine meiner Fähigkeiten sind für dich akzeptabel,
Selbst wenn ich hundert Großtaten für dich vollbrächte.

Rahmans Tränen haben keinen Einfluss auf die Geliebte,
Mögen doch die Tränen von niemandem ohne Wirkung bleiben.

D184

Der Wein deiner Lippen

Die Schönheit der ***hooris*** kann nicht mit deiner verglichen werden,
Wie könnte eine Magd ihrer Herrin gleichkommen?

Sie können dir hinsichtlich Größe und Gestalt nicht gleichkommen:
Weder Pinie, Pappel noch Dattelpalme.

Eine **Zypresse** wird von deiner Größe zum Zwerg gemacht,
Im Vergleich mit deinem Gesicht leuchtet eine Kerze matt.

Jeder, der deine Schönheit sieht,
Wird keine Fee preisen.

Als du den Wein deiner Lippen ihrem Mund anbotest,
Hast du die Bruderschaft der ***sufis*** berauscht gemacht.

Jetzt sage mir: Wie sollte ich dich noch preisen?
Bei meiner Liebe zu dir habe ich den Verstand verloren.

Wenn das nicht Liebesleidenschaft ist, was ist es dann?
Wie könnte sonst jemand seine Sitten außer Acht lassen?

Jetzt wäre es mir gleich, ob ich nachts wachliege,
Wenn du mir dein Gesicht in meinen Träumen offenbarst.

Wer hinsichtlich Namen und Ehre weniger als eine Tochter ist,
Opfert den unfähigen Sohn für die Tochter.

Mutige Cousins werden hochgeschätzt,
Allerdings ist eine tapfere Cousine weit besser als ein Cousin.

Was nützt Schönheit ohne Liebe?
Sie ist wie die leuchtenden Blätter eines Baumes, der keine Früchte trägt.

Was nützt es, dass sie wie eine Biene aussieht?
Niemand hat jemals Honig aus einem Wespennest geholt.

Rahman hat große Hochachtung vor den Schönen,
Wer kann den Wert eines Arztes höher schätzen als ein Patient?

D185

Das Gesicht der Geliebten

Der Vollmond ist über die Sonne aufgestiegen,
Oben und unten, sie sind beide das Gesicht der Geliebten.

Sonne und Mond drehen sich über meinem Bett,
Wenn meine Geliebte ihren Kopf auf mein Kissen legt.

Ihre Ohren sind voller roter und weißer Perlen und Rubine,
Wenn sie ihre Ohren an meine perlenartigen Tränen legt.

Wenn ich dich sehe, rollen mir Tränen übers Gesicht,
Wie Wachs in der Sonne.

Diese beredsamen Tränen kennen keine andere Sprache
Als den feierlichen Gesang „Gott ist der Größte“.

Wein schmeckt nicht nach Zucker,
Aber die Lippen der Geliebten sind sowohl Wein als auch Zucker.

Auch wenn du hundertmal ein Lächeln zu verbergen versuchst,
Das Funkeln von Rubin und Perle lässt sich nicht verbergen.

Dieses ist Gottes Geschenk an mich,
Mit dem sich kein Götterbild in **Azars** Tempel vergleichen lässt.

Von jetzt an will ich ihn einen Engel nennen,
Denn es gibt keinen Menschen wie ihn.

Wenn man sagt, **Rahman** sei einsichtig, so ist das richtig,
Denn er richtet immer die Augen auf das Gesicht seines Geliebten/seiner Geliebten.

D186

Der Garten des Lebens

Der Garten des Lebens wird nicht immer blühen,
Noch wird der ***bazar*** des Lebens immer florieren.

Wie eine Strömung in Wellen den Indus hinabstürzt,
So schnell ist die Lebensreise.

Wie der Blitz aufleuchtet und dann vorüber ist,
So schnell ist die unaufhaltsame Geschwindigkeit des Lebens.

In solchem Maße ungestüm,
Dass niemand die Zügel des Lebens festhalten kann.

Da sein Rennpferd weder Kandare noch Zügel hat,
Muss der Reiter des Lebens schließlich fallen.

Es zerschneidet hundert Jahre Freundschaft in einem Augenblick:
So treulos ist das Leben als Freund.

Der wird sein Leben als eine Luftblase sehen,
Der seine Zeitspanne beurteilt.

Ich verlasse mein Heim nicht und reise auch nicht,
Ich breche die Lebensreise ab, ohne gereist zu sein.

Er wird schließlich von der Schere des Schicksals abgeschnitten:Der Lebensfaden wird nicht immer halten.

Es gibt keine zweite Chance in dieser Welt, **Rahman,**
Für einen, dessen Lebenszeit abgelaufen ist.

D187

Der Zauber roter Lippen

Wenn du an der Schwelle des Todes deinen Bart noch wachsen lässt,
Warum bist du dann heute so planlos?

Jeder, der einen Haufen Schmerzen auf sich zukommen sieht,Lässt sich heute schon von dieser Anspannung deprimieren.

Wenn du dich nach dem Rat von morgigen ***pirs*** sehnst,
Warum suchst du dir nicht heute einen ***pir,*** oh ***Pir-***loser.

Welchen Platz wird die Geliebte in deinem Herzen finden,
Wenn du dein Bewusstsein nicht von allem Übrigen reinigst?

Wenn du auf der Suche nach Brot umherwanderst, vergisst du Gott;
Das ist nicht der Weg des ***fakirs***, oh ***fakir***!

Möge Gott deine Sorge in Lachen verwandeln,
Mögest du nicht wegen deiner Geliebten traurig sein, oh Trauriger.

Jeder geht im Licht des Gesichtes,
Das das Haus seines Herzens erleuchtet hat.

Liebende liegen immer im Feuer und im Wasser,
Unter dem Zauber roter Lippen.

Wie viele Schöne es auch in der Welt geben mag:
Jedem erscheint seine Geliebte ohnegleichen.

Ich, **Rahman**, gehe auf der Suche nach Freiheit umher,
Aber nicht um der Gebundenheit durch schwarze Flechten zu entkommen.

D188

Auf der Suche nach meiner Geliebten

Ich habe meinen Kopf geopfert
Auf der Suche nach meiner Geliebten.

Solange ich in der Welt lebe,
Werde ich nicht von dieser Tür weichen.

Ich streife umher auf der Suche nach meiner Liebsten,
Mit trockenen Lippen und feuchten Augen.

Ein Schritt im Ozean,
Ein Schritt an Land.

Ich erhebe beide Hände im Gebet
Abends und morgens.

Meine Bitte an Gott ist,
Dass ich Sein Gesicht sehen möge.

Ich klage immer
Und bin von meinem Schicksal enttäuscht.

Es hat mir nicht gewährt
Auch nur einen flüchtigen Anblick des Schönen.

Es hat mich auch nicht unterrichtet
In irgendeiner Geschicklichkeit außer in der Liebe.

Der Herr machte meine Liebe bekannt
In der Welt wie die Sonne. 10

Rat beeinflusst mich nicht
Auch nur um Haaresbreite.

Hör zu! Pass auf, oh Ratgeber!
Ich spreche genau und in kurzen Worten.

Ich schwöre bei Gott
Und dem Geist des Propheten.

Es gibt für mich kein Zurück mehr,
Jetzt, da mich die Leute kennen.

Ich will für meine Geliebte opfern,
Sowohl mein Silber als auch mein Gold.

Sowohl mein Silber als auch mein Gold,
Meine Perlen und meine Diamanten.

Ich, **Rahman**, habe alles aufgegeben,
Aber ich werde meine Geliebte nicht aufgeben.

D189

Achtung und Ehre

Dem, der nach dem Sterben ein breites Grab haben möchte, Sage ich die Wahrheit: Es wird ebenso breit sein wie er selbst.

Niemand braucht mehr oder weniger als das, was passend ist,Miss deine Länge und Breite selbst.

Wenn jemandem seine Kleider zu kurz oder zu lang sind,
Wird dem Schneider dafür die Schuld gegeben.

Jedem, der die Maße falsch berechnet,
Wird von allen Seiten die Schuld gegeben.

Wenn er Tadel und Beschuldigung verdient,
Ist es angemessen, ihn in Schande zu bringen und zu verfolgen.

Wer keine Achtung und Ehre in dieser Welt genießt,
Ein solcher Mensch sollte im Feuer verbrannt werden.

Niemand mag jemanden, der in Schande ist,
Außer denen, die noch schlimmer daran sind als er.

Sie mögen ihre eigene Gesellschaft mehr als jede andere,
Wenn Freunde einander begegnen.

Jede Art mag ihresgleichen,
Die Schönheit jeder Stickerei entspricht ihrer Vorlage.

Blinde können in ihrem eigenen Gebiet sehen.
Aber Sehende stehen in einem fremden Land Schwierigkeiten gegenüber.

Der ganze Körper wird durch einen einzigen Nagel verletzt,
Die ganze Stadt wird durch die Sünde eines Einzigen entwertet.

Wenn ein einziger Zahn im Mund wackelt oder ausfällt,
Sieht der ganze Mund hässlich aus.

Wenn ein Familienmitglied böse ist,
Werden sie alle getadelt, ob sie nun fünf oder vier sind.

Möge keiner Mutter ein unartiger Sohn geboren werden,
Denn er zerstört die Ehre von Vater und Mutter.

Jeder wünscht sich von Gott seinen Anteil am Glück,
Aber der kann weder durch Reichtum noch durch Gewalt erlangt werden.

Aus eigener Machtvollkommenheit lässt Gott einige größer und einige geringer werden,
Nicht jede Stadt kann Delhi oder Lahore sein.

Einige tragen eine goldene Krone und legen ein Schwert um,Andere tragen eine Last auf dem Kopf oder eine Sichel auf dem Rücken.

Einige reiten ein Pferd und eine Fahne weht ihnen voran,
Andere paradieren auf einem Esel durch ein Dorf.

Alle geben einander Kredit an Geld,
Aber niemand gibt einem anderen einen Kredit seines Glücks.

Oh **Rahman**, niemand würde Gottes Namen anrufen,
Wenn Gottes Werk von Vater oder Mutter getan werden könnte.

D190

In einem Augenblick

Bei der Größe des Heiligen Gottes,
Möge das Werk keines Menschen von einem anderen abhängen.

Wenn die Erfüllung der Wünsche von einem anderen abhängt,Verliert das Leben an Achtung und Ehrerbietung.

Bedürfnis ist eine so schlimme Macht in der Welt,
Dass sie den Vater zum Sohn und den Sohn zum Vater macht.

In einem Augenblick macht es den Bettler zum König und den König zum Bettler:
Deshalb wird das Leben mutwillig genannt.

Dem, der immer eine Krone auf dem Kopf getragen hat,
Legst du ein Bündel Stroh und Dornen auf den Kopf.

Auf die, die weder ***darham*** noch ***dinar*** wert sind,
Lädst du Schätze.

Oh Zeit! Du hast **Rahmans** Herz geröstet;
Niemand kennt seine wahre Verfassung.

D191

Grüner Rauch steigt auf

Es ist die Zeit des Vorfrühlings, ich bin von meiner Geliebten entfernt.
Ach, ach, ach, wenn der Frühling ohne die Geliebte ist.

Wenn das Feuer der verletzten Herzen auf dem Berggipfel brennt,
Steigt grüner Rauch aus Pinie und ***chinar***.

Welche Demütigung, dass ich das auf Papier schreibe!
Fürchte dich, oh Folterer der Liebenden!

Was aus meinen Augen fließt, sind keine Tränen,
Sondern es ist Blut, das aus der Wunde meines Herzens fließt.

Meine Krankheit ist so ernst, dass sie jeden Augenblick schlimmer wird,
Um Gottes willen komm, oh Ärztin, sonst sterbe ich.

Berge brechen zusammen, wenn sie von meiner Verfassung hören,
Der Fluss aus den Bergen ist aus Tränen.

Das ist nichts neben dem universellen Schrei der Trennung,
Komm und höre ihn von jeder Seite der ***rebab***.

Ich, **Rahman**, bin elend in Liebe,
Aus Scham sehen mich weder Familie noch Außenstehende an.

D192

Für die Wahrheit sterben

Zuerst errichte einen Zaun um das Feld und dann säe Getreide,Sei fromm und dann hoffe auf den Himmel.

Der Weise geht vorwärts und sieht dann zurück,
Er trifft in dieser Welt Vorkehrungen für die nächste.

Es ist schwierig, es angesichts des Augenblicks zu tun:
Wenn du nicht so arm bist, lege etwas für den Fall, dass du arm wirst, zurück.

Wenn andere Menschen dich tadeln,
Tadle dich selbst, bevor andere es tun.

Die nächste Welt wirst du als eine Belohnung für diese erfinden,
Deshalb errichte dasselbe Gebäude dort.

Wie viele Tage und Nächte willst du auf den Tag des Jüngsten Gerichts warten?
Stattdessen betrachte diese Welt als diesen Tag für dich.

Laster und Tugend werden dort auf der Waage gewogen,
Nimm selbst die Waage in die Hand und beurteile deine Taten jetzt.

Wenn dich eine Armee von Gier und Begierde überwältigt,
Geh in der Festung der Zufriedenheit in Deckung.

Es ist nicht möglich, Unrecht zu tun und doch Belohnung zu erwarten,
Wenn du Gerechtigkeit willst, schlage den rechten Weg ein.

Wer weiß schon, in welchem Herzen Gott seinen Thron errichtet hat?
Diene allen Herzen, soweit wie möglich.

Alle, die dir vorangingen, waren Menschen wie du,
Deshalb steh auf und sei so tapfer wie sie.

Alle irdischen Taten sind vergänglich,
Deshalb steh auf und zeige eine andere Weisheit als die irdische.

Die Medizin keines Arztes kann Liebende heilen,
Zur Behandlung deiner Wunden gehe woanders hin.

Wende dich nicht ab, bevor du die Wahrheit gefunden hast,Stirb für sie. Beflecke die ganze Welt mit deinem Blut.

Oh **Rahman**, folge zuerst selbst deinem Rat,
Dann gib anderen Ratschläge.

D193

Gott veranlasste mich, dich zu lieben

Als Gott mich dazu veranlasste, dich zu lieben:
An jenem Tag gab ich meinen eigenen Willen auf.

Jetzt liegt es an dir, ob du mich hassest oder liebst,
Ich habe deine Grausamkeit als Liebe akzeptiert.

Niemand würde Blumen für Edelsteine und Diamanten kaufen,Außer mir. Als du lachtest, weinte ich.

Nur ich kaufe den Schmerz um dich um Glück,
Wer sonst kauft frohen Herzens Kummer?

Niemand hat jemals zwei Liebende wie diese gesehen:
Der eine verflucht seinen Partner und der andere betet für ihn.

Ich wandte der ganzen Welt den Rücken und dir das Gesicht zu,Du wandtest das Gesicht der Welt und den Rücken mir zu.

Es gibt viele **Hindkis**, aber wer denkt schon an sie?
Sie haben Teil an der höchsten Liebe von **Heer** und **Ranja**.

Sein Name wurde berühmt,
Denn der Bülbül akzeptierte die Grausamkeit der Blume.

Wie kann der Unerfahrene den Schmerz der Trennung kennen?Gott fügte diese Prüfung in das Schicksal der Liebenden ein.

Liebende lieben sogar die Hunde ihrer Geliebten,
Warum sollte ich mir sonst etwas aus meinen Nebenbuhlern machen?

Ich, **Rahman,** bin ein Anbeter deiner Schönheit,
Deinetwegen preist mich die ganze Welt.

D194

Zieh den Zipfel deines Schals zurück!

Warum, oh warum siehst du deinen Geliebten nicht an?
Warum machst du diesen Bettler nicht reich durch deinen Blick?

Deine große Schüchternheit hat viele Häuser zugrunde gerichtet,
Denn du siehst niemanden an, wie es sich gehört.

Ich glaube nicht, dass dein großer Charme
Nicht alle diese normalen Leute stören wird.

Zieh den Zipfel deines Schals von deinem Gesicht. Ich garantiere,
Dass du den **Aurangzeb** des Zeitalters zu einem ***qualandar*** machen wirst.

Ich komme jede Sekunde, jeden Augenblick zu dir,
Du kommst nie auch nur für einen Moment zu mir.

Du hast den Mut, mich zu töten,
Aber gib dem Nebenbuhler nicht denselben Mut!

Ich bin für immer über deine Grausamkeit froh,
Erzähle dieses Geheimnis nicht dem Nebenbuhler.

Ich kann alle deine bisherige Grausamkeit vergessen,
Wenn du dich nie wieder grausam verhältst.

Wer würde von deinem Haus weggehen,
Es sei denn, du selbst vertreibst ihn von deiner Tür.

Diejenigen sind äußerst hartherzige Leute,
Die nicht gerührt sind, wenn du unter sie trittst.

Deine Liebe machte **Rahman** berühmt, aber ach!
Du glaubst nicht an diese Tatsache.

D195

Wann machst du den Abend zu einem Morgen?

Wirst du bis zum letzten Tag grausam sein
Oder wirst du irgendwann Liebe und Treue zeigen?

Liebende sind manchmal ergeben und manchmal gleichgültig,
Du solltest manchmal das eine und manchmal das andere sein.

Ich habe jedem gegenüber deine gute Natur gepriesen,
Lass mich nicht als Lügner erscheinen!

Wenn es deiner Gewohnheit entspricht, mich zum Weinen bringen,
Dann gibst du damit mein Geheimnis der Welt bekannt.

Du kannst mich ja leicht mit deinen eigenen Händen erreichen, oh Geliebte,
Warum bestrafst du mich durch die Hand der Nebenbuhler?

Es tötet mich, dass du den Wünschen meiner Feinde gehorchst,Aber wenn du deinem eigenen Willen gehorchst, ist es gut.

Niemand hat es irgendwann im Leben gesehen:
Das, was du mir jeden Augenblick antust.

Du lässt mich krank auf meinem Bett liegen und leiden,
Mit dem Nebenbuhler aber gehst du lachend davon.

Du lachst mit dem Nebenbuhler und schlingst deinen Arm um seinen Nacken,
Wenn du mich siehst, dann drehst du mir bewusst den Rücken.

Jeden Abend versprichst du, mich morgen zu küssen.
Wann wird für **Rahman** der Morgen kommen?

D196

Davongetragen

Deine sanften Augen raubten mir den Schlaf,
Deine Lippen nahmen die Süße des reinen Weins von den meinen weg.

Weder Tränen noch Geduld sind in meinem Körper übrig geblieben,
Verrückte Ungeduld nahm meinem Gesicht den Glanz.

Mein Herz wurde von den Liedern der Sänger durchbohrt,
Mein Gemüt wurde von **Saqis** Angebot berauscht.

Saqi, der Liebende, und der Sänger versammelten sich an einem Ort
Und trugen mir bald das Herz aus der Brust fort.

Was tut es, dass sie es genommen haben? Möge mein verwundetes Herz ihnen geopfert sein!
Niemand anderes hat es genommen als meine eigenen Freunde.

Deine flaumigen Stoppeln sind schwarze Worte, dein Gesicht Seiten deines Buches.
Du hast mir das Interesse an jedem anderen Buch geraubt.

Alle Vorsätze, die ich hinsichtlich Gebet und Enthaltsamkeit hatte,
Sind von deiner Schönheit davongetragen worden.

Ich, **Rahman**, hatte mir ein Bild von ***mehrab*** im Herzen gemacht.
Deine Augenbrauen haben mir das Bild von ***merhab*** weggenommen.

D197

Nimm mein Herz

Mein gebrochenes Herz wurde von der Brise der Geliebten davongetragen.
Wer kann sagen, wohin der Wind es getragen hat?

All und jede Schönheit stiehlt mir das Herz.
Welche sollte ich fragen, ob sie es sich geschnappt hat?

Während ich zwischen schwarzen Flechten einen Platz für mein Herz gefunden hatte,
Wurde mein Herz von einem schwarzen Drachen geschnappt.

Wer kann schlafen, wenn er der Flut im Weg ist?
Mein süßer Schlaf wurde von Tränenfluten überschwemmt.

Die Klugheit, die sich rühmte, unbesiegbar zu sein,
Wurde mir im Tausch gegen einen einzigen Becher weggenommen.

Meine Fähigkeit zu Geduld und Frieden
Nahm mir die Schöne, ohne dafür zu zahlen.

Wenn sie es genommen haben, soll mein gebrochenes Herz mit Liebe ihnen gehören,
Es sind ja keine Fremden, sondern Freunde, die es genommen haben.

Wenn ich die Wahrheit sage, so ist mir doch keine Ungerechtigkeit geschehen:
Rahman hat seine Geliebte willentlich sein Herz nehmen lassen.

D198

Deine eigenen Fehler

Wenn du nur auf die Fehler der anderen siehst,
Warum bist du dir, um Gottes willen, nicht deiner eigenen bewusst?

Wenn du ein Gran Irrtum bei einem anderen siehst,
Verwandelst du dieses eine Gran eines Lasters in ein hoch aufragendes Gebirge.

Zwar ist deine eigene Sünde ein großer Berg, jedoch
Verkleinerst du durch List und Täuschung den Haufen zur Größe eines Fliegenflügels.

Wenn die Waage der Gerechtigkeit in deiner Hand wäre,
Würdest du dein Maultier dem Pferd eines anderen gleichsetzen.

Auf eine Gerechtigkeit wie deine soll man spucken und sie verfluchen,
Da du Gerechtigkeit in Ungerechtigkeit verkehrst.

Gott gab dir die Stellung von Engeln,
Aber du hast dich selbst zu einer Kuh und einem Esel gemacht.

Wenn sich auch nur ein Haar auf deinem Körper zur Locke formt,
Ärgerst du dich sogleich über Gott.

Wenn du einmal ein kleines Stück Brot im Namen Gottes gibst,Offenbarst du diese Tat der Welt, wie die Sonne sich offenbart.

Wie jemand, der nach Mekka geht und von dort
zurückkommt,Machst du eine lange Reise - nur um der Welt willen.

Wenn du nur ein einziges ***nati*** Gold in die Hände bekommst, 9
Verkaufst du dafür eine Eselsladung Andacht für seinen Goldwert.

Du hast deine Jugend in Nachlässigkeit verbracht,
Was wirst du im Alter für den Tag des Jüngsten Gerichts gespart haben?

Du hast deine Kleider mit der Welt gefärbt,
Aber du stellst dich als ***derwish*** und ***qalander*** dar.

Wie die Zeit einer gealterten Prostituierten vorüber ist,
So ziehe du dich, da du grauhaarig bist, zurück.

Im Alter kann niemand die Taten der Jugend tun
Und ***Eid*** kann nicht am Tag von ***Ashura*** gefeiert werden.

Wie die Wurzeln eines alten Baumes von Termiten zerfressen werden:
Welchen Ast oder welche Frucht kannst *du* im Alter noch tragen?

Der Herbst wird deinen Garten nicht verschonen,
Nicht einmal, wenn du ihn mit der Mauer Alexanders umgibst.

Niemand gibt seinem Feind einen vernünftigen Rat,
Aber **Rahman** sorgt sich um dich, bitte glaube an ihn!

D199

Parfümiere dein Gemüt

Warum siehst du das Schöne nicht an?
Warum besuchst du nicht die Blumen im Garten?

Dieser Frühling duftet nach der ganzen Welt,
Warum parfümierst du nicht dein Gemüt mit seinem Duft?

Warum kannst du dich nicht dem Willen Gottes ergeben?
Warum kannst du aus diesem Gift keinen Zucker für dich machen?

Damit der Ruf des Todes dich nicht unaufmerksam findet:
Warum wirst du dir nicht im Voraus des Todes bewusst?

Ehe andere Leute dir Erde auf den Kopf werfen,
Warum legst du dir nicht selbst Erde auf den Kopf?

Wenn du nach dem Tod an Hunger und Durst stirbst,
Warum bereitest du dich nicht jetzt auf den Tag des Jüngsten Gerichts vor?

Was du sagst, beeinflusst niemals andere,
Oh **Rahman**, warum beeinflusst du dich nicht selbst?

D200

Als Engel den Tag formten

Manchmal verbrennst du in der Sonne oder du zitterst in der Kälte.
Manchmal stirbst du an Hunger oder an Völlerei.

Alle, die in die Welt gekommen sind, wehklagen,
Sie sind weder hungrig noch fühlen sie sich vollkommen behaglich.

Manchmal grüßt du demütig einen anderen,
Manchmal legst du die Hand ans Schwert oder an den Dolch.

Als die Engel Adam aus Ton formten,
Mischten sie Schmerz und Leiden hinein.

Es tut nichts, dass jemand heute einen anderen schlägt oder bindet,
Er selbst wird von dem, den er schlägt, geschlagen und gebunden werden.

Nach dem Tod werden die in ihren Gräbern lächeln,
Die ihre Taten in dieser Welt beklagt haben.

Mache dir bewusst, dass alle scheiden und niemand übrig bleibt,
Die Menschen auf diesem Weg sind entweder jung oder alt.

Jeder sehnt sich nach den Flechten der Geliebten,
Ob er nun alt oder jung, bedeutend oder unbedeutend ist.

Glücklich sind die, die an seiner Tür akzeptiert werden,
Habe Mitleid mit denen, die weggeschickt werden.

Hunderte wie ich, Abdur **Rahman**, erwiesen ihr Ehre,
Allerdings weiß nur Gott, wem die Schöne verfallen ist.

D201

Tränenflut

Ich bin im Schatten karmesinroter Blumen nicht glücklich,
Sondern nur, wenn ich im Feuer deines Gesichts verbrannt werde.

Welchen Sinn hat es, dass eine Stadt durch Feuer zerstört wird?Ich dagegen bin immer noch unversehrt, wenn ich im Feuer deines Gesichts gebrannt habe.

Ich will dich irgendwie mir zu eigen machen,
Ganz gleich, ob ich dich durch Lügen oder die Wahrheit bekommen kann.

Du bist in die Welt gekommen, um zu lieben, und zwar heute.Weder du noch ich werden noch einmal in die Welt kommen.

Was für riesige Ansprüche du erhebst, oh Geliebte!
Ich wünschte, ich hätte in dieser Welt genug Zeit, um sie zu erfüllen.

Aus übermäßiger Schüchternheit siehst du niemanden an,
Deine große Bescheidenheit schmerzt mich.

Ich habe die Sorgen und den Kummer um dich überlebt,
Ich bin wie Eisen oder Stein, nicht wie ein Mensch.

Wenn doch Paare zusammen ins Grab gehen könnten,
Ich klage über die Tatsache, dass entweder du oder ich nicht mehr hier sein werden.

Meine Tränenflut macht ewig,
Dass mein Kopf sich dreht – mehr als der Himmel oder eine Mühle.

Wenn jemand mein übermäßiges Weinen betrachtet:
Ich bin wie ein Spritzer, der auf der Oberfläche des Ozeans treibt.

Ich, **Rahman,** kann meine Geliebte nicht [genug] preisen,
Oh, wie sehr wünschte ich, dass ich in der Welt stumm wäre.

D202

Religion

Zwar bist du weißhaarig, blind und dir fehlen Zähne,
Aber immer noch lässt du von den weltlichen Dingen nicht ab.

Du eilst ungestüm überall hin, wo du die Welt findest,
Unbekümmert darum, ob es links oder rechts ist.

Kein einziges Haar Glauben wächst auf deinem Körper,
Von Kopf bis Fuß bist du in Zweifel ertränkt.

Du glaubst, Gott sei der Ernährer, und doch denkst du, die Nahrung käme von deiner eigenen Mühe.
Obwohl du das glaubst, nennst du dich einen Gläubigen.

Deshalb kannst du als widersprüchlich beschrieben werden,
Ich weiß nicht, ob du ein Mensch oder ein Teufel bist.

Du kannst ***tauhid*** nicht durch Dualismus erreichen,
Auch wenn du den Heiligen **Khizr** oder den Heiligen **Ilyas** zu deinem Führer machst.

Wenn du das nur wüsstest: Tödliches Gift ist jeder Atemzug,Den du nicht im Namen Gottes nimmst.

Die Regel ist: Vermeide alles Verbotene,
Sonst betrachte dich selbst als Teufel.

Deine Sicherheit kannst du darin finden, dass du das Böse aufgibst,
Daran gibt es keinen Zweifel.

Wenn mein Wort falsch oder zweifelhaft ist,
Dann überlege dir die Sache in deinem eigenen Herzen.

Ein Mann ist allgemein durch seine Männlichkeit bekannt,
Nicht dadurch, dass er Kleider aus Gold trägt.

Einen Iraker kann man nicht von einem Türken
unterscheiden,Dadurch, ob er einen Esel oder ein Pferd reitet.

Ein durstiger Mensch braucht Wasser,
Nicht, dass man ihm eine leere goldene Schale reicht.

Jeder Anbeter, der mit Heuchelei aufgepumpt ist,
Hält irrtümlich die Schwellung für Beleibtheit.

Oh **Rahman**, wenn es überhaupt eine Arbeit gibt, dann ist das
Religion,
Andere Arbeiten sind unehrlich und gegenstandslos.

D203

Lebenswunsch

Mein ganzes Leben habe ich mit diesem Wunsch verbracht:Dass sie
mich einfach fragen möge, wer und was ich sei.

Eine einzige Nachfrage der Freundin wäre genug für mich,
Denn ein menschliches, und sogar ein einziges „Hallo“ ist genug.

Ach! tausendmal! Dass ich mit jedem Atemzug flöhe,
Aus der Richtung, in die ich gehe.

Die Eine, die ich mir mit jedem Atemzug von Gott wünsche,Sehe ich
nur gelegentlich nach einer langen Zeit.

Selbst wenn es nur ein kleiner Teil ist, wird es für den Bedürftigen zu einem Berg,
Möge niemand eines kleinen Teils bedürfen.

Jeder Vogel in seinem Nest ist ein ***huma***,
Ob er nun eine Krähe, ein Adler oder ein Phönix ist.

Wie ein Adler sich nach dem Rebhuhn sehnt,
Sehnt sich die Spinne nach der Biene.

Wenn sie zu Erde werden, sind sie gleich,
Es spielt keine Rolle, ob der eine Sackleinen und der andere Seide trägt.

Die Person, die mich zum Weinen bringt, bringt mich auch zum Lachen,
Niemand sonst hört **Rahmans** Klage an.

D204

Freundschaft

Als ich mich an den Intellekt wandte, half das nichts,
Als ich das Schicksal um Freundschaft bat, wurde es nicht mein Freund.

Aus tiefem Schlaf weckt einen ein einziger Tropfen Wasser,
Die Geliebte jedoch wird nicht einmal von einem Tränenstrom geweckt.

Es ist offensichtlich, dass ich der Unglücklichste in der ganzen Welt bin,
Denn die Geliebte der ganzen Welt kann nicht meine Freundin sein.

Sieh dir das Glück an: Sie kritisiert mich und lobt den Nebenbuhler.
Bei ihr hat ein Mann nicht einmal das Ansehen eines Hundes.

Auch wenn sie mir hundertmal Versprechungen gemacht hätte,
Könnte mein beunruhigtes Herz dadurch nicht befriedigt werden.

Ich habe großen Kummer. Ich will ihn allein leiden.
In der Welt gibt es sonst keinen, der Mitgefühl mit mir hat.

Zwar habe ich ihm hundertmal Ratschläge erteilt,
Aber der von Gott in die Irre Geführte konnte sich nicht leiten lassen.

Es macht nichts, wenn das Herz **Rahmans** gequält wird,
Nur das Herz der Geliebten sollte nicht betrübt werden.

D205

Im Wohlstand nicht gefunden

Als die karminroten Tränen in meinen Augen erschienen,
Sah jeder Stein wie eine rote Perle aus.

Wenn mein krankes Herz aus Schmerz um die Geliebte
weinte,Begann es beim Lohn für das Weinen zu lachen.

Meine Demut befreite mich von allen Übeln,
Wie Staub in den Augen der Feinde.

Durch meine Geduld wurde das Gift des Zorns zu Honig,
Wie Abraham, Feuer wurde für mich zum Garten.

Liebe ist ein Geschenk Gottes an den Liebenden,
Nicht jeder kann sie sehen.

Als ihre Flechten und ihre Wangen in mein Herz eingraviert waren,
Wurde die Einsamkeit **Khorasan** und **Hindustan** für mich.

Der Kranke wird mit bitterer, bitterer Medizin behandelt,
Dieses Leiden ist sowohl Schmerz als auch Heilmittel.

Als mich der Duft deines Schweißes erreichte,
Begann ein Tränenfluss auf das Gesicht derjenigen zu fließen, die mich parfümierte.

Zeichen von Befriedigung werden sichtbar
Bei denen, die sich und diese Welt opfern.

Er zögert nicht, sein Hemd zu zerreißen,
Denn seine Brust wurde vor seinem Hemd aufgerissen.

Nur die Narren machen sich um ihre weltlichen Taten Sorgen.
Ein Mensch ist der, der sich um sein eigenes Ich sorgt.

Welches andere Zeichen für Dummheit gibt es,
Als dass ein Mensch seinen eigenen Charakter bereut?

Menschliche Güte ist nicht im Reichtum zu finden, **Rahman:**Dass eine Statue aus Gold gemacht ist, macht sie nicht zum Menschen.

D206

Ein Einsiedler in der Welt

Sei ein Einsiedler in der Welt.
Sei eine Blume im Feuer wie der ***samandar***.

Wenn du Leben nach dem Tode willst, stirb wie Gras:
Es wächst neu, nachdem es gemäht worden ist.

Was willst du mit dem bitteren Meerwasser anfangen?
Sei reines Wasser wie der Diamant.

Sei niemandem als allein Gott verpflichtet,
Sei ein früchtetragender Baum an einem trockenen Felsen oder Berg.

Wenn du Blüten und Früchte wie ein Baum tragen willst,
Steh in der Sonne und gib den Niedrigen Schatten.

Wenn du deine Arbeit sofort verbessern willst,
Diene anderen, tu die Arbeit anderer, lange vor deiner eigenen.

Wenn du eigene Bedürftigkeit fürchtest,
Achte darauf, dass du Bedürftigen hilfst.

Wenn der Wunsch nach dem Himmel dein Herz bewegt,
Sei demütig im Hause des jenseitigen Geliebten.

Wenn du dich im Stockdunkeln nach Licht sehnst,
Beobachte die Flechten und Wangen der Geliebten.

Wenn du die Süße roter Lippen willst,
Ertränke dich wie ein Granatapfel im eigenen Blut.

Wenn du willst, dass der Garten deines Herzens grün sei,
Begieße ihn mit Tränen wie der Regen im Frühling.

Durch die Liebe gewann **Rahman** sein Augenlicht,
Möge der sich schämen, der sagt, der Liebende wäre blind.

D207

Begrabe dich lebendig

Auf! Sei wenigstens einmal mit dem Kelch der Liebe zufrieden.Werde zum Trinker des Weines der Liebe und der Geliebten.

Zuerst kommt die Verehrung, dann die Freiheit,
Wenn Freiheit dein Ziel ist, werde zum Sklaven.

Befreie dich von der Furcht des Jägers,
Werde zahm wie Federvieh.

Begrabe dich lebendig im Boden wie ein Samenkorn,
Wenn du hoch aufsteigen willst, suche dir einen Platz im Erdboden.

Mit demütiger Haltung kannst du die ganze Welt bekommen,
Sei unten wie die Erde.

Betrachte dich in der Armut als reich,
Stelle dir vor, du wärst im Ruin reich.

Offenbare selbst deine Geheimnisse deinem Feind,
Töte dich, lange bevor du stirbst – und lebe ewig.

Unter den Berauschten ist der Nüchterne ein Dieb,
Auch wenn du dich von allen anderen unterscheidest, werde hier unauffällig.

Oh **Rahman**, lerne zuerst singen, wie der Bülbül singt,
Und dann fange an, deine Geliebte zu preisen.

D208

Deine Religion

Kümmere dich nicht um Gewinn in der Welt,
Achte auf deine Religion und deinen Glauben. Verliere deine Religion nicht.

Oh Unglücklicher! Jedes Problem hat eine Lösung,
Verliere nicht die Hoffnung auf Gott oder lege in Verzweiflung die Stirn in Falten.

Es ist eine große Schande, dass die Gutgenährten den anderen die Nahrung wegschnappen,
Wenn du Nahrung und Wasser hast, stiehl sie nicht anderen.

Jeder Vogel, der das Fleisch eines anderen frisst, ist unrein.
Mache dich selbst ***halal*** wie der Kranich. Werde nicht zum Adler.

Strebe nach der Sonne wie ein Staubkorn,
Denke nicht, du wärest ein schwerer Stein auf dem Boden.

Ein leerer Ärmel ist ohne Arm nutzlos,
Stecke deinen Arm in deinen Ärmel, sei kein leerer Ärmel.

Leidenschaft und Selbstzentriertheit sind weit voneinander entfernt.
Wenn du zu lieben begehrst, sei nicht selbstsüchtig.

Wenn du es dir nur klar machtest: Du gehst im eigenen Haus auf Reisen,
Du brauchst nicht nach Hindustan und China zu reisen.

Dein Sarg wartet auf dich wie ein angeschirrtes Pferd,
Warte nicht auf ein anderes Pferd oder Geschirr.

Mit denen, die weder Mitgefühl noch Ehrlichkeit besitzen, oh **Rahman**,
Sitze nicht mit solchen Kumpanen beisammen.

D209

Tue es nicht!

Gründe dein Vertrauen nicht auf die Hoffnung auf Zukünftiges,Lass dich nicht verwirren, unterscheide Bargeld von Kredit.

Es hat Menschen durch Hoffnungen und Erwartungen enttäuscht:
Erkenne, dass dieses Leben ein Bandit ist.

Die Könige der Welt betteln ***fakire*** an,
Werde ein König in einem solchen Land, wo du nicht bettelst.

Mache trockene Knochen zu deiner Nahrung wie der ***huma***,Werde nicht zur Fliege, die Honig und Zucker sucht.

Halte dich nahe dem Meeresgrund wie eine Seemuschel,
Komme nicht an die Oberfläche des Meeres wie Schaum.

Die Gutherzigen sind beliebter als die Grausamen;
Werde zum Tränentropfen, nicht zum Stein.

Sogar die Tiere sind mit dem Lob Gottes beschäftigt,
Du bist ein Mensch, sei nicht weniger als ein Tier.

Satan und Begierde verführen einen Menschen zur Ketzerei,
Habe Erbarmen mit dir. Werde nicht zum Ungläubigen.

Liebende sind vollkommen blind für die Fehler der Geliebten,Sei nicht blind für die Vorzüge der Geliebten.

Dies ist ein Ort für Feiglinge, oh **Rahman**,
Werde nicht tapfer in der Straße der Geliebten.

D210

Ohne Geliebte

Ich bin ohne die Geliebte elend allein in der Welt,
Und habe keinen Ort auf der Erde oder im Himmel.

Rote Blumen aus dem Garten werden für mich zu heißem Feuer,
Wenn ich ohne meine Geliebten in den Garten gehe.

Dass mich ihre gefühllose Art nicht getötet hat -
Ich bin überrascht, wie mein schwacher Körper standgehalten hat.

So viel ich auch über mich nachdenke,
Ich kann keine Kraft der Geduld in mir finden.

Ich kann meinem trotzigen Herzen nicht gebieten,
Denn wer kann schon eine brennende Kohle in seiner Brust bergen?

Niemand in der Welt ist dümmer
Als der, der Liebe und Treue bei einem Narren sucht.

Zwar rufe ich auf hundert freundliche Arten nach ihm,
Aber er schenkt meinen Artigkeiten keine Aufmerksamkeit.

Er lacht über mein übermäßiges Weinen
Wie eine Frühlingsblume im Regen lacht.

Er wird zum Schmuckhändler und stellt Perlen und Rubine aus,
Wenn er im Laden meiner beiden Augen sitzt.

Das, was ich weder im Herzen noch im Gemüt jemals bedacht habe,
Das offenbart mir das Schicksal in einem Augenblick.

Wenn Tränen nicht einmal in der Vereinigung versiegen,
Wie wird dann erst **Rahmans** Verfassung bei der Trennung sein?

D211

Ich habe mein Herz verloren

Ich habe mein Herz in der Liebe zu dir verloren.
Deine Liebe gab mir Gift im ***sharbat***.

Ratgeber, verstelle mir nicht den Weg zu meiner Geliebten.
Es hat mich viel Mühe gekostet, diese Liebe zu finden.

Wenn ihr sinnlicher Leib sich dir offenbart,
Bleibt in deinem Leib kein Sinn oder Verstand mehr übrig.

Wenn du von der Klippe der Liebe fällst, verlierst du den Kopf,Jetzt wo du mir in grimmigem Zorn Ratschläge erteilst.

Ich bereue die Vergangenheit,
Die ich in Unwissenheit ohne die Geliebte zugebracht habe.

Den Liebesschwur, den ich der Geliebten geleistet habe, werde ich nicht brechen,
Selbst wenn ich beim Halten des Schwurs den Kopf verliere.

Vor lauter Hochachtung kann ich ihr nicht ins Gesicht sehen,
Gott verursachte Trennung in der Vereinigung.

Wenn ich am Tag des Gerichts gefragt werde, was ich mir wünsche,
Ist es mein Wunsch, der Staub auf der Straße meiner Geliebten zu sein.

Die Diener in Seinem Hof sind immer glücklich:
Im Himmel beeinträchtigen einen keine Schwierigkeiten.

Ich bin so glücklich im Staub deiner Tür, dass
Nicht einmal Könige in ihrem Königreich so glücklich sind.

Ich habe kein Interesse an den Reichtümern der Welt.
Ich, **Rahman**, habe die Reichtümer der Liebe.

D212

Durch dich berühmt gemacht

Ich sitze immer mit trockener Brust und tränenden Augen da,Die Liebe zeigte mir Nass und Trocken in ihrem Hof.

Nachdem ich die Wunde, die dein Schwert geschlagen hat, mit meinen Lippen geküsst hatte,
Bekam ich niemals mehr denselben Geschmack von Balsam wie zuvor.

Als **Majnun** seinen Kopf zu **Leila**s Füßen hinabbeugte,
Wurde er von Arabern und Nichtarabern verherrlicht.

Die Starken beherrschen immer die Schwachen,
Dein Elend überwältigt meine übrigen Betrübnisse.

So tief, wie ich in der Liebe zu dir ertränkt bin –
In der ganzen Menschheit gibt es in dieser Hinsicht keinen wie mich.

Wie ein Leichnam, der zwischen Lebenden liegt,
So verschieden bin ich von den Menschen der Welt.

Kein Zauberer kann mich mit seiner Beschwörung behandeln,
Denn mein Heilmittel kommt allein von deinem Zauber.

Im Unterschied zu dir habe ich keine andere Aufgabe:
Nur dich begehre ich in jedem Augenblick, bei jedem Schritt.

Wenn ich mit dem Napf deiner Hunde gesegnet werde,
Will ich nicht mehr nach dem Kelch **Jamshed**s streben.

Ich habe bei der Verfolgung deiner schwarzen Flechten vollkommen mein Herz verloren,
So wie jemand im Stockdunkeln sein Geld verliert.

Mit Blut befleckt und wie rote Blumen hängen
Tausend Herzen in jeder Biegung deiner Locken.

Ich, **Rahman**, möchte lieber aus der Welt ausgeschieden werden,
Aber deine Augen machten mich in der Welt berühmt.

D213

Liebesfähigkeit

Werde beim Geschäft der Liebe nicht hochmütig,
Denn auf diesem Weg ist jeder Strohhalm ein scharfes Schwert.

Mit Blut wird diese rote Blume deinen Turban karminrot färben,
Die Blume, die das Schicksal in deinen Turban gesteckt hat.

Das Gesicht der Schönen ist klarer als das Wasser des Lebens,Ich bin von diesem Wasser im Feuer verbrannt worden.

Wenn ich eine Stahlkugel zum Schmelzen bringen kann,
Was ist dann mein Leben vor deinem Gesicht?

Jedes Mal, wenn ich ihr in die Augen sehe,
Wollte ich mit dem Leben nichts mehr zu tun haben.

Oh Freund, du, der du möchtest, dass ich geduldig und gelassen sei:
Seit wann ist der Liebende jemals geduldig und unbeeindruckt gewesen?

Mein Leben und meine Besitztümer sind ohnehin für deine Liebe verwirkt,
Und ich habe in dieser Sache auch schon meine Seele und meinen Reichtum aufgegeben.

Ich will mich nicht von deiner Tür und deiner Stadt wegwenden,Bis ich in deinem Haus und in deiner Stadt sterbe.

Unglückliche werden bei der Begegnung mit dem Geliebten getrennt,
Wie trockene Zweige im Frühling nutzlos sind.

Für die Armen ist es, als wären sie in **Kohistan**,
Selbst wenn ihr Haus immer auf dem ***bazar*** war.

Dem Kritiker erscheint alles als fehlerhaft,
Selbst wenn der Hübsche sich so schön macht, wie Joseph war.

Diejenigen, die Gott mit Liebesfähigkeit gesegnet hat,
Sehen nichts als das Ausgezeichnete des Geliebten.

Die Narben auf seinem Herzen genügen ihm,
Wozu braucht **Rahman** auch noch einen Tulpengarten?

D214

Liebeskrankheit

Ich bin im Staub vor deiner Tür ebenso glücklich
Wie Stammesführer in ihrer Rolle.

Andere scheinen Leidenschaft verachtenswert zu finden,
Ich habe diesen Reichtum in Demut gefunden.

Die Leute mögen zwar Kranke nicht,
Ich aber bin glücklich in meiner Krankheit der Liebe zu dir.

Wirf einen Blick auf dein Hausdach und deine Tür:
So sind meine Augen, wenn ich aufwache.

Ein Freund wischt einem Freund die Tränen aus den Augen,
Aber du lässt meine Tränen in Freundschaft fließen.

Ich wandte in vollkommener Hilflosigkeit meiner Freundin den Rücken;
Wenn einer äußerst hilflos ist, entschuldigt man ihn.

Keine geistig gesunde Person wünscht sich Schmerz,
Aber ich nehme in geistiger Gesundheit das Leiden um dich an.

Wie können **Rahmans** Tränen aufgehalten werden?
Hat irgendjemand gesehen, dass ein Fluss zu fließen aufgehört hat?

D215

Das Feuer der Liebe

Mein Herz ertrinkt in den Strudeln des Kummers um dich,
Wie einer im Wasser ertrinkt.

Ich kann mich auf keiner Seite der Wellen deiner Liebe retten.
Meine Hände wurden beide müde, als ich in der Leidenschaft schwamm.

Ich habe meine Schwüre hundertmal gebrochen und liebe immer noch,
Meine Schwüre haben jetzt keine Bedeutung mehr.

Wenn du mich verlässt – sieh diesen Tränenregen,
Kein Schirm kann so heftige Regengüsse fernhalten.

Tausend Sterne entsprechen nicht dem Mond am Himmel,
Was soll einer ohne dich in der Menschenmenge anfangen?

Du weißt, dass Liebe und Vernunft Gegensätze sind,
Denn wie kann brennende Kohle auf Baumwolle liegen?

Jeden, der im Feuer der Liebe brennt, **Rahman**,
Ihn rettet Gott rettet in den Flammen, wie Er Abraham gerettet hat.

D216

Lerne vom Bülbül

Lerne vom Zustand des Bülbüls im Herbst,
Dann genieße es, die Blumen im Garten anzusehen.

Bevor du nicht Bitterkeit geschluckt hast,
Schmecken Süßigkeiten in deinem Mund nicht gut.

Ich fand den süßen Geschmack der Vereinigung in der Trennung,
Ich wurde zum Besucher Josefs im Gefängnis.

Wie der Text Bedeutung ergibt, so ergibt Bedeutung Text,
So ist die Geliebte in meinem Herzen und in meiner Seele.

Lass dich warnen! Denke nicht, Liebe wäre leicht:
Auf diesem Gebiet riskierst du jeden Augenblick Kopf und Kragen.

Fürchte die Schwäche des Schwachen,
Auch wenn du tausendmal stärker bist.

Der wird in der nächsten Welt gequält,
Der in dieser andere missbraucht.

Rahmans Verfassung ohne die Geliebte ist
Wie die eines Gefangenen im Gefängnis.

D217

Die Perle deiner Liebe

Die Perle deiner Liebe ist in keinem Wasser zu finden,
Aber sie ist im Tränenfluss zu finden.

Zwar trinkst du mein Blut im Geheimen, meine Liebe,
Aber die Farbe deiner Lippen legt doch Zeugnis dafür ab.

Wo deine Lippen auch nur genannt werden,
Regnet es Tulpen auf die Liebhaber.

Was kannst du aus verwundeten Herzen erhaschen?
Vom Ruinierten kann man keine Steuern einziehen.

Ich bin durch deine Augenbrauen und dein Schönheitsmal verwirrt,
Wie kann der Ungläubige im ***mehrab*** anbeten?

Da sie zart ist, wird die Blume vom Tau verletzt,
Die Sensiblen sind über eine eindeutige Antwort traurig.

Es regnet stark auf die Frühlingsblumen,
Aber die Luftblase kann keinem Regentropfen widerstehen.

Oh Gott, vergib **Rahman** seine Fehler,
Denn die Taten eines Verrückten zählen ja nicht.

D218

Alter

Alter macht ein schönes Gesicht zu einem schwarzen Topf,
Der Gerade und Große wird krumm im Alter.

Wie eine Kerze am Morgen oder die Wintersonne:
Trübe und blass ist er im Alter.

Sein Kopf zittert in einer Richtung, während er in eine andere geht,
Er verliert die Kontrolle über seinen Körper im Alter.

Er wird als tot angesehen, was liegt daran,
Wenn er als lebendig angesehen wird im Alter?

Tot sein ist besser, denn nach dem Tod wird er wiedergeboren,Es ist keinem möglich, wieder jung zu werden im Alter.

Was er auch isst, kann er - wie Gift - nicht verdauen.
Er kann nichts essen oder trinken im Alter.

Was er auch sieht oder hört, gehört in seine Jugend,
Er kann weder sehen noch hören im Alter.

Oh **Rahman**, das Alter nimmt einem so sehr die Kräfte,
Selbst wenn einer ein **Rustam** ist, bedauert ihn das Herz im Alter.

D219

Ohne wahren Freund

Jeder Augenblick, den ich ohne wahren Freund verbringe,
Ist mir tausendmal leid ohne einen wahren Freund.

Zwar sagen die Leute, nichts sei besser als das Ich,
Ich bin jedoch wertlos ohne einen wahren Freund.

Wie eine Kerze, die am Tag stirbt und in der Nacht brennt,
Ist mein ganzes Leben ein Verlust ohne einen wahren Freund.

Für den Bülbül ist manchmal Frühling, manchmal Herbst,
Für mich ist immer Herbst ohne einen wahren Freund.

Auch wenn Licht wie Tau immer auf mich fallen sollte,
Wäre es wie ein Blitz ohne einen wahren Freund.

Ich habe vielen Trennungsschmerz überlebt,
Jetzt ist jeder Augenblick für mich schwer ohne einen wahren Freund.

Das Feuer der Liebe meiner Geliebten ist für mich wie eine Blume,
Die Blume brennt wie ein Feuer ohne einen wahren Freund.

In der Vereinigung haben mich weder Tod noch Fieber beunruhigt,
Jetzt sterbe ich jeden Augenblick ohne einen wahren Freund.

Ich staune über das Leben von Menschen,
Deren Leben leicht ist ohne einen wahren Freund.

Rahmans Herz kann bei niemandem Ruhe finden,
Er ist verwirrt ohne einen wahren Freund.

D220

Wo sind sie jetzt?

Oh Gott, wo sind diese wunderbaren, wunderbaren Menschen,Die innen wie außen ein reines Herz hatten?

Ich kann mich nicht mehr an ihnen freuen,
Ich weine um diese vorübergegangenen Leute.

Ich weiß nicht, wohin sie gegangen sind;
Die ich einmal sah, sind nicht mehr zu sehen.

Wie Schaum, der auf der Wasseroberfläche treibt,
Auf dieselbe Weise scheiden die Menschen der Welt.

Ich wünschte, sie könnten in die Welt zurückkommen,
Diejenigen, die die Welt ohne Erfüllung verlassen haben.

Tausendmal bedauere ich, dass sie mit dem Staub vermischt wurden,
Diejenigen, die nach Kräutern und Sandelholz dufteten.

Rahman fand Einsamkeit so köstlich,
Niemand fand jemals ein solches Entzücken in einer Menschenmenge.

D221

Gottes Wille

Auch wenn ein Mensch seine Intelligenz nicht falsch einschätzt,So
kann er doch selbst mit Verstand Gottes Willen nicht umgehen.

Das Vorbestimmte wird ihm unweigerlich geschehen,
Auch wenn er nicht an Schicksal glaubt.

Diejenigen, deren Glück wach ist, sind ohne Sorgen,
Selbst wenn sie selbst niemals wachsam und aufmerksam sind.

Wir sagen, jemand sei unwissend, wenn wir sagen,
Der Soundso mache keine Pläne.

Wenn wir selbst über Traurigkeit und Glück bestimmen könnten,
Würde es niemand so einrichten, dass er traurig ist.

Marifat Gottes ist in allem offenbar,
Möge derjenige, der das nicht einsieht, das Augenlicht verlieren.

Die Seele ist wie Feuer, der Leib wie eine Laterne,
Niemand kann Feuer in eine Laterne einsperren.

Die Menschen dieser Welt hängen alle voneinander ab,
Welcher König schmeichelt nicht seinem Minister?

Wo in der Welt gibt es eine Heirat oder Verlobung,
Die das Schicksal am Ende nicht traurig werden lässt?

Der Name Seines ***pir*** ist in aller Mund,
Aber was nützt es, wenn sie dem ***pir*** nicht folgen?

Dies sind zweifellos die Vorzeichen des Tages des Gerichts:
Wenn die Worte eines Vaters auf seinen Sohn keinen Eindruck machen.

Der Führer tut Dinge,
Die aus Scham kein Bandit begehen würde.

Einer, der mit Begräbnisgebeten einem Leichnam folgt,
Denkt nicht daran, dass er eines Tages selbst in solche Gebete eingeschlossen wird.

Sein ganzes Leben verbringt er mit weltlichen Angelegenheiten.Er bezieht sich keinen Augenblick auf Gott.

Er opfert Leib und Seele für seine Kinder,
Aber er unterstützt keinen Bettler mit auch nur einem einzigen Stück Brot.

Tut **Rahman** Unrecht, wenn er die Trennungsschreie hört,
Und seine Geliebte nicht ansieht?

D222

Ein Reisender sein

Wenn einer Hoffnung in die Bauwerke dieser Welt setzt,
Ist das, als zöge er Linien auf dem Wasser.

Eine Linie auf der Wasseroberfläche ist nicht von Dauer:
Er hält irrtümlich das Nichtseiende für die Wirklichkeit.

Die Törichten verloren ihre Religion zugunsten der Welt,
Wie ein Kind eine Perle gegen ein Stück Brot eintauscht.

Welt und Religion haben keine Verbindung zueinander,
Denn wie können Feuer und Wasser miteinander leben?

Isbq ist von jedem Gefühl der Lust frei,
Wie kann jemand die Aufgabe der Augen mit dem Mund erfüllen?

So wie die Aufgabe der Ohren eine andere als die der Augen ist,So unterscheiden sich die Regeln der Religion von denen der Welt.

Im Alter ist jugendliches Denken
Wie jemand, der im Herbstgarten umherschlendert.

Rahman hat kein anderes Ziel als deinen Hof,
Wie lange werden die Reisenden auf ihrer Reise bleiben?

D223

In einem Papierboot segeln

Wer dem Wesen dieser Welt traut,
Segelt in einem Papierboot auf dem Ozean.

Niemand hat das Himmelsross eingeritten,
Wie kann einer also auf dem Rücken des Windes reiten?

Weder kann man den Wolf Freundlichkeit lehren, Noch kann man vom Schicksal erwarten, dass es einem wohlwill.

Die Hoffnung auf die Treue des Schicksals ist vergeblich,
Seit wann ist ein Dämon einem Menschen treu ergeben?

Die Zeit behandelt den Islam und ***kufr*** als dasselbe,
Wie könnte der Blinde schwarz und weiß unterscheiden?

Ich sah mit meinen eigenen Augen eine Nachbildung der Welt,In jedem Augenblick werden tausend davon gemacht und zerstört.

Ich erwarte nichts vom Kreis der Tage,
Auch nicht, dass er mir bei seiner Drehung eine Chance gibt.

Niemand könnte das in seinem ganzen Leben sehen,
Was dieser Kreis mir jeden Augenblick antut.

Wenn ich einen Blumenstrauß in meinen Turban stecke,
Verwandelt mein elendes Aussehen ihn in Dornen.

Wenn ich Gold berühre, wird es zu Staub,
Wenn ich mich nach Staub sehne, macht er einen Bogen um mich.

Trennung wird zum Gottesgericht für mich. Ich habe keine Kraft.
Mein Herz weint zwecklos nach einem Anblick.

Woher kann ein Liebender so viel Geduld bekommen,
Dass er das heutige Versprechen bis morgen aufschieben kann?

Wenn du mich dazu bringen würdest, Kleider aus Feuer zu tragen,
Oh Geliebte, in meinen Augen würden sie wie Brokat leuchten.

Auch wenn Leute Böses über mich, da ich liebe, sagen,
Glaube ich doch, dass sie mich alle preisen.

Der Liebende ist selbst dafür verantwortlich, dass er getadelt wird. Es ist Sitte,
Dass Gesunde über Kranke lachen.

Leidenschaftliche Liebe ist weit von Ehre und Ruhm entfernt,Wie kann jemand bei hellem Tageslicht stehlen?

Auch wenn ich von meinem Glück Blumen erwarte,
Bekomme ich Armer doch Dornen statt Blumen.

Zwar meide ich die Menschen in meiner Liebe,
Aber mit der Zeit werde ich der Welt bekannt.

Der wird immer in der Welt Erfolg haben,
Der seine Geliebte wie ein Bülbül preist.

Rahman gibt auf das, was **Doulat** sagt, diese Antwort:
„Wenn die Geliebte mir nur unaufhörlich den Wein ihres Blickes zu trinken gibt!“

D224

Ich bin das Ziel

Zwar schmückt **Aurangzeb** seinen Thron und seine Krone,
Der Tod wird jedoch beide berauben und plündern.

Dessen guter oder schlechter Name wird in der Welt übrigbleiben,
Dessen Taten wie die von **Kisra** und **Hujaj** sind.

Die Augen vergießen Tränen zusätzlich zum Feuer des Herzens,Wer kann in solchem Zustand leben?

Trennung tut meinem Herzen das, was
Ein Adler einem Rebhuhn tut.

Meine Tränen stammen aus meinem Herzblut,
Wie Feuer Öl aus dem ***kabab*** zieht.

In meiner Traurigkeit bemerkte ich die ***Eid***-Feiern nicht,
Andere dagegen sehnen sich nach einer solchen Lustbarkeit.

Einem jeden Pfeil, der sein Ziel verfehlt,
Macht das Schicksal das Herz **Rahmans** zum Ziel.

D225

Weine um dich

Er zerschlägt mir den Mund mit der Faust,
Und zerkratzt mir das Herz mit den Nägeln.

Auch wenn ich aufschreie oder weine,
Bekümmert sich niemand darum.

Kommt und seht, oh Richter!
Das ist das Verhalten des Geliebten.

Wie eine Blume in der Hand eines Kindes
Wird mein Herz in Fetzen gerissen.

Durch ein Blinzeln seiner Augen
Werde ich verwundet, verwundet durch und durch.

Er reitet das Himmelsross
Und die Winde verrücken seinen Turban.

Sie haben überhaupt keine Wirkung auf ihn:
Qual und Schmerz des Verwundeten.

Jeder, der sich verliebt, oh **Rahman**,
Sollte in jeder Straße um sich selbst weinen.

D226

Wenn das Herz weint

Liebende beherzigen die Worte des Ratgebers nicht,
Ein liebestoller Elefant hört nicht auf seinen ***mahout***.

Ich akzeptiere alle Grausamkeit der Welt,
Solange Gott mich nicht von meiner Geliebten trennt.

Als sie von der Sorge der Blumen erfuhr,
Welkte die Blüte und lächelte nicht.

Der Brunnen bleibt nicht bestehen, wenn er der Flut im Weg steht.
Wenn das Herz weint, wie können die Augen da trocken bleiben?

Die ganze Welt wird von Idioten betrieben,
Damit die Weisen sich nicht an die Welt hängen.

Da ihr Herz an Luft gebunden ist,
Bleibt das Gefüge der Blase nicht bestehen.

Bedauernswert sind die, die ihren Glauben für die Welt verkaufen,
Ein kluger Mensch tut so etwas nicht.

Wenn jemand fragt: Wer ist weise?, sage ihm:
„Es sind die, die niemanden außer Gott lieben."

Der Grund dafür, dass Armut einen König heimsucht,
Ist, dass er Bettler nicht achtet.

Wenn der Liebende durch einen einzigen Blick geheilt werden kann,
Warum lässt ihm die Geliebte dann keine Behandlung zuteilwerden?

Wenn einer erst einmal sein Herz an seine Geliebte verloren hat,
Wird er nie mehr eine andere lieben.

Jeder, der die Stimme seiner Geliebten gehört hat,
Wird niemals wieder die Worte einer anderen hören.

Der wird niemals den Gipfel der Liebe erreichen,
Der nicht den Hof seines Herzens mit Tränen erleuchtet.

Ich, **Rahman**, weine glücklich um meine Geliebte,
Es sei denn, Gott würde einen Nebenbuhler zwischen uns erschaffen.

D227

Ein Bettler an deiner Tür

Jeder, der deine Straße zu seinem Himmel macht,
Dessen Stellung steigt höher als der Himmel.

Er wird sich wie ein König fühlen,
Wenn er zum Bettler an deiner Tür gemacht worden ist.

Als er zum Bettler an deiner Tür wurde,
Kehrte er seinem Königreich den Rücken.

Er bemerkte nichts außer deinem Gesicht,
Weder die Erde noch den Himmel.

Seine Liebe gilt deinem Gesicht,
Weder der Religion noch der Welt.

Für deine Zuneigung und Liebe
Opfert er sich und die ganze Welt.

Seine Familie und sein Haus in der Welt:
Er opfert sie für deine Liebe.

Er unterwirft sich deinem Willen
Und gibt seine eigenen Wünsche auf.

Auf welche Seite du auch dein Gesicht wendest,
Auf diese Seite wendet auch er sein Gesicht.

Jeden, den du nicht magst,
Den hasst er.

Jeden, den du liebst,
Den liebt auch er.

Wenn er jemals im Leben lacht,
Lacht er nur mit dir.

Wenn er jemals im Leben weint,
Weint er nur um dich.

Wenn sein Ziel ist, dir zu begegnen,
Beschäftigt er sich mit ***zikr***.

Das ist die Weise des Treuen;
Wenn irgendjemand wahrhaft lieben will.

Liebende, die lieben,
Tun alles, was **Rahman** gesagt hat.

D228

Schnell fliehen

Schnalle deinen Gürtel enger, ertrage Hunger,
Erwarte nicht, dass das Schicksal dich mit Nahrung versieht.

Jeder Bettler, der vom Himmel Nahrung erbettelt,
Könnte ebenso gut darum bitten, dass er den Mond in die Bettelschale gelegt bekommt.

Jeder, der erwartet, dass ihm das Schicksal Liebe gewährt,
Täte besser daran, es als Seuche zu betrachten.

Hagelkörner fallen mit dem Regen auf eine solche Weise,
Dass die Wunden, die sie schlagen, schlimmer als die von Gewehrschüssen sind.

Wenn das Schicksal sich auch zu jemandem freundlich verhält,Ist doch seine Grausamkeit schlimmer als die eines **Usbeken**.

Niemand wird sich mit etwas anderem als Zufriedenheit zufrieden geben,
Selbst wenn sein Haus voller Silber und Gold ist.

Niemand findet ohne Demut Vollkommenheit,
Nicht einmal, wenn er sein Zelt auf dem Thron Gottes aufgeschlagen hat.

Zwar ist die Welt für andere geräumig,
Für den geistig Beschränkten schrumpft sie jedoch auf die Größe eines winzigen Auges.

Freunde dieser Welt haben keine Liebe,
Ganz gleich, ob sie nun erhoben oder niedrig sind.

Bittere Tränen sind die Nahrung des Liebenden,
Möge niemand ohne Nahrung sein.

Sei nicht so zerstreut, **Rahman**!
Die Weltangelegenheiten fliehen schnell vorbei.

D229

Das dunkle Grab

Wenn ich an die Erde meines dunklen Grabes denke,
Habe ich keine Freude an Schlafen oder Essen.

Wenn die Freude an Schlafen und Essen vergangen ist,
Wird das Leben wie ein Tod.

Diejenigen, die *das* Leben nennen, haben Unrecht:
Ein Leben in Sorge verbracht.

Heute bin ich besser daran, wenn ich voll Staub bin und mein Mund voller Erde ist,
Wenn doch am Ende dieselbe Erde zu meiner Nahrung und Kleidung wird.

Vernünftig ist es für mich, mich lebendig in der Erde zu begraben,
Denn nach dem Tod ist mein Platz im Grab.

Ich gehe davon aus, dass vorbestimmte Ereignisse schon geschehen sind:
Ich bin tot, schon lange vor dem Tod.

Wenn das Herz gesund ist, wird das Hemd niemals zerreißen,Das
Hemd zeigt die Wunde des Herzens.

Bemühe dich darum, deinen Körper, deinen Gebetsplatz und deine Kleider reinzuhalten,
Wenn du davor dein Herz gereinigt hast.

Ein Mensch sollte innen wie außen derselbe sein,
Er sollte kein Äußeres von Gold und Inneres von Siegellack haben.

Ein Mensch sein bedeutet einfach, gutartig zu sein,
Und nicht Feder oder ***miswik*** im Turban stecken zu haben.

Die Angelegenheiten der Welt sind alle kurzlebig,
Ein oder zwei Tage lang sind sie glücklich, einige [Tage] aussichtslos.

Im einen Augenblick macht es einige glücklich, einige traurig:
So ist nun einmal das Schicksal.

Gott ist es, der das alles tut. Es gibt keinen anderen.
Was ist **Rahman**? Welche Autorität oder Einsicht besitzt er?

D230

Der Duft der Geliebten

Ohne meine Liebe kann mein Herz keinen Frieden finden,
Es wünscht sich Erfolg und will nicht aufgeben.

Leben ohne Not ist auf der Welt unmöglich,
Welches Pferd hat keine Kandare im Maul?

Auch an himmlischen Orten ist kein Frieden,
Deshalb streben die Frommen nicht nach Palast und Turm.

Manchmal setzt es dich auf den Thron, manchmal auf den Boden:
Das Schicksal handelt niemals nach deinem Willen.

Gott schuf nichts, was so unabhängig ist wie die Zeder,
Darum grüßen die Schönen sonst niemanden.

Gebirge und Wüste zittern aus Furcht vor dem Herbst,
Darum geht das Rebhuhn nicht im Garten umher.

Jeder, der seinen Kopf zur Anbetung der Geliebten gesenkt hat,Wird
seinen Kopf nie mehr vom Fußboden erheben.

Diejenigen, die wie Nomaden in Richtung der Geliebten gezogen sind,
Wallen wie das Meer und können niemals mehr anhalten.

Wie die Kerze kann der Liebende nicht aufhören,
Ehe nicht sein ganzer Körper vom Liebesfeuer verzehrt ist.

Diejenigen, die über den bloßen Duft der Geliebten
überglücklich sind,
Denken nicht daran, über einen Kuss zu sprechen.

Diejenigen, die die Süße roter Lippen entdeckt haben,
Lechzen nicht mehr nach dem Glas Wein.

Ihnen ist der Wein roter Lippen verboten,
Es sei denn, sie machten andere Vergnügen ***haram*** für sich.

Rahman kann seine Geliebte ebenso wenig anfechten,
Wie sich ein Sklave bei seinem Herrn entschuldigen kann.

D231

Meine Tränen

Die Tränen fließen mir übers Gesicht, um es zu waschen,
Das ist eine Ehre für mich.

Der Sprung im Herzen des Liebenden wird dem offenbar,
Der sich in seine Lage versetzt.

Das Gesicht der Leute ist vor der Schönen immer sauber,
Wenn die Liebe die Leute dazu veranlasst, in Strömen zu weinen.

Die Kerze hat akzeptiert, dass das Liebesfeuer auf ihrem Kopf brennt,
Wie kann die Motte sich dafür rühmen, dass sie verbrennt?

Die Blume beklagt sich nicht, wenn sie in ihrem Blut ertrinkt,Warum macht also der Bülbül so viel Geschrei und Gezeter?

Ich bin nicht dafür zu tadeln, dass ich mir in meiner Einsamkeit den Tod wünsche,
Trennung macht, dass ein Mensch schmerzlich weint.

Niemand hat durch schwere Arbeit Liebhaber gefunden,
Möge Gott sie **Rahman** gewähren.

D232

Auf der Oberfläche der Flut

Wenn die Blase ihr Zelt auf der Oberfläche der Flut aufschlägt,
Dann beobachte ihren Puff einen Augenblick lang.

Dem Schutz eines Unterschlupfs kann man nicht vertrauen,
Nicht einmal wenn er ein hölzernes Gerüst unter sich hat.

Alle unter dem Himmel werden unter ihm in Stücke zerschlagen
Außer denen, die höher als der Himmel sind.

Da Gott sie tatsächlich umgekehrt hat,
Kann niemand aus der Schale dieses Himmels essen.

Hüte dich davor, Hilfe von einem zu bekommen,
Der einem Feind geholfen hat, seinem Freund zu entkommen.

Komm! Stopfe dir den Mund mit Erde,
Ehe er mit dem Staub des Grabes gefüllt wird.

Der, dessen Mund mit dem Staub des Grabes gefüllt ist,
Kann nichts anderes mehr schmecken.

Andere gratulieren einander,
Rahman genügt die Gratulation seiner Geliebten.

D233

Von Grausamkeit vernichtet

Bis er von ihrer Grausamkeit vernichtet ist,
Hat der Liebende weder Liebe noch Vertrauen von seiner Geliebten.

Ich weiß, dass, selbst wenn ich für einen Kuss meinen Kopf opfern wollte,
Sie mein Angebot immer noch nicht annehmen würde.

Ein Heiliger, der seinem eigenen Willen folgt,
Wird niemals dem Willen anderer folgen.

Wenn sie nicht ihr eigenes Ziel erreicht,
Gehorcht die Schöne in ihrem Tun nicht einmal **Khizr**.

Zwar bete ich hundertmal in meinem Leben für ihn,
Aber er schenkt meinen Gebeten überhaupt keine Beachtung.

Zwar habe ich brennende Seufzer für ihn,
Er ist wie eine **Zypresse**, die sich nicht um den Herbst schert.

Zwar wünscht **Rahman**, dass Liebe ruhig sei,
Aber dieser Wunsch ist ganz falsch und nicht erlaubt.

D234

Für ihre Schönheit geopfert

Wenn mich jemand fragt, wie es mir bei der Trennung geht:
Mein Zustand ist Schwäche und Erschöpfung.

Ich beeile mich, einen Blick auf meine Geliebte zu werfen,
Denn ich kann nicht hoffen, ein weiteres Jahr am Leben zu bleiben.

Wenn ich nicht für ihre Schönheit und Eleganz geopfert werde,Werde ich durch die Schönheit der Geliebten beschämt.

Oh Ratgeber, gib mir keinen Rat!
In der Liebe gibt es weder Lohn noch Strafe.

Außer dem Lob der Schönheit meiner Geliebten –
Verlange keine andere Rede von mir!

Ich habe von nichts anderem in der Liebeslektion gelesen
Als von Flechten, struppigem Bart und Muttermal.

In dieser Welt und in der danach, mein Gott,
Beraube mich nicht der Begegnung mit der Geliebten.

Um dafür eine Begegnung einzutauschen, verweigere der Geliebten nicht meinen Kopf,
Diesen Befehl hat **Rahman** gegeben, oh Vermittler.

D235

Um das Schicksal spielen

Als ich meiner Geliebten die Augen zuwandte –
Mit eben diesen Augen vergoss ich Tränen von Blut.

Ich bekam gerechten Lohn für meine Handlung;
Es ist eine Regel, dass du erntest, was du säst.

Ihr Herz ist hundertmal tödlicher als ihre Augen,
Messer und Dolche werden immer mit Steinen geschliffen.

Welche Schäden wird er erst von anderen verlangen,
Wenn er sich selbst das Bein mit seinem Schwert abschlägt?

Von dem Augenblick an sah ich den Tod in deiner Liebe,
Als ich, der Bettler, das Königtum anstrebte.

Wer kann von der Schönen Liebe erwarten?
Seit wann trägt eine **Zypresse** Trauben?

Werde zu einem ***sandasi*** in seinem Hof und sitze felsenfest,
Reibe dir Haar um Haar Asche in die Locken.

Wenn er selbst das Schicksalsbuch in Händen hätte,
Wer würde dann ein böses Schicksal für sich akzeptieren?

Zwar gab er den Aufrechten Glück,
Die Verworfenen haben niemals Missgeschick verlangt.

Du erhebst einige aus Staub und Asche auf den Thron,
Andere wirfst du vom Thron wie Asche auf den Misthaufen.

Oh Geliebte, wenn du nicht vorhast, mit mir Freundschaft zu schließen,
Warum nähst du dann Rahman nicht die Augen zu?

Am Schöpfungstag wurde um Schicksal gespielt,
Einige verloren, **Rahman**, und andere gewannen.

D236

Dankbar für Leidenschaft

Die Trennung von dir machte mein Herz so schwach,
Dass es sich selbst vergessen hat.

Liebe hat es so oft gebrandmarkt,
Dass mein Herz ein Tulpengarten geworden ist.

Als du es in die Schlinge deiner Flechten legtest,
Wurde mein Herz auf schreckliche Weise eingefangen.

Deine Augen nahmen einen solchen Platz in ihm ein,
Dass mein Herz andere Augen ablehnte.

Es bettelt die Leute an und verlangt, dass sie für es beten:
Liebe verpflichtete ihnen mein Herz so sehr.

Niemand wird ohne Grund verletzt;
Aus welchem Grund hast du mein Herz misshandelt?

Ich, **Rahman,** bin für die Leidenschaft dankbar,
Denn sie hat mein Herz dazu veranlasst, die Geliebte zu lieben.

D337

Mach die Augen auf!

Einer, der seine Augen aus Stolz geschlossen hält –
Wie kann er diejenigen sehen, die er tötet und quält?

Er flucht mir ärgerlich und grob
Und betrachtet es doch als Freundlichkeit gegen mich.

Aus Stolz drückt er sich nur in Gesten aus,
Seine Zunge nennt niemals den Namen irgendeiner Person.

Wenn sie Knöpfe an ihr Hemd näht,
Beginnt der Liebende sich an die Brust zu schlagen.

Der Käufer verliert vor Staunen den Verstand,
Wenn sie die Pracht ihrer Schönheit in ihrem Laden ausstellt.

Wenn er sein Gesicht im Spiegel sieht,
Beginnt er, sich selbst zu prüfen.

Für jeden, der nach seiner Liebe strebt,
Ist es, als verkaufe er Religion und Glauben.

Sie kümmern sich nicht um irgendeines Menschen Wohlergehen oder Eigentum:
Ich habe mit eigenen Augen derartige Liebende gesehen.

Majnun eroberte das Land der Liebe erst,
Nachdem er sein Haus und sich selbst im Feuer verbrannt hatte.

Er ist nicht daran interessiert, seine Augen zu öffnen:
Wenn **Rahman** mit seinen Augen nicht die Geliebte sehen kann.

D238

Gott erreichen

Wenn du nicht die Barriere deines Körpers niederreißt, die zwischen euch liegt,
Wirst du Gott und den Propheten niemals erreichen.

Gott gab dir die Wahl, ob du der Religion oder der Welt folgen willst,
Von den beiden wähltest du die Welt.

Es gibt kein schlimmeres Unheil als die Gier
Und diese Katastrophe ist über dein Haus gekommen.

Du hast dich keinen einzigen Augenblick mit dem ***zikr*** Gottes beschäftigt,
Dein ganzes Leben lang bist du von deinen eigenen Problemen besessen.

Du verkaufst das ewige Leben für dieses zeitlich begrenzte,
Nach welcher Weisheitslehre nennst du, oh Dummer, dich klug?

Du hast dich vom Schöpfer ab- und dem Geschaffenen zugewendet,
Selbst jetzt nennst du, oh Dummer, dich klug.

Rat erscheint dir so bitter, wie er einem Jungen erscheint:
Dir, der du nach der Lieblichkeit der Welt schmachtest.

Auch wer nicht wie **Rahman** Freude an Kümmernis findet,
Wird doch niemals frei von der Kümmernis des Herzens sein.

D239

Schatz in der Wüste

Ich bin in Schmerz und Kummer um meine Freundin glücklich:
Wie eine Blume, die lächelt, wenn sie sich öffnet.

Kümmere dich nicht um meine Einsamkeit,
Denn Gott bewahrte mich wie einen Schatz in der Wüste.

Wie ein Baum voller Früchte im Wald,
So bin ich mitten in der Wüste sicher.

Kein einziges Haar meines Körpers ist ohne Liebe.
In jedem Augenblick bin ich der Wächter meiner Karawane.

Der Vogel der Vereinigung kam zu mir mit dem Korn der Tränen,
Ich bin wie Perlen und Diamanten um den Hals meiner Geliebten.

Der Segen meines vollkommenen Glaubens
Macht mich zu Schah Jehan, wenn ich neben dem Feuer des ***fakir***s sitze.

Bei meiner Suche fand ich Erleuchtung,
Tag und Nach wandere ich meinen Pfad wie die Sonne.

Wenn ich die schwarzen Flechten meiner Geliebten preise,
Gehe ich auf der langen Straße nach Hindustan.

Mein Körper ist ohne die Geliebte nichts wert,
Wie ein Laden, in dem keine Waren liegen.

Der Bülbül der Gier traut mir nicht,
Auf dem Gras der Armut bin ich ein Herbst-Zweig.

Für Liebende bin ich wie der Staub unter ihren Füßen,
Für die übrige Welt bin ich wie der Himmel über ihrem Kopf.

Für einen Blick meiner Geliebten opfere ich Leben und Besitz.
Hört zu, Leute, ich bin Abdur Rahman, der dafür bekannt ist.

Jeden Augenblick sehe ich neue Ausblicke,
Ich, **Rahman**, staune über Gottes Kräfte.

D240

Jeder, der sich auf dem Liebesweg verirrt hat

Meine gute Gesinnung lässt mich alle, die mir Übles wünschen, vergessen.
Ich bin so sanft wie Wasser und eine Strafe für das Feuer.

Ich erscheine jedem, als stimmte ich mit seinem eigenen Bild überein,
Wie ein Spiegel bin ich ohne Gesicht und ohne Heuchelei.

Zufriedenheit ist das seidene Kleid unter meinem geflickten Mantel,
Ich erscheine als Bettler, aber im Geheimen bin ich König der ganzen Welt.

Wie ein Blumenstrauß, der mit hundert Zungen schweigt,
Wie ein Duft spreche ich mit geschlossenem Mund.

Ich habe meine Geliebte durch Tränen gewonnen,
Wie der Tau bin ich Eines mit der Blume.

Ich bin an diesen weißen Kleidern zu erkennen,
Ich bin wie Wolken, wie eine Perle, wie ein Fluss.

Mein langes Leben verdanke ich meiner ehrlichen Keckheit,
Wie eine **Zypresse** bin ich immer frisch und grün.

Wenn sich jemand auf dem Liebesweg verirrt hat
Bin ich, **Rahman**, der Führer des Eigensinnigen.

D241

Sklave des Schönen

Zwar liebe ich meinen Geliebten auf tausenderlei Weisen in meinem Herzen.
Doch bin ich zerschmettert, weil ich meinen Geliebten immer noch nicht sehen kann.

Selbst wenn mein Geliebter mir hundertmal verspricht, sich mit mir zu treffen,
Veranlassen mich meine Sorgen dazu, ihm zu misstrauen.

Er braucht nicht viel Zeit, um grausam oder liebevoll zu sein,
Ich fürchte, der Geliebte hat seine Gunst an jemand anderen vergeben.

Wie kann man der Zuneigung des Treulosen trauen?
Gestern war ich König **Khusrau**, heute bin ich **Farhad**.

Selbst wenn der Geliebte mich anzündet,
Will ich an meinem Platz stehenbleiben wie eine Kerze.

Ohne meine Geliebte verstört mich der Frieden:
Ich bewege mich Tag und Nacht wie der Wind.

Selbst ich mein ganzes Leben lang meine Geliebte in den Armen halte,
Beklage ich mich über Angst vor Trennung.

Keinen Augenblick lang habe ich den Wunsch meines Herzens erfüllt,
Tatsächlich gab mir Gott keine Erfüllung.

Ein Jahr der Vereinigung baut mich auf.
Eine Woche der Trennung entwurzelt meine Seele.

Das einzige Ergebnis ist Traurigkeit,
Ich bin überrascht, dass das die Belohnung für Liebe ist.

Ich erwartete in der Vereinigung niemals Trennung,
Jetzt wundere ich mich über ein derartiges Übel.

Außer von der Liebe, die für meine Nase zu einem Seil wurde,
Bin ich aller Bindungen ledig.

Ich habe keine Wahl, wenn sie mich kaufen oder verkaufen,
Ich, **Rahman**, bin ein Sklave der Schönen.

D242

Trunken von **Saquis** Wein

Ich bin froh, dass ich im Scherz und in Sorgen um dich ertrunken bin,
Ich bin glücklich, dass ich in diesem Feuer machtlos und schwach bin.

Wenn ich im Wasser ertrinken und im Feuer verbrennen sollte,Bin ich glücklich im Feuer und Wasser roter Lippen,

Wenn darin die Züge des Gesichts meiner Geliebten beschrieben werden,
Bin ich glücklich, dass mein Kopf sich über ein solches Buch beugt.

Wenn ich dieses Geschwätz höre,
Ziehe ich doch das Liebeslied und die Melodie der ***rebab*** vor.

Lieber als die unerträgliche Anbetung des Heuchlers
Ist es mir, von **Saqi**s Wein betrunken zu sein.

Auch ohne Lehren, Gebetskette und Rezitationen
Bin ich glücklicher, wenn ich schlafe, als wenn ich wach bin.

Ich mag den Schatten des ***tooba***-Baumes nicht.
Ich lasse mich lieber wie ein ***kabab*** in den Flammen deines Gesichts verbrennen.

Wie groß auch das Verdienst des Schweigens ist,
Das Gespräch mit meiner Geliebten ist das, was mir gefällt.

Schmerz über den Kummer um meine Geliebte haben mich schwach gemacht,
Ich, **Rahman**, genieße es daher, Alkohol zu trinken.

D243

Ich hebe die Hände

Morgens und abends hebe ich die Hände und bete.
Ich bitte Gott um deine Liebe und Treue.

Glaube mir, ich lüge nicht,
Obwohl ich um deinetwillen sowohl die Wahrheit sage als auch lüge.

Nur du bringst mich zum Lachen und Weinen;
Wenn ich allein bin, lache oder weine ich nicht.

Wenn du es nicht bist, dann sag mir: Wer ist es?
Wer machte mich zu so einem Verrückten, so einem wie **Mujnun**?

Schlaf und Lachen gibt es im Land der Trennung nicht;
Wie kann ich in dieser Wüste von **Kerbala** ausruhen?

Jeden Tag, den ich in Sorge um dich verbringe,
Jeden Tag mache ich mir klar, dass ich einen heiligen Krieg führe.

Nicht ein einziges Haar meines Körpers beugt sich
Und doch bete ich dich heimlich in meinem Herzen an.

Zwar habe ich nur ein einziges Herz – ich habe es dir gegeben.Für andere werde ich weitere Herzen brauchen.

Als ich die Kleider der Liebe anzog,
Beunruhigte **Rahman** dieses Kleid.

D244

Tausch

Ich würde diesen Kummer um dich nicht für tausend Heilmittel einhandeln.
Ich würde wissentlich nicht solchen Gewinn gegen Verlust eintauschen.

Wenn jemand mir diese und die nächste Welt anböte,
Würde ich die Liebe zu dir weder für diese noch für jene hergeben.

Ich bin immer in einer Haltung, dich zu küssen,
Ich würde eine solche Mahlzeit nicht für Himmelsnahrung eintauschen.

Erst wenn mir ein Schwert in die Seite gestoßen worden ist,
Werde ich einem Nebenbuhler den Platz an deiner Seite einräumen.

Wenn ich deine Flechten nur ein einziges Mal halten könnteWürde ich kein einziges Haar für die ganze Welt hergeben.

Ehe ich nicht – wenn Gott es will - deine Augen sehe,
Übergebe ich mich nicht dem Todesengel.

Geliebte sind der Liebenden Glaube und Religion,
Ich würde niemandem meinen Glauben und meine Religion geben.

Andere Flechten sind im Vergleich zu deinen gar nichts,
Ich würde die Gartenblumen nicht gegen tote Zweige eintauschen.

Der Wein deiner Lippen ist **Rahman** so lange verboten,
Bis ich einen Becher meines Blutes dafür zum Tausch anbiete.

D245

Ich weiß nicht

Was ist das für ein Leben? Ich habe keine Ahnung,
Ist es ein Traum, eine Vision oder eine Illusion? Ich habe keine Ahnung.

Wenn ich als Dank für mein Blut einen Becher Wein bekomme,Ist es Wein oder mein Herzblut? Ich habe keine Ahnung.

Die Motte und der Bülbül haben mich verwirrt,
Ob dein Gesicht Feuer oder eine rote Blume ist, weiß ich nicht.

Ob ein Haar aus deinen Flechten von einem Kamm zerbrochen worden ist,
Oder mein ***narun*** herausgeschnitten worden ist, weiß ich nicht.

Liebe hat mich in einen solchen Zustand gebracht,
Ob das Vereinigung oder Trennung ist, weiß ich nicht.

Ich bin über die Gefühle meines Herzens schockiert,
Ob es Moses oder **Qarun** ist, weiß ich nicht.

Es machte **Rahmans** Gesicht bleicher als Safran,
Gott weiß, ob es Liebe oder die Pest ist: ich weiß es nicht.

D246

Ich weiß

Ich weiß, dass du neuen Wein getrunken hast.
Ich weiß, dass du Blumen auf deine Wangen gesät hast.

Zwar hast du deine Hände tausendmal mit ***henna*** rot gefärbt, Aber ich weiß doch, dass du sie in meinem Blut gewaschen hast.

Es ist nur ein Plan für meinen Tod,
Ich weiß, dass du meine Nebenbuhler dazu eingeladen hast.

Ich brauche keinen ***mullah***, der mir deinen Brief vorliest,
Ich weiß schon, was du über mich geschrieben hast.

Warum erzählst du mir von aller deiner Grausamkeit und Wildheit?
Ich habe das alles gesehen, ich verstehe.

Als du und der Nebenbuhler einander ein Ohr liehen,
Da weinte ich. Ich verstehe es.

Aus diesem Grund greifen Nebenbuhler **Rahman** an:
Weil du dich mit ihnen angefreundet hast.

D247

Rahman hat alles gesehen

Immerzu bewegt sich vor meinen Augen
Das Bild der Geliebten.

Meine schwarzen Augen sind rot geworden
Bei der Suche nach meiner Geliebten.

Außer dem Blut meiner Augen
Habe ich weder Wein noch Becher.

Auf der Suche nach der Geliebten
Fand ich keine Ruhe.

Gott machte das Grübchen ihres Kinns zu einem Brunnen,
Mit jedem Schritt gleite ich dort hinein.

Wenn ihr Grübchen der Sklave ihres Gesichts ist,
Bin ich ein Sklave dieses Sklaven.

Liebe umfasst zwar große Enttäuschung,
Und doch soll ich lieben.

Ich bin in der Liebe glücklich,
Ob nun berühmt oder berüchtigt.

Aus Liebe habe ich angenommen
Den Tadel von einer und von allen.

Im Austausch gegen meine Gebete
Verlange ich einen Fluch aus dem Mund der Geliebten.

Ihrem Fluch will ich opfern
Mein Gebet und meinen Gruß.

Ihre bitteren Worte sind für mich süßer
Als Rosinen und Mandeln.

Derjenige ist mein Messias,
Der mir Grüße von ihr bringt.

Das Gesicht der Geliebten ist der Vollmond,
Rahman hat alles gesehen.

D248

Die Grausamkeit der Geliebten

Wie lange noch soll ich die Grausamkeit meiner Geliebten ertragen?
Wie lange kann Wachs der Sonne widerstehen?

Es stimmt nicht, dass Liebe und Geduld miteinander zu vereinbaren sind,
Wie kann ich mich fälschlich damit brüsten?

Oh Ratgeber! Gib mir keinen Rat.
Ich säe eigenen Samen für mich.

Ich wusste, dass Liebe ein Feuer ist, aber Gott bewirkte, dass ich mich verliebte,
Ich warf mich wissentlich ins Feuer.

Gott lege meine Zügel in die Hände der Geliebten,
In welche Richtung sie mich auch ziehen wird, ich folge ihr.

Die Liebeshand der Geliebten fasst mein Hemd,
Ich habe in dieser Sache keine Entschuldigung anzubieten.

Geliebte haben Rechte über ihre Liebhaber,
Das ist ihr Recht, warum sollte ich es leugnen?

Einmal machte ich die Liebe zu meiner Geliebten zu meiner Pflicht,
Wie könnte ich mich von einer solchen Verpflichtung abwenden?

Ist das Leben, wenn ich die Geliebte nicht sehen kann?
Und doch lebe ich, **Rahman**, immer noch in der Welt.

D249

Das dunkle Grab

Du machst dir nie Sorgen über den Tod,
Welche Besorgnis bewirkte, dass du eine solche Sorge beiseite gelegt hast?

Du wirst alle anderen Sorgen vergessen,
Wenn dich dieses Unglück erst einmal befällt.

Wenn du morgen verwundet wirst und sie dann nicht einmal kaufen kannst:
Diese Salbe kannst du heute umsonst haben.

Du solltest die Salbe in Bereitschaft halten,
Bevor du vom Schwert des Todes verwundet wirst.

Wenn du den ***serai*** des Körpers verlässt, triff einige Vorkehrungen,
Es gibt keinen stärkeren ***serai*** als diesen.

Diesen Weg zu reisen ist nicht leicht,
Es gibt in jedem Augenblick, bei jedem Schritt Schwierigkeiten.

Wenn du Grausamkeit und Folter fürchtest,
Behandele andere nicht grausam.

Wenn du auf Gnade und Liebe hoffst,
Solltest auch du zu jedem freundlich sein.

Was du auch anderen antust, es kommt über dich selbst,
Kein Samen kann eine andere Frucht bringen.

Die Belohnung entspricht immer deinen Taten,
Diese beiden sind eng miteinander verbunden.

Jetzt kannst du dich entscheiden, ob du Gutes oder Böses tun willst,
Gutes und Böses, das du tust, werden durch die Feder überliefert.

Vergiss Gott nicht, wenn du Lebensmittelvorräte anlegst. Sei standhaft.
Die Nahrung des Menschen liegt vor ihm ausgebreitet.

Wenn du meinst, du kannst etwas durch Gier vermehren,
Wird es nicht einmal durch so viel wie ein Nadelöhr vermehrt.

Auch wenn du dich auf tausenderlei Weise bemühst,
Kannst du nicht bewirken, dass das Schicksal zunimmt oder abnimmt.

Du sollst keinen Wunsch und keine Gier haben. Denke an Gott!Er ist genug für die arabische und die nicht arabische Welt.

Anbetung deines Herrn ist deine Pflicht,
Nicht Armeen, Schätze, Land und Diener.

Ein Stück Brot und eine Decke sind genug für dich,
Alles Übrige ist offensichtlich Verschwendung.

Der Zweck der Nahrung ist, dich am Leben zu erhalten,
Nicht Fleisch, Reis mit Öl oder Weizen.

Der Zweck der Kleidung ist, dich zu bedecken,
Nicht Satin, Scharlachtuch, Krone oder Stickerei.

Wenn Gier dich überkommt, erinnere dich an den Tod.
Das ist die beste Behandlung einer solchen Krankheit.

Welches Heilmittel hast du für das dunkle Grab,
Wenn du dich jetzt sogar schon vor der Dunkelheit fürchtest?

Die Alten sollten nicht nachlässig sein,
Schlaf im Morgengrauen ist nicht erlaubt.

Sieh! Wenn eine Schlange sich ihrer Höhle nähert, richtet sie sich auf!
Du bist schon am Rande des Grabes und hast dich noch nicht aufgerichtet.

Du beugst dich immer über die Weltangelegenheiten,
Aber du beugst dich nicht im Gebet.

Wenn du ein Mensch bist, trauere im Voraus um dich,
Lange bevor andere um dich trauern.

Sei vernünftig, wenn andere dich beweinen,
Oh Törichter – warum bist du so selbstgefällig?

Wenn ich es nicht sage, denke selbst darüber nach.
Möge dein Haus zerstört werden! Bist du ein Tier oder ein Mensch?

Oh **Rahman**, so sehr du dich vor Gott schuldig bekennst;
Man wird keinen finden, der so sehr bereut wie du.

D250

Ich diene dem Geliebten

Auch wenn der Geliebte meinen Kopf mit einem Stein trifft,Gott bewahre, dass ich mich deshalb von ihm abwende.

Liebe und Ehre unterscheiden sich voneinander.
Wie lange soll ich mir noch um meinen Namen und meine Ehre Sorgen machen?

Gott machte es für mich süßer als Zucker,
Selbst wenn der Geliebte auf mich mit einem Pappelpfeil schießt.

Bei der Angelegenheit der Trennung von meinem Geliebten
Werde ich immer vom Schwert eines Engels an der Stirn getroffen.

Ich diene den Geliebten aus Liebe,
Und nicht für einen monatlichen Lohn von **Bahlol** oder **Aurangzeb**.

Grüner Rauch ist meine Krone, das Lagerfeuer mein Thron,
Ich bin ein ***mulang***-König meines eigenen Königreichs und stoße Rauch aus.

Mein Sinn für Achtsamkeit macht mich unvernünftig,
Deshalb nehme ich Hände voll ***chars***gegen meinen Trennungsschmerz.

Wie jemand, der die feine Nahrung der Welt isst,
Ebenso gut schmeckt mir der Staub der Straße meiner Geliebten.

Alles wird zu Gift, wenn es meine Kehle erreicht,
Wenn ich ohne meine Geliebte esse, selbst wenn es Kardamom und Nelken sind.

Wie lange soll ich, **Rahman**, noch in der Welt leben,
Und wie eine Motte über die brennenden Flammen flattern?

D251

In ihrem Grübchen ertrunken

Wenn sie ihre Schleier von ihren Gesichtern nehmen,
Wird Gott die Schönen belohnen.

Die Sonne kann nicht werden wie die Geliebte,
Selbst wenn es tausend Sonnen am Himmel gäbe.

Ich bin im Strudel ihres Grübchens ertrunken,
Möge sich niemand in einem solchen Strudel verlieren!

Ich bin vom Kummer um sie gequält,
Möge Gott niemanden in solche Qual stürzen!

Meine Worte machen überhaupt keinen Eindruck auf sie,
Selbst wenn ich Bücher über die Qual schriebe, die sie mir bereitet.

Mit einer einzigen Erwiderung weist sie tausend meiner flehentlichen Bitten zurück,
Auf diese Weise reagiert sie auf meine Fragen.

Die Tiefe ihrer List lässt sich nicht ergründen,
Denn wer kennt die Tiefe des Meeres?

Wenn ich meine Augen auch nur ein wenig schließe, beschimpft sie mich und sagt:
„Menschen, die lieben, schlafen niemals!“

Aller Wohlstand und alles Eigentum werden durch Wasser weggespült,
Die denen gehören, deren Augen Fluten vergießen.

Ich bin entzückt vom Bogen ihrer Augenbrauen,
Denn worin besteht die Verbindung zwischen Statuen und ***mehrab***?

Ich habe die Frömmigkeit abgelegt,
Als die Musiker zur ***rebab*** griffen.

Sie legt die roten Kleider an, oh **Rahman**,
Und schmiedet wieder Pläne für deine Ermordung.

D252

Die Nachricht von Rahmans Liebe

Ich werde verspottet, weil ich in der Liebe sorglos bin,
Das macht, dass mein Gesicht vor Ärger brennt.

Es ist nur das Fleisch der Herzen,
Das vom Schwert der Schönen durchbohrt wird.

Schon allein ihr Blick ist ein Löwe, der das Herz herausreißt,
Sie fordert mich ständig mit ihrer Stärke heraus.

Möge niemand durch den Vorwurf schwarzer Augen verdammt werden,
Es ist ein Tadel, der Nationen zerstört.

Du hast ein Feuer deiner Schönheit in der Welt angezündet,
Mit diesem Feuer hast du viele Häuser niedergebrannt.

Nebenbuhler nennen mich wegen meiner Liebe zur Geliebten einen Dieb,
Obwohl ich ihnen keinen Schaden getan habe.

Die Nachricht von **Rahmans** Liebe war so deutlich zu hören,
Dass sie in allen Städten einen Aufruhr anzettelte.

D253

Gedanken an dich

Gedanken an dich überwältigten mein Herz,
Um Gottes willen, komme ein bisschen auf mich zu.

Berücksichtige ein wenig meine vielen Tränen.
Warum habe ich einen solchen Strom von Tränen vergossen?

Keiner von denen, die unter deinem Zauber leben, wird sich davon erholen,
Selbst wenn sie tausend Zaubersprüche über sich singen.

Zwar blasen sie tausend Zaubersprüche über sich,
Doch sie können durch Beschwörung ihr Schicksal nicht ändern.

Niemand kann sein Schicksal loswerden,
Nicht einmal, wenn er das Heiligtum von **Mekka** betritt.

Das Ende kann nicht durch Anstrengung erreicht werden,
Es sei denn, Gott gewährt eine besondere Gunst.

Keiner, der durch den Schatz der Zufriedenheit bereichert wird,Wird sich jemals um ***darham*** oder ***dinar*** kümmern.

Er hält sein Versprechen nicht, dass er sich von der Schönen lösen wird,
Wie kann da noch jemand **Rahmans** Versprechungen trauen?

D254

Erdhügel

Die Lebenden verrichten ihr Werk in der Welt,
Erdhügel liegen auf den Toten.

Einige gehen barhäuptig und barfuß in die Erde,
Andere haben schräge Turbane auf dem Kopf.

Zwei Brüder können nicht glücklich zusammenleben,
Stattdessen quälen sie einander.

Auf einem Ast desselben Baumes
Wachsen im Garten sowohl Blüten als auch Dornen.

So viele scheiden jeden Tag von der Welt,
Dass niemand sie zählen oder beziffern kann.

Jeder ist einmal an der Reihe und das geht vorüber,
Niemand ist für immer an der Reihe.

Ich habe so viel Auf und Ab im Leben überlebt,
Niemand sollte nachlässig mit mir umgehen.

Trennung von den Geliebten trifft ihn in jedem Augenblick:
Es ist ein Schwertstreich für **Rahman**.

D255

Schlangen auf den Zweigen

Ich wünschte, ich könnte diese Gesichter nur ein einziges Mal sehen,
Die Gesichter von denen, die großgewachsen sind und lange Wimpern haben.

Großgewachsen mit langen Wimpern und langen Flechten,
Schmalen Lippen, kleinem Mund und kleinen Zähnen.

Ich will Sonne und Mond des Himmels für sie opfern,
Und alle roten Blumen auf der Erdoberfläche.

Wenn ich sie sehe, beginnen Tränen über mein Gesicht zu laufen;
Wenn der Frühling kommt, fällt Regen.

Wenn ich ihr Gesicht nur einmal mit meinen Augen sehen könnte,
Verspreche ich in meinem Herzen, ein Gelöbnis abzulegen.

In der Nacht der Trennung wird das rote Bett für mich zum Feuer,
Ich kann keine Sekunde lang bequem liegen.

Deine Flechten hängen über deine weißen Wangen
Wie Schlangen auf den Zweigen des Sandelholzbaums.

Wenn Gott ihm die Qual der Trennung erleichtern würde,
Wären andere Schmerzen für **Rahman** erträglich.

D256

Fehler

Wenn dein Gesicht nicht schwarz ist, oh Feind,
Ist der Spiegel meines Herzens nicht schmutzig.

Du, der du mich genau auf Fehler untersuchst,
Die Fehler hast du alle selbst, oh Fehler-Finder.

Jeder sieht im Spiegel sein eigenes Gesicht,
Er sieht, ob es sauber oder schmutzig ist.

Der Straßenkehrer ist dafür bekannt, dass er rechtmäßige Arbeit verrichtet,
Gutmeinende Leute machen ihn dafür nicht schlecht.

Ich fürchte es, wenn du schlecht von anderen sprichst,
In dem Fall, wenn dein eigenes Laster zutage liegt.

Deine Schuld wird zuerst vor denen offenbar,
Die du mit anderen Fehlern verleumdet hast.

Du wirst ernten, was du gesät hast:
Jeder Baum trägt die ihm eigenen Früchte.

Wenn du deine Fehler verbergen willst, **Rahman**,
Dann suche bei anderen nicht weiter nach Fehlern.

D257

Gott aller Völker

Ich hatte mich entschlossen, mich nicht in die Schöne zu verlieben,
Liebe zur Schönen trocknet das Körperblut aus.

Gott bestimmte mich von Anfang an für die Liebe,
Ich bin mit dieser Zuteilung zufrieden, ob sie nun bitter oder süß ist.

Ob Gift oder Zucker, beides schmeckst du in deinem eigenen Mund,
Niemand kann Honig im Mund eines anderen schmecken.

So wie der Boden unter einem Feuer immer verbrannt ist,
So sind die Gesunden bloße Zuschauer der Kranken.

Ermutigung durch mein Haus und mein Dorf ist nutzlos:
Edel ist der, der die Mutlosen von der Last ihres Schmerzes befreit.

Ich kümmere mich nicht um andere. Ich fühle mich dem verpflichtet,
Der mir eine Nachricht von meiner Geliebten bringt.

Wie lange wird mich dieser Schmerz brennen?
Wie lange werde ich Schmerzenstränen weinen?

Rahmans Kopf wird vom scharfen Schwert der Trennung abgeschlagen,
Sei sein Wächter, oh Gott aller Völker!

D258

Aziz Khan

Wie können sich die Lippen des Liebhabers mit der Qual des Liebenden vergleichen?
Wie können sich rote Beeren mit dem Rubin von **Badakshan** vergleichen?

Liebe ist rein, ohne sinnliches Begehren.
Wie kann sich Begierde mit der Liebe zu einem Grübchen vergleichen?

Eine Prostituierte unterscheidet sich stark von einer frommen Frau,
Backfische können sich nicht mit Witwen und Waisen vergleichen.

Alle die, die Religion für die Welt eintauschen, sind Narren,
Wie können sich fünf Tage mit dem ewigen Leben vergleichen?

Wir wollen Gedanken von Gier und Begierde gegen Zufriedenheit tauschen,
Wie kann sich Ägypten mit dem Sklavendorf vergleichen?

Die ***Khans*** können nicht mit den ***malungs*** zusammenleben,
Wie kann sich **Aziz Khan** mit dem ***malung*** **Abdur Rahman** vergleichen?

D259

Rahman wird zum Himmel

Wenn die Trennung vor der Liebe käme,
Hätte ich mich niemandem angeschlossen.

Als ich meine Geliebte mit eigenen Augen sah,
Dachte ich, ich würde in diesem Augenblick das Leben gewinnen.

Mir war nicht bewusst, dass das Geschenk des Schicksals so unzuverlässig sei
Oder dass es mich so bald verlassen würde.

Als ich heute die Lage sah,
Wurde mir klar, dass gestern ein besserer Tag war als heute.

Ich danke Gott für jede Sorge, die über mich kommt;
Die Liebe bringt mich so weit, dass ich lahmgelegt bin.

Selbst wenn ich Bedauern empfinde, nützt es nichts,
Die Angelegenheit ist jetzt außerhalb unserer Reichweite.

Wie die Sonne, die im vierten Himmel scheint,
So hat seine Liebe den Schleier von mir genommen.

Der eine, der mir ein schönes Gesicht zeigte,
Lass ihn jetzt auf dem Himmelsross reiten.

Wie kannst du in einer solchen Lage geduldig sein,
Wenn der Feind überglücklich ist und du mutlos bist?

Selbst wenn Geduld einen schwarzen Stein in einen Rubin verwandelt,
Mache keinen Rubin nicht durch solches Herzzerbrechen.

Die Vergnügungen der Welt sind mir verboten,
Ich wandere wie Ameisen weiter in der Nacht.

Wenn er nur einmal wie ich werden würde,
Derjenige, der mich in Geduld und Frieden unterrichtet.

Rahman fühlt sich wie der Himmel erhoben,
Wenn er mit hängendem Kopf über dich nachdenkt.

D260

Am Grabe

Auch wenn Könige und Kaiser sie schnell verließen:
Dadurch verarmte die Welt nicht im Geringsten.

Auch wenn Tausende über Tausende jeden Augenblick sterben,Tausende werden in jedem Augenblick neu geboren.

Es gibt keine Strichliste ihrer Abreisen und ihrer Ankünfte,
Sie sind wie die Strömung eines unergründlichen Ozeans.

Niemand lässt sich vom Leiden der anderen bewegen,
Der Einzige, der es empfindet, ist der, über den es kommt.

Ein so Großer wie der Prophet verschwand aus dieser Welt,
Und doch ging die Welt durch die Trennung nicht zugrunde.

Wenn solche Menschen wie er unter die Erde gekommen sind,
Wer wird sich dann noch an solche Hunde wie dich und mich erinnern?

Wenn ich die Erde der ganzen Welt durchsieben sollte,
Würde ich weder **Dara** noch **Shah Jehan** wiederfinden.

Nicht einmal ein Hinweis auf den Namen und den Rang bleibtVon denen, die Anspruch auf Namen und Ruhm erhoben.

Wenn ich liege, gehe und sieh selbst:
Deinen Vater und Großvater auf dem Friedhof.

Die dir beide Augen küssten –
Sieh, was aus diesen Mündern und Lippen geworden ist.

Jene, die dich immer mit „***Qurban***“, Liebling, anredeten,
Können sie dich jetzt noch „***Qurban***“ nennen?

Ich bin erstaunt, dass durch **Rahmans** feuriges Gedicht
Sein ***diwan*** noch nicht Feuer gefangen hat.

D261

Auf der Suche nach dir

In der Liebe zu dir vergaß ich mich selbst
Und ich vergaß sogar das ewige Leben.

Ich bin so glücklich, dass ich im Staub deiner Tür liege;
Kein Mitglied eines Königshauses hat solchen Luxus und solches Vergnügen.

Ich trage eine solche Last von Schmerz um dich,
Dass nicht einmal ein starker Mann sie hochheben könnte.

Ich bin so betäubt durch die Liebe zu dir,
Dass mir weder Sinn noch Verstand bewusst sind.

Die Liebe zu dir macht mich betrunken ohne Wein,
Sodass ich weder Erde noch Himmel wahrnehme.

Wie kannst du mir [deine Gegenwart] im nächsten Jahr versprechen,
Da ich doch keinen einzigen Augenblick ohne dich verbringen kann?

Ich verbringe mein ganzes Leben auf der Suche nach dir,
Ich suche in jeder Stadt und jedem Hinterland nach dir.

Ob du ihn nun von deiner Tür vertreibst oder ihm zu bleiben erlaubst:
Abdur Rahman ist deinem Antlitz tief ergeben.

D262

Manchmal grob, manchmal freundlich

Du bist manchmal grob, manchmal freundlich,
Ist das Hass oder Gnade für den Liebenden?

Niemand kann aus deiner Laune schließen, was du tun wirst:
Manchmal zeigst du Grausamkeit, manchmal Freundlichkeit.

Gesundheit oder Krankheit des Liebenden gründen sich ganz allein auf dich.
Es ist eine Lüge, dass das von Vereinigung oder Trennung kommt.

Wenn Lippen süßer als Zucker sind,
Stört es die Liebenden nicht, wenn sie von diesen Lippen verflucht werden.

Die Schöne schenkt niemandem Aufmerksamkeit;
Die **Zypresse** wird ihren Wipfel niemals beugen.

Die Art Schönheit, die du besitzt –
Kein Mensch besitzt eine derartige Schönheit.

Oh Geliebte, warum bist du so feindselig geworden,
Dass Liebende von deinem übermäßigen Stolz getötet werden?

Jeden, den deine Macht erreicht –
Die Macht der ganzen Welt kann nicht bis dorthin reichen.

Deine Grausamkeit beraubt sie des Mutes, auch nur zu seufzen,Auch wenn das Land der Liebenden zerstört ist.

Der Liebende wird durch den Schmerz um dich elend,
Möge Gott niemanden so unglücklich machen!

Ebenso wie die Vergnügen der Vereinigung mutmaßlich groß sind,
So ist Trennung ein dementsprechendes hartes Gefängnis.

Jedes Mal auf deinem Gesicht ist wie die Sonne,
Denn die ganze Welt wird dadurch erleuchtet.

Alle Blumen lachten vor Freude,
Als sie den Garten deiner Schönheit sahen.

Sie werden dem Liebenden keinen Rat geben:
Wenn die Einsiedler erst einmal deine Schönheit erkannt haben.

Dein Gesicht hat die Farbe roter Blumen,
Deine schwarzen Flechten sind Zweige süßen Basilikums.

Das Wachstum eines neuen Flaums ist schön,
So schön wie die kleinen Buchstaben des Koran.

Es ist sehr gefährlich, in einen Brunnen zu fallen,
Aber der Brunnen deines Grübchens ist recht sicher.

Zwar sind Perlen leuchtend weiß,
Aber die Perlen wirken dunkel, wenn deine Zähne zu sehen sind.

Du bist der König der Schönen, oh Geliebter,
Die anderen Schönheiten sind deine Diener.

Wenn die anderen Schönen wie Sterne sind,
Ist dein schimmernder Leib wie die Sonne.

Jeder, der zu hören ist, sagt,
Dass deine Schönheit nicht den kleinsten Fehler hat.

Rahmans Worte werden Perlen und Rubine genannt,
Weil er von deinen roten Lippen sprach.

D263

Die Prüfungen der Trennung

Wie kann ich die Prüfungen der Trennung errechnen?
Sie sind so zahlreich wie die Sandkörner der Wüste.

Ich hatte keine Kraft, der menschlichen Feindschaft ins Auge zu sehen,
Gott jedoch brachte die Feindschaft des Schicksals über mich.

Als wenn man einer Ameise eine Kamellast auflädt,
Ebenso schwach bin ich in meinem Kummer.

Das Feuer der Trennung regnet auf mich,
Wer hat jemals ein solches Feuer gesehen?

Die Schmerzen um meine Geliebte könnte ein Mann berechnen,
Der die Haare auf seinem Körper gezählt hat.

Wenn jemand nach meiner Verfassung bei der Trennung fragt,Sollte er sich die Menschen in der Hölle vorstellen.

Mein ruheloser Geist flog in Richtung meiner Geliebten,
Mein leerer Körper wurde fassungslos an seinem Ort zurückgelassen.

Der Charme der Geliebten nahm mir das Herz weg,
Ich bin sprachlos wie eine großäugige Statue in der Mauer.

Ich dachte, treue Herzen wären der Thron Gottes, und wusste nicht,
Dass Leidenschaft mir das Herz vernichten würde.

Seine Liebe machte mich so unvernünftig,
Dass ich allen Sinn und Verstand verloren habe.

Von allen Seiten werde ich mit Tadel verdammt,
Die ganze Welt häuft Tadel auf mich.

Jemand, der diesen Zustand nicht durchlaufen hat:
Wie sollte der sich durch **Rahmans** Rede rühren lassen?

D264

Verliebe dich nicht!

Liebe, fort mit ihr! Auch ihr Name und die Erinnerung an sie!
Sie machte mich so bettelarm wie Staub in der Wüste.

Im Liebesgeschäft opferte ich Leib und Seele.
Oh, dass Gott diese Not auf meine Kosten leicht machen könnte!

Ich bin vom tödlichen Strudel der Liebe eingesogen,
Ich kann weder vorwärts noch rückwärts.

Auch wenn ich einem Arzt die Liebeskrankheit nenne,
So können mir doch weder Ärzte noch ***hakims*** etwas dagegen verschreiben.

Komm, **Rahman**, verliebe dich nicht! Wenn du es doch tust,
Wirst du für immer, auch wenn du König der Welt würdest, auf dem Feuer schmoren.

D265

Khans

Khans und Könige dieser Welt
Verlassen sie schließlich elend und bestürzt.

Sie sind durch das Seil des Todes gebunden
Ebenso wie Gefangene.

Ihr liebes Leben verlässt sie,
Dagegen sind sie wehrlos.

Wenn sie auch ihren Reichtum und ihr Königtum anbieten,
Werden sie trotzdem keinen Frieden finden.

Sie haben weder Freunde noch Unterstützer,
Wenn die Qual über sie kommt.

Sie stehen wehrlos davor:
Sowohl Minister als auch Rechtsgelehrte.

Da sie unfähig sind, sie auf irgendeine Weise zu behandeln,
Sind die Ärzte niedergeschlagen.

Sie lassen ihr Königreich zurück,
Ihr Herz zerspringt aus großer Sorge.

Wenn ihre Seele den Körper verlässt,
Beklagen ihre Söhne ihren Tod.

Sie klagen eine Weile um sie,
Dann beruhigen sich die armen Dinger.

Dann nehmen sie den Leichnam, um ihn zu waschen,
Er liegt da nackt auf dem Brett.

Seine Kleider gefallen ihnen:
Den Wäschern und Badern der Toten.

Wenn sie von seinem Grab zurückkommen,
Tragen seine Erben sein Eigentum fort.

Sie erheben Anspruch auf seinen Thron:
Sowohl Freunde als auch Feinde.

Seine Konkubinen werden fortgetragen
Von seinen eigenen Freunden.

Jede Spur von ihm und sein Name sind verloren,
Als ob er nie existiert hätte.

Weder bleibt ein Bild von ihm
Noch wird er in der Welt genannt.

Diese Welt ist ein fließender Strom
Und auf fließendes Wasser kann kein Eindruck gemacht werden.

Hätte er es auch auf tausenderlei Weise erbaut:
Am Ende wird sein Haus zerstört.

Sie werden wie der Wind vergehen:
Diese Zeit und dieses Zeitalter.

Dieser Bericht ist lang und ausführlich:
Rahman hat ihn gekürzt.

D266

Ich durchsuchte die Wüsten

Wie sehr ich auch Wüsten und Dörfer durchsuchte,
Ich fand dort keinen Hinweis auf die Verstorbenen.

Gott weiß, wohin sie gingen und in welchem Zustand sie sind,Ich
habe keine Ahnung von denen, die von der Klippe gefallen sind.

Diese Melancholie bricht mir das Herz in Stücke. Wenn ihr es wisst,
Gebt es an mich weiter, oh Gottbeschützte!

Wohin wirst du danach gehen? Was ist deine Bestimmung?
Sag mir – du, der du in den ***serai***der Welt gekommen bist.

Ich werde durch euch vielleicht annehmbar:
Betet für mich in Gottes Hof, oh Annehmbare!

Ich weiß nicht, was in meinem Schicksalsbuch geschrieben steht,
Ich, **Rahman**, mache mir über diese Schönheiten Sorgen.

D267

Trennungsklage

Meine schwarzen Augen wurden von der Trennungsklage weiß,Dann bekamen sie vom Blut meines Herzens wieder Farbe.

Ich dachte, ich würde meine Freunde noch sehen,
Ich wusste nicht, dass ihre Abreise bereits festgesetzt war.

Einige warfen sich wie Motten ins Feuer,
Andere leben weiter, gebrannt wie der Bülbül.

Die Toten durchlitten die Todesqual,
Während die Lebenden lebend noch elend sind.

Die Todessoldaten unternahmen einen Angriff,
Sodass Tausende von **Khusraus** und **Shirins** Männern zertreten wurden.

Er, der für seine Liebe in den Himmel trat,
Ein solcher Schatz wird jetzt unter Erde begraben.

Menschen, die gewöhnlich auf Hermelinfellen schliefen,
Liegen jetzt ohne Bett und Kissen auf dem Erdboden.

Warum sollte **Rahmans** Herz nicht bestürzt sein,
Wenn Finsternis alle seine Freunde umgibt?

D268

Die Taverne in Brand stecken

Als du deine Lippen mit Wein beflecktest,
Stecktest du damit die Taverne in Brand.

Als du aus deinen gewölbten Augenbrauen einen Bogen machtest,
Geschah das nur, um das Wild im Schutzgebiet zu jagen.

Als du deine Flechten Ketten nanntest,
Wittertest du die Gemüter der Verrückten.

Als der Staub der neuen Stoppeln auf deinem Gesicht erschien,Fühlte sich die demütige Religionsgemeinschaft erhoben.

Gebogene Pfeile verfehlen ihr Ziel immer,
Aber ich wurde durch deine gebogenen Wimpern verletzt.

Wer Uneinigkeit zwischen mich und meine Geliebte bringt:Möge der Blitz die Häuser solcher Bösewichte treffen!

Wenn eine meiner Bitten jemals von Gott erhört wird,
Dann bitte ich um das Leben der Geliebten.

Dein roter Nasenring sieht auf deinen Lippen schön aus,
Wie der von einem Kaligraphen geschriebene Buchstabe ***jeem***.

Dein Schmuck ruht anziehend auf deiner Stirn,
Dein Schönheitsmal ist ein Wächter der Schönen.

Deine beiden Waffen sind gezogene ägyptische Schwerter.
Ich weiß, du wirst den Armen den Kopf abschlagen.

Rahman bedauert sich selbst für seine Liebe zu dir,
Wie eine Kerze auf dem Grab des Märtyrers brennt.

D269

Das Schwert deiner Augen

Jene, die durch das Schwert deiner Augen geschlachtet wurden,Sie sind die Häuptlinge aller Märtyrer.

Vereinigung mit dir ist etwas für die Enthaupteten, oh Geliebte,Die Lebenden können vor ihrem Tod den Himmel nicht finden.

Die Kraft des Dschinns schadet dem Weisen,
Es ist ein Ort für barhäuptige Verrückte.

Ein ummauerter Palast hat kein Sonnenlicht,Aber dieser Segen ist auf die im Freien herabgestiegen.

Aus meinen Augen tropft Blut, weil ihnen
Die Farbe deiner Lippen aufgeprägt ist.

Das moschusartige Mal auf deinen roten Lippen erscheint
Ebenso schön wie ein Schatz-Kennzeichen auf Perlen und roten Korallen.

Oh **Rahman**, alles außer der Geliebten
Ist nur ***kufr*** in der Religion der Liebe.

D270

Die Schlinge schwarzer Flechten

Indem sie mich andauernd in die Ohren zwickten,
Wurden die Hände des Schicksals bis zum Ellenbogen müde.

So starker Trennungsschmerz überkam mich,
Dass ich ihn weder durch Worte noch durch Schrift messen kann.

Jene Augen sind groß und verführerisch,
Sie sind scharfe Schwerter, um mich zu töten.

Jene Lippen, die süßer als Zucker sind,
Gaben mir nichts außer Flüchen.

Jene gebogenen Wimpern und gewölbten Augenbrauen:
Sie tun nichts weiter, als seitenlange Pfeile abzuschießen.

Am Abend rötet sie ihre Hände mit dem Blut des Geliebten,
Am Morgen streicht sie Henna auf ihre Hände.

Ich bin nicht sicher, ob von der Hand meiner Mörderin
Oder woher sonst ein kleiner Zweig mit roten Rosen im Garten aufschoss.

Ich wünschte, sie stürben ohne Erfüllung,
Da sie Büschel schöner Blumen ermordeten.

Er wurde so fest mit den Schlingen schwarzer Flechten gebunden,
Dass ich mich wundere, dass **Rahman** entkam.

271

Vögel weinen auf Rahman

Wieder wendest du dein Gesicht ab. Was für ein Unglück ist geschehen?
Von welcher Seite ist dieses Unheil gekommen?

Ist es nur meine Geliebte, die weder Liebe noch Treue kenntOder ist die ganze Welt unfreundlich und treulos geworden?

Damit ich vor Gott weder Scheu noch Angst habe,
Hat mir das Schicksal eine solche Geliebte gegeben.

Ich bin erstaunt, wenn ich ihre Schönheit betrachte,
Und dass mir eine solche Offenbarung zuteilwerden konnte.

Sie ist ohne Grenze und Maß:
Meine Ungeduld, sie wird weiterhin immer stärker.

Ich konnte bei der Suche nach ihm keinen Frieden finden,
Frieden wurde in meiner Religion ungesetzlich.

Ich hatte mit einem Gebet den Pfeil angelegt,
Aber verfehlt, das Ziel nicht getroffen.

Wie eine leere Mandel ohne Kern
Wurde mein Gebet töricht und brachte keinen Gewinn.

Ich betrieb meine Leidenschaftsangelegenheit heimlich weiter.
Das Geheimnis wurde der ganzen Welt bekannt.

Welchen Vorteil werde ich aus einem Geschäft auf Kredit ziehen,
Wenn Bargeld in meiner Hand zu Kredit wurde?

Die Tür zur Rückkehrwurde mir verschlossen,
In meinem Schicksal gab es keine andere. So hat es sich herausgestellt.

Gott gab jedem sein eigenes Schicksal,
Mein Schicksal wurde die Liebe zur Geliebten.

Wie wird sie in der Falle des Kampfes gefangen?
Denn meine Geliebte wurde wie der ***onqa***.

Es verwandelte meine blassen Wangen von Staub in Gold,
Es war nicht Liebe, sondern Alchemie für mich.

Welche Magie legte Gott in die Liebe zur Geliebten,
Dass sie sowohl Qual als auch Trost für den Liebenden wurde?

Dies ist kein Regen, der vom Himmel fällt,
Sondern es sind Vögel, die auf **Rahman** weinen.

D272

Frische Liebe

Ich bin ebenso frisch in der Liebe zu dir, oh Liebende,
Wie Gras, das Feuchtigkeit frisch gemacht hat.

Ich würde meine Augen lieber verlieren, als die Tränen aus ihnen wischen,
Wenn dieses Weinen nur meine Geliebte erfrischen könnte.

Was kümmern mich alle Angelegenheiten von irgendjemandem außer denen der Geliebten?
Jeder wird von seinem eigenen Geist neu belebt.

Die neuen Schmerzen des Liebenden lassen Vertrautheit entstehen,
Wie frische Salbe eine Verbrennung heilt.

Sei nicht bestürzt, wenn dein Herz vom Schmerz gespalten wird,Erneuern Kaligraphen nicht ihre Federn, indem sie sie spalten?

Freunde sind schöne Blumen, **Rahman**,
Trennung lässt die meisten von ihnen welken. Einige bleiben frisch.

D273

Mansur

Den größten Teil meines Lebens habe ich nutzlos in der Welt verbracht,
Jetzt will ich dort sein, wo die Schönen sind.

Ich hatte nichts davon, ein ***sheikh*** zu sein, oder auch von meiner Rechtschaffenheit,
Von jetzt ist es an der Zeit, dass ich in der Taverne das tue, was ich will.

Der ***sheikh*** beschäftigt sich mit Gebeten, Ritualen und ***zikr***,
Ich dagegen mit **Saqi**s Becher, mit Musik und Gesang.

Ich staune über die Anbeter und sie über mich;
Der Verrückte lacht über das Dorf, das Dorf über den Verrückten.

Möge der Schatz des Weisen für eine einzige Träne des Liebenden geopfert werden,

Eine Wagenladung Klugheit entspricht nicht einem einzigen Körnchen Liebe.

Das Schwert der Geliebten, das dem Liebenden die Kehle durchschneidet,
Schmeckt so gut wie ein Becher Wein.

Ich werde Gott in der Vereinigung mit der Geliebten erreichen,In der **Ka'aba** oder im Tempel habe ich keine andere Absicht.

Da ich betört bin, bin ich mit dem bloßen Duft der Geliebten zufrieden,So wie feuchte Erde nur wenig Wasser braucht.

Der Anbetende betet nur an, um einen einzigen Himmel zu gewinnen,
Er ist unfähig dazu, sich für die Stirnlocken der Geliebten zu opfern.

Sieh, Rahman, lass dich nicht wie **Mansur** aufknüpfen:
Sprich nicht so schamlos und unbeherrscht von Liebe.

Es kann keine Andeutung von Liebe oder einen Hinweis darauf geben, **Rahman**,
Wenn du Liebe gewinnen willst, geh zugrunde!

D274

Der Zustand der Liebenden

Den Zustand der Liebenden sollte man zur Kenntnis nehmen;Am Schrein der Märtyrer sollte man vorübergehen.

Wer fragt nach dem Zustand des Schülers, wenn nicht sein ***murshid***?
Nur einen Vater sollte die Not seines Sohnes verletzen.

Es ist schwer, die Geliebte ohne einen Mittelsmann zu erreichen.
Es muss einen Führer geben, der einen zur Straße der Schönen führt.

Niemand hat ohne Geschick Reichtum erworben,
Denn Geschick hat den Ausgezeichneten gedient.

Ich kann es nicht vermeiden, deine Augen zu sehen,
Aber der Heimtücke der Gottlosen sollte man aus dem Weg gehen.

Es ist gut, dass Gott die Augen der Schönen so liebevoll machte,Sodass sie die Herzen der Mitleidlosen beeinflussen können.

Nicht jedes Herz wird durch deinen Fehler gesegnet:
Diese Krone sollte nur die Häupter der Heiligen zieren.

Es ist schade, dass die Geliebte nicht zu **Rahman** kam:
Könige sollten Bettler besuchen.

D275

Alle drei sind gleich

Das Antlitz der Geliebten, die Sonne und der Mond sind alle drei dasselbe,
Ihre Größe, **Zypresse** und Pinie sind alle ein und dasselbe.

Ich brauche weder Zucker noch Honig,
Die Lippen der Geliebten, Honig und Zucker sind alle dasselbe.

Wenn ich ohne meine Geliebte auf einer Matratze liege,
Sind Feuer, Dornen und diese Matratze ein und dasselbe.

Wenn ich auf Tür und Mauer sehe:
Obstgarten, Garten und diese Tür sind alle ein und dasselbe.

Möge niemand von der Gleichgültigkeit der Geliebten erfahren,Denn
Angriff, Mord und diese Nachricht sind ein und dasselbe.

Wenn der Staub ihrer Straße auf mich fällt,
Sind dieser Staub, Moschus und ***anbur*** ein und dasselbe.

Im Augenblick, in dem ein Mensch die Welt verlässt,
Sind schwarze Erde, Gold und Silber ein und dasselbe.

Ein ***qalandar***, der ein wahrer ***qalandar*** ist:
Khan, König und ***qalandar*** sind ein und dasselbe.

Möge niemand in ein fremdes Land gehen,
Wo der Blinde, der Taube und ein Seher ein und dasselbe sind.

Ein Ort, an dem du weder einen Freund noch einen Bekannten hast:
Diese Stadt, das Meer und die Wüste sind ein und dasselbe.

Im Laden des blinden Schmuckhändlers
Sind Glasperle, Perle und Diamant ein und dasselbe.

Junge Männer sollten sich meiner Liebe nicht schämen:
Ein reiner Liebender, ein Sohn und ein Vater sind ein und dasselbe.

Wegen der grausamen Regenten sind
Das Grab, Feuer und Peshawar ein und dasselbe.

Und wenn du dich nun vor **Rahman** selbst lobst?
Der Dumme, eine Kuh und ein Esel sind ein und dasselbe.

D276

Schmerz um dich

Der Schmerz um dich hat Ströme auf mein Gesicht gezeichnet,Frage doch ein wenig nach dem Grund für meinen Zustand.

Wenn ich nach dir strebe, bin ich Moses, nicht Aaron,
Mein Ziel sind nicht Kuhherden.

Einen solchen Zauber, wie du ihn über mich ausübst,
Übte **Leila** nicht über **Majnun** aus.

Ich habe meine Gebetsmatte im Ringen um dich abgenutzt,
Welcher ***malung*** hat so viele Gebete gesprochen?

Nicht einmal der Duft deiner Treue ist zu mir herübergeweht,Aber ich habe mich irrtümlich getröstet.

Ratschläge wirken nicht auf das Herz des Liebenden,
Allerdings kenne ich eine Menge dergleichen Reden.

Wenn **Rahman** durch das Schwert der Liebe gefoltert wird,
Sind die ***hooris*** des Himmels alle hier.

D277

Die Pfeile deiner Wimpern

Die Pfeile deiner Wimpern sind in meiner Brust stecken geblieben.
Sie haben mein Herz durchbohrt.

Ihr Gesicht lügt immer der Geliebten ins Gesicht:Das Gesicht derer, deren Herzen reine Liebe widerspiegeln.

Nicht erst heute habe ich mich in dich verliebt,
Denn Gedanken an dich waren seit Langem in meinem Herzen.

Wie Sterne am Himmel funkeln,
So sind deine Makel Edelsteine auf meiner Brust.

Ich sage dir, du sollst die Seufzer derer vermeiden,
Deren Kleider aus Wolle sind.

Wenn dein Gesicht nicht in Flammen steht,
Warum sind dann meine Augenlider so schwarz wie geröstetes Korn?

Am Morgen siehst du die Leute mit verschlafenen Augen an,Denn deine Augen sind vom Wein der Nacht berauscht.

Die blutigen Augen, die Gott schuf,
Sind schrecklich und wütend ohne Zorn.

Wenn Trinker Wein bekommen, schlürfen sie ihn,
Sie halten weder ***akhtur*** noch Freitag ein.

Es kommt daher, dass sein Blut sein Herz befleckte,
Dass **Rahmans** Worte schön sind.

D278

Mehmud und **Ayaz**

Deine weiße Wange und dein nach Moschus duftendes Muttermal sind vereint
Wie **Mehmud** und **Ayaz**, die Seite an Seite sitzen.

Es ist keine Überraschung, dass dein Gesicht von deinem Haar bedeckt wird,
Wird doch Wasser von der schwarzen Nacht verborgen.

Aus deinen Flechten, Wangen und roten Lippen
Wurden Abend, Sonnenuntergang und Sonnenaufgang geboren.

Deine Zähne glänzen in deinem Mund
Oder sind sie Tautropfen auf einem Strauß?

Nicht erst jetzt wurde ich von deinem durchdringenden Blick zerschnitten,
Fleisch hat unter dem Messer immer gezittert.

Die Schwarzäugigen sehen niemanden an, der nicht weint;
Feuchtigkeit aus dem Bach lässt die Narzisse erblühen.

Niemand hat, ohne dass er zuvor Kummer hatte, Erleichterung gefunden,
Deine Grausamkeit und deine Liebe sind auf gleiche Weise verteilt.

Dank dem Lob deiner Schönheit
Wird **Rahmans** Gedicht in der ganzen Welt gesungen.

D279

Staub und Asche an deiner Tür

Oh, dass ich Staub und Asche an deiner Tür wäre,
So, dass du mir immer auf den Kopf treten könntest.

Geschähe es, dass wir einander nur ein einziges Mal begegnen,Dann lasse meine Brust ein Ziel deiner Pfeile sein.

Mein ganzer Körper soll wie Augenpuder zermahlen werden,
Sodass ich auf deine schwarzen Augen gepudert würde.

Ich hätte sie durch mein gelbes Gesicht und meine weißen Tränen gewonnen,
Wenn die Gemeinschaft mit der Schönen mit Gold und Silber erkauft werden könnte.

Ich wäre nicht dafür getadelt worden,
Wenn irgendeinem deine Anziehungskraft bewusst gewesen wäre.

Wenn ihnen der Wert deiner Liebe offenbart würde,
Würden sich alle Engel wünschen, Menschen zu sein.

Du würdest dich über meine Liebe freuen,
Wenn du nur ich wärst und ich die Geliebte wäre.

Es hätte nicht so sehr geblutet wie meine Augen,
Wenn mein Gesicht von einem scharfen Schwert zerhauen worden wäre.

Wegen des Schmerzes um dich sagt der Arzt zu **Rahman**:
Es wäre besser gewesen, wenn deine Verfassung schlechter gewesen wäre.

D280

Rahman ist gekommen

Die Jahreszeit von Freude und Vergnügen ist vorüber. Der Herbst ist gekommen,
Der Todeskampf kam über die Bülbüls.

Ich erwartete Trost von ihm, aber was kann ich machen?
Der Freund kam wie ein Peiniger.

Selbst wenn die Liebesmühe ganz und gar ein Vorteil ist,
Konnte ich keinen Gewinn daraus ziehen. Alles ist verloren.

Wenn das ganze Leben Vereinigung wäre, würde es nicht gleichkommen
Einem Augenblick der Trennung von der Lieblichen.

Meine Liebe war voller Freude, aber als ich [von ihr] getrennt wurde,
Empfand ich Not. Die Reue kam.

Im Polo-Spiel nahm sie mir den Ball meines Herzens weg,
Sie ritt auf dem Liebespferd und kam in vollem Galopp daher.

Ich würde der Geliebten kein Lächeln abgewinnen,
Selbst wenn ich wolkenbruchartig Tränen weinen würde.

Er wird die Überheblichkeit von **Mirza** und **Arzani** zerreißen:
Rahman, der Beurteiler der Dichter ist da.

D281

Weltliche Freundschaft ist Verschwendung

Wenn eines Menschen Brust in Herzblut gebadet ist –
Trennung belauert die Welt –, wird er getrennt werden.

Selbst wenn du sie an einen Tränenfluss pflanzt,
Wird Zuckerrohr Zuckerrohr und Schilf Schilf bleiben.

Alle Mühe eines Menschen ist verschwendet,
Wenn eine Blume in salzigen Boden gepflanzt wird.

Weltliche Freundschaft ist Verschwendung,
Zu Anfang ist er ein Freund, aber später ein Dieb.

Wie viel Liebe sie auch füreinander empfinden mögen:
Am Ende streiten und kämpfen sie.

Wie bei einer nachgemachten Perle:
Ihr Glanz schwindet in einem oder zwei Tagen.

In seiner Jugend war sein Kinn wie ein Apfel,
Aber im Alter wird es wie eine wilde Gurke.

Wie kann ich die üble Art des Rivalen beschreiben?
Schlimmer wird es, wenn die Geliebte auf seiner Seite ist.

Ich, **Rahman,** kenne Liebe und Hass der Geliebten,
Wenn nur Gift im Mund zu Honig werden könnte!

D282

Kummer der Welt

Wenn der Kummer derganzen Welt dein Herz überflutet,
Verzweifele nicht – stelle dir vor, dass er vergangen ist.

Kummer ist das, was zur Hand ist,
Gegenwärtiges Elend lässt vergangene Sorgen vergessen.

Anders als Gott, der immer derselbe ist,
Ist dem Menschen manchmal das Herz leicht und manchmal schwer.

Die menschliche Rasse tritt in so vielen Formen auf;
Ein Strich auf derselben Linie ist manchmal ***zoar***, manchmal ***zer***.

Die Weltdinge stehen nicht immer still,
Sie ändern sich während eines Wimpernschlages.

Wie kann so viel Leiden in ein so kurzes Leben kommen?
Die Ungeduld eines Menschen macht es nur schlimmer.

Wenn Käufer und Verkäufer sich auf einen Handel einlassen,
Werden sie nicht gezwungen, sondern einfach betrogen.

In der Welt sind die Myriaden von Schönen zahllos,
Aber wer kann wie **Rahmans** Geliebte sein?

D283

Worte

Wenn die Zunge vom Schwert des Schweigens abgeschnitten ist,
Fließt sie frei in der Rede – wie eine Schreibfeder.

Er stirbt mit so viel Liebesfeuer im Herzen,
Dass Tulpen auf seinem Grabe blühen.

Die gewölbten Augenbrauen meiner Geliebten haben sich in meinen Augen festgesetzt,
Wie die Mondsichel, die man sich im Meer widerspiegeln sieht.

Er läuft immer seiner Geliebten nach
Und erreicht sie schließlich.

Wozu soll ich das Lob meiner Geliebten anderen vorsingen?
Diese Aufgabe kann nur durch eigene Anschauung erfüllt werden.

Niemand kann durch die Worte eines anderen irregeführt werden,Wenn sein Glaube rein ist.

Es ist so offenkundig wie der Tagesanbruch:
Das Hemd, das bei der Liebe zerrissen wurde.

Die Ehre des Liebenden ist sichtbar
Ausschließlich dann, wenn die Augen seines Herzens weinen.

Die Pfeile seines Seufzers verfehlen nie ihr Ziel,
Wenn sein Körper wie ein Bogen gespannt ist.

Er kümmert sich um niemanden als um seine Geliebte:
Jeder Suchende, der die Tiefe der Liebe auslotet.

Alle, die ihr Herz an die Schöne verlieren:
Sie sind weder mit ***dinar*** noch mit ***darham*** gekauft.

Ich habe niemals ein anderes Gesicht wie das meiner Geliebten gesehen,
Aber nach dem heutigen Tag könnte eines geboren werden.

Sie wird entweder Honig, Zucker oder Süßigkeit sein:
Jede Rede, die von **Rahman** zu hören ist.

D284

Kommende Tage

Ich lache über das Streben der Massen:
Sie haben weder Scheu noch Furcht vor dem Tod.

Er hat sie hervorgebracht und sie sterben vor seinen Augen,Und doch hängt er am Tun der Welt.

Obwohl er mit jedem Schritt über Tote geht,
Macht er doch keinen einzigen Schritt, um auf den richtigen Weg zu kommen.

Der Rat der Lebenden hat keinen Einfluss auf ihn,
Vielleicht sollten die Toten aus ihren Gräbern aufstehen und reden?

Sein Seil der Hoffnung ist so lang,
Dass er denkt, sein Leben wäre länger als das **Khizrs.**

Der alte Mann hebt sein Windelkind hoch,
Damit es für ihn Soldat und Offizier werden könnte.

Er pflanzt einen Dattelkern und wartet darauf,
Dass er wächst und Schatten und Früchte gibt.

Er freut sich über jede Feldfrucht, die er von seinem Land erntet,
Und stellt sich vor, dass ihm bald eine weitere Ernte reifen wird.

Zwar hat er noch keine Handvoll Samen gesät,
Aber er erwartet eine Eselsladung Früchte aus dem Ungesäten.

Er flicht Halfter für ungeborene Kälber,
Damit er morgen eine Kuhherde haben wird.

Wie ein Kind, das davon träumt, aus dem Wasserhahn eine Schale zu bekommen,
Vertraut er auf solch nutzloses Gerede.

Wer ist **Rahman**, dass er anderen Rat geben sollte?
Gott belehrt jeden Menschen.

D285

Todesflut

Wenn du die Welt so bald verlassen musst,
Warum reibst du dich mit Parfüm und Sandelholzöl ein?

Diese Welt ist wie eine Brücke und der Tod wie eine Flut,
Welcher Schutzwall kann angesichts einer Flut gebaut werden?

Mädchen und Jungen verwitwen, wenn sie noch kaum verheiratet sind,
So etwas geschieht wegen der Bosheit des Todes.

Sobald Karawanen in die Welt kommen,
Ist schon klar, dass sie schon wieder abreisen.

Diese Reise wird für diejenigen leicht,
Die schon lange vor dem Aufbruch Vorkehrungen getroffen haben.

Diejenigen, die jetzt bereuen, aber geschlafen haben, als sie eine Chance hatten,
Sie verdienen, dass man ihnen die Bärte ausreißt.

Ich will tun, was es mich auch koste, um meiner Geliebten zu gefallen,
So wie die Regierenden durch Tarnung besänftigt werden.

Gedanken an meine Geliebte sind wie eine Krone auf meinem Kopf,
Alle anderen Sorgen habe ich mit Füßen getreten.

Liebende verstehen einander ganz und gar,
Ohne dass sie nötig haben, Zeichen der Liebe zu zeigen.

Wenn Trinker seine Wirkung entdecken,
Dann ist der Wein in **Rahmans** Kneipe des Trinkens wert.

D286

Staub und Asche

Ich erinnere mich an viele Münder, die Süßigkeiten gegessen hatten,
Und die während meiner Lebenszeit zu Staub und Asche wurden.

Sandelholzbäume sind umgehauen und fort,
Tausende Buchsbaum-Zweige wurden abgesägt.

Die Orte, an denen einmal ganze Paläste standen,
Sind im Laufe der Zeit zu Friedhöfen geworden.

Für den, dessen Halt in der Welt herzliche Liebe ist,
Ist das Schwert der Trennung messerscharf geworden.

Gott schuf das Schicksal und das ist sein Wesen:
Für einige ist es ein Segen, für andere ein Fluch.

Alle Ziegel der Paläste der Welt
Sind für **Rahman** nur Minarette aus Totenschädeln.

D287

Ein Gebäude der Mühe

In einem aus Kummer errichteten Gebäude:
Wie kann einer darin glücklich sein?

Wenn er auch isst und trinkt, wird er niemals gesund sein:
Ein Vogel, der im Käfig des Jägers gehalten wird.

Nichts schmeckt im Mund des Kranken gut,
Selbst wenn er hundert verschiedene Leckereien probiert.

Überall ist für die ein Gefängnis, deren Beine gefesselt sind,
Für die Befreiten ist überall Freiheit.

Leidenschaft ändert und wandelt sich nicht. Sie ist unwandelbar,
Ob die Liebende ihr nun zustimmt oder sie tadelt.

Beweis des Glücklichseins in dieser Welt ist dies:
Sich selbst für die Geliebte vernichten.

Der Sinn eines Menschen, von dem man sagt, er existiere,
Ist, dass er die Welt als nicht existent betrachtet.

Die Gebäude der Welt sind unsicher,
Selbst wenn sie von hundert Stahlpfeilern gestützt werden.

Wenn jemand das Leben ergreift, dann hier und jetzt.
Wen kümmern schon Zukunft und Vergangenheit?

Die Welt braust vorüber wie eine Flut,
Sie hält für niemanden an und macht für niemanden eine Pause.

Diejenigen, die vollkommenen Glauben im Herzen haben,
Lassen sich vom geringsten Zeichen des ***pir*** führen.

Diejenigen, die Gott Selbst belehrt hat –
Was brauchen die noch die Lehre eines Lehrers?

Er ist nicht im Unrecht. Der Verlust so vieler Freunde
Ist der Grund dafür, dass **Rahman** über Trennung klagt.

D288

Ein Tränen-Mal

Ein von ständigen Tränen gezeichnetes Gesicht
Gleicht einem von Schwertern verwundeten Gesicht.

Selbst wenn Mond und Sonne über mir aufsteigen –
Wenn ich meine Geliebte nicht mit Augen sehen kann, ist es stockfinster.

Wer kann es wagen, hier seinen Kopf zu heben,
Wenn das Haar der Geliebten Locke für Locke herabhängt?

Er kann nicht so stechen wie gebogene Wimpern:
Ein Skorpion, selbst wenn er auf eines Menschen Herz sitzt.

Wenn die Geliebte durch den Schmerz des Liebenden verletzt wird,
Sei *der* Liebende verdammt, den das nicht rührt.

Die Partnerschaft zweier Liebenden sollte sein,
Als ginge ihr Atem im selben Rhythmus.

Wenn das Glück der ganzen Welt ihn überkommt,
Gott bewahre, dass er ohne seine Geliebte überglücklich werde.

Keine Grausamkeit ist größer als die der Trennung,
Selbst wenn man Grausamkeit in hundert Formen gesehen hat.

Diese Entscheidung hängt nicht von einem Richter ab,
Denn Freunde wissen genau, wer im Unrecht ist.

Sie verdienen immer Ruhe:
Diejenigen, die die Ersten sind, Schmerz und Kummer standzuhalten.

Diejenigen, deren blutige Tränen zu reinem Wein werden,
Entsprechen der Schale **Jamsheds.**

Der Nebenbuhler braucht keine Lehre,
Ob er nun arabischer Herkunft ist oder nicht.

Ersehne keine Vortrefflichkeit, sondern bitte Gott um Glück,Wozu nützt der Ring ohne **Salomon**?

Rahmans Lachen entspricht seinen Tränen so,
Wie die Frische einer Blume vom Tau abhängt.

D289

Wie Wein in der Flasche funkelt

Mögen deine blutigen Augen immer schlafen,
Es ist ein großer Vorzug, wenn das Übel schlafen geht.

Wie Wein in der Flasche funkelt,
So scheint das Licht der Schönheit durch den Schleier.

Wenn du mir eine Lektion in Geduld erteilst,
Füge ich mich ihr, allerdings kann ich sie nicht ertragen.

Aus diesem Grund weine ich nach der Schönen:
Weil Weinen dem Gesicht des Liebenden Ehre bringt.

Selbst ein Idiot versteht so viel,
Dass jeder, der nicht nach der Geliebten weint, ein Lügner ist.

Die Augen des Liebenden werden rein,
Denn sie schwimmen immer wie Blasen oben auf dem Strom.

Was kann sie aus einem leeren Haus, in dem nichts ist, wegführen,
Wenn die Flut über die Blase fließt?

Ihr Lied beeindruckt nur deshalb, weil
Die ***rebab*** damit zufrieden war, dass sie einen leeren Bauch hatte.

Die Gierigen ziehen keinen Vorteil aus ihrem Geld
Wie eine Schlange, die ruhelos auf ihrem Schatz sitzt.

Die Frommen haben keine Verbindung mit der Welt
Wie Blätter im Herbst. Ihre Füße sind schon im Steigbügel.

Unachtsamkeit jedenfalls ist in der Welt nicht akzeptabel.
Alle Bewohner der Welt sind berauscht.

Ebenso sehr, wie er unbegrenztes, unermessliches Glück will,
Im selben Maße wird **Rahman** Leiden zuteilwerden.

D290

Der Sünder

In deiner Jugend warst du schlecht gelaunt und boshaft,
Und wenn dich das Alter einholt, bist du schwach.

Du magst so denken, aber es ist nicht möglich:
Lange Zeit leben und immer noch jung sein.

Sie werden nie zur Wirklichkeit:
Gedanken, die du dir nutzlos machst.

Wenn du dein Herz an etwas anderes als an Gott hängst -
Ich schwöre bei Gott: Du bist ein Idiot.

Du hast jener Welt auf eine Weise den Rücken gekehrt,
Dass du für immer in dieser angesiedelt bist.

Dein Kopf beugt sich nicht so sehr vor deinem Gott,
Wie er sich vor Khan und König beugt.

Du kannst nicht eine einzige Nacht in Anbetung wachen, aberJede
Nacht bist du der Hüter von Wohlstand und Eigentum.

Deine feuchte Zunge wird bei der Rezitation so trocken wie Holz,
Aber beim Unsinn bist du so flüssig wie ein Bülbül.

Du stehst zum Gebet auf, wenn die Sonne aufgeht,
Aber du pflügst mit einem Paar Ochsen um Mitternacht.

Du kannst den ***koza*** für die Waschungen nicht hochheben,
Aber bei der Ernte bist du mit deiner Sichel ein starker Mann.

Wie ein Tier drehst du die Zuckerrohrpresse mit geschlossenen
Augen,
Selbst wenn du in den Brunnen fällst, machst du weiter.

Bereuen sollte man rechtzeitig,
Du solltest nicht hinterher bereuen.

Wie ein Kind legst du die Hand ins Feuer,
Unbewusst des Nutzens oder Schadens.

Von denen, die anderen Rat geben, aber sich selbst vergessen,Ist keiner anders als du, **Abdur Rahman**.

D291

Kleine Dinge

Demut ist etwas Kostbares,
Sie offenbart Vortrefflichkeit.

Jeder, der demütig wurde,
Ist ein Vorbild an wahrer Größe.

Ein Huhn ist ***halal*** für zwei Paisa,
Ein Adler ist ***mordar*** für hundert Rupien.

Der Himmel dreht sich ruhelos,
Während die Erde fest ist.

Sieh dir die Pinie an, die nach oben zeigt,
Sieh dir die Rebe an, die nach unten hängt.

Ein Atom wird zu Sonnenlicht,
Eine Quellwolke ist aus Dampf.

Der riesige Berg ist aus nichts anderem als schwarzem Stein,
Während der Rubin klein, jedoch wertvoll ist.

Der große Himmel wurde zur schwarzen Finsternis,
Die kleine Sonne ist reines Licht.

Rahman, sieh dir den kleinen Mann an,
Der den riesigen Elefanten gezähmt hat.

D292

Der Zweck des Menschen

Wenn der Zweck und die Bestimmung des Menschen Gott ist,Ist
jeder tote Mensch ein Führer für die Lebenden.

Die Reisenden rufen einander die Zeit der Abreise zu,
Jeder ihrer Rufe ist ein Glockenschlag für die Schlafenden.

Wenn man das Leben sieht, wie es wirklich ist,
Sitzen alle Lebenden auf den Plätzen der Toten.

Es ist nur Schicksal, wer weiß oder schwarz ist,
Sonst wäre die Krähe dem ***huma*** gleich.

So, wie man Krähe und ***huma*** nicht voneinander unterscheiden kann,
Ebenso ist es mit Bettler und König.

Kümmere dich nicht um die Pläne der Planenden:
Ales hängt vom Willen Gottes ab.

Die Frommen blicken gerne auf die Welt,
Durch die Welt hindurch sehen sie den Schöpfer.

Wenn jemand seine Hände und Füße nicht kennt,
Wird Gott sofort zu Händen und Füßen des Hand- und Fuß]osen.

In jener Welt gibt es keine Chancen, weder für Tugend noch für Laster,
Die Suchenden haben diese Wahl nur in diesem ***serai.***

Ich, **Rahman,** bin in dieser Angelegenheit nicht allein,
Ein Liebender schreit immer nach seiner Liebe.

D293

Neue Erfindungen

Ganz gleich, ob es sich um Freundlichkeit, Liebe oder Feindschaft handelt:
Ich habe der Freundschaft meines Freundes vertraut.

Mein Freund und ich sind zwar in getrennten Körpern, aber wirklich eines:
Tausende Häuser machen die eine Stadt Bagdad aus.

Zwischen meiner Geliebten und mir kann es keine Trennung geben,
Alle Ereignisse haben die ihnen bestimmte Zeit.

Es hängt durchaus nicht von der Schönheit der Geliebten ab:Das Herz des Liebenden begnügt sich mit seiner eigenen Liebe.

Ich bitte Gott um leidenschaftliche Seufzer,
Ganz gleich, ob das Herz der Liebenden nun aus Wachs oder Stahl ist.

Für die, die nicht durcheinander sind wie die Flechten der Geliebten,
Ist die Ruhe ihres Herzens ein abscheuliches Verbrechen.

Für diejenigen, die keine Kraft zu Klage und Seufzer haben,
Ist jedes Schweigen der Machtlosen ein Seufzer und eine Klage.

'Ishq hat hundert weitere Namen – unter anderen
Die Namen **Majnun** und **Farhad**.

Sie sitzt und steht dort, wo sie mag:
Liebe ist die wahre Schwiegertochter im Haus des Verstandes.

In der Liebe werden Könige zu ***malungs***.
Wer erinnert sich schon an deines- und meinesgleichen?

Wenn Vortrefflichkeit in einem Verhältnis zur Demut steht,
Dann ist die Stellung der Schüler über der des Lehrers.

Er wird sich und die ganze Welt für die Geliebte opfern.
Das glauben wir von Rahman.

Er dichtet nicht so, wie andere Dichter dichten:
Rahman hat frische, neue Erfindungen gemacht.

D294

Eine schwere Ladung Kummer

Die Wolke des Kummers über dich hat mein Herz überschwemmt,
Sie liegt aufgehäuft in meinem Herzen.

Zwar gibt **Khizr** sonst den Verirrten Wegführung,
Für dich ist **Khizr** der Bote für die Liebenden.

Vielleicht wird jemand ins Haus Gottes aufgenommen,
Deshalb klage ich in jedem Haus über dich.

Sieh dir die Wunden der Märtyrer an,
Auf dieselbe Weise tropft mir das Blut aus beiden Augen.

Wer mir den Kummer aufs Herz geladen hat,
Wird mir immer wieder tief ins Herz eingeprägt.

Zwar schlagen sie mich mit dem Schwert ihres Blinzelns,
Noch mehr aber schuldet mein Herz diesen Augen.

Mein Schicksal begünstigt ihn, wie er es wünscht,
Denjenigen, der mir diese Nachricht von dir verkündet hat.

Selbst wenn der Geliebte ihn hundertmal grausam behandelt,
Glaubt **Rahman** niemals, dass er grausam sei.

D295

Härter als Stahl

Der einen, deren Herz härter als Stein und Stahl ist,
Dieser einen habe ich unglücklicherweise mein Herz gegeben.

Oh Gott! Wann wirst du mir den Dieb ausliefern,
Denjenigen, der das Haus meines Herzens geplündert hat?

Niemand hat mehr Schmerzen als ich,
Denn der Schmerz um meine Geliebte überfiel mich auf einmal.

Wenn ein Freund nicht durch ein scharfes Schwert vom Freund getrennt wird,
Ist ein Zweig, der mit einem Zweig verbunden ist, ein Baum.

Weder Bett noch Stuhl sind notwendig:
Der Sitzplatz für Freunde ist auf dem Thron des Herzens.

Unerträglicher Schmerz blockiert jedes Zeitempfinden:
Ohne seine Geliebte ist **Rahman** in einem solchen Zustand.

D296

Ich gab mein Herz

Ich gab der Arroganten mein Herz.
Komme, was wolle, ich vertraue auf Gott.

In Liebesangelegenheiten
Werde ich entweder König oder Bettler werden.

Entweder will ich am Lagerfeuer sitzen
Oder im Schatten von ***huma***.

Was Gott will, wird geschehen.
Ich habe weder einen anderen Gott noch eine andere Zuflucht.

Nur meiner Geliebten, sonst erzähle ich
Niemandem von den Gefühlen meines Herzens.

Ich werde nicht aufhören, Ihm die Füße zu küssen,
Solange ich Hände und Füße rühren kann.

In der Welt ist entweder Lachen
Oder herzzerreißendes Jammern.

Außer diesen beiden Dingen
Ist in diesem ***serai*** gar nichts.

Ein Liebender sollte aufrichtig sein,
Nicht selbstsüchtig oder arrogant.

Möge niemand in der Liebe arrogant sein, und nicht
Wie ein Händler, der Weizen zeigt, aber Gerste verkauft.

Ich bin **Rahman**: Ich kann meine Arbeit nur tun,
Wenn Gott mich segnet.

D297

Gottes Segen

Gott hat mir eine solche Segnung gewährt,
Eine, die unbezahlbar ist – sie ist unschätzbar.

Zuerst gab er mir die Gestalt **Adams**,
Zweitens gab er mir **Mohammed** zum Führer.

Hände, Füße, Ohren, Augen, Mund und Zunge:
Mein Körper hat so viele Namen.

Erde, Himmel, Sonne, Mond und strahlende Sterne:
Die ganze Welt ist für meine Augen ein schöner Anblick.

Tag und Nacht macht das Licht von Sonne und Mond
Das Antlitz der Erde für mich zu Gold und Silber.

Moschus regnet nachts auf mich und Blumen am Tag,
Mein ganzer Körper ist von Kopf bis Fuß darin ertränkt.

Sie gewährt mir jeden Augenblick das Leben:
Jede Brise von meiner Geliebten ist ein **Messias**.

Wenn ich mir die roten Gartenblumen ansehe,
Lächelt mich jede Blume aus der Entfernung an.

Die Braut des roten Weins sitzt vor mir,
Sie trägt eine grüne Bluse aus Glas.

Sie bieten in ihren Handflächen ihr Blut an;
Die Weinverkäufer opfern mit jeder Schale ihre Seele.

Wenn er mit seinem Instrument in der Hand am Ufer des schönen Flusses sitzt,
Singt jeder Sänger wie ein Bülbül.

Dass Er ihn mit solchem ***marifat*** segnet,
Rahman ist dem Heiligen Gott für Seine Liebe dankbar.

D298

Das Tränenkorn

Jeder, der seine Kleider im eigenen Blut wäscht,
Wird wie Tau sein: für immer rein und sauber.

Wenn der Jäger kein Tränenkorn bei sich hätte,
Hätte er den Vogel der Luft nicht gefangen.

Nicht jedes Gesicht ist ehrenwert,
Tränen fließen nicht über jedes schmutzige Gesicht.

Warum würde die Kerze jede Nach weinen,
Wenn ihr das Weinen nicht guttäte?

Ich, **Rahman**, würde über die Schöne nicht weinen,
Wenn solche Schönheiten nicht zu meinem Schicksal gehörten.

D299

Eifersüchtig auf dein Gesicht

Wenn Sonne und Mond nicht durch deine Schönheit beschämt wären,
Warum sähen sie dann so blass und gelb aus?

Dieser Mond hat weder Kopf noch Füße,
Wie könnte denn seine Schönheit der deinen vergleichbar sein?

Locken stahlen mein Herz beim Licht deines Gesichts,
Aber wie kann ein Dieb unbemerkt am hellen Morgen umhergehen?

Furcht vor deinem Haar und deinen Augenbrauen
Machen Skorpione und Schlangen Angst vor dir.

Dein Gesicht ist ein Feuer; dein flaumiges Haar ist Pflanzenwuchs. Ich bin erstaunt
Dass Vegetation auf Feuer sprießen kann.

Niemand hat jemals Feuer und Wasser sich miteinander mischen sehen,
Nur durch Gottes Macht ist beides gleichzeitig auf deinen Lippen zu sehen.

Wie Wasser aus nassen Kleidern fließt, wenn man sie auswringt,
So erblasst mein Gesicht und meine Haut verschrumpelt aus Schmerz um dich.

Sogar der Mond wird so eifersüchtig auf dein Gesicht,
Dass er jeden Monat zweimal halbiert wird.

Die denken, deine Gestalt sei wie ein Buchsbaum, irren sich,
Denn Silber bekommt man nicht zum Holzpreis.

Ihre geschwungenen Augenbrauen werden von ihren Locken umschlungen,
Wie sich der Schwanz eines Skorpions um eine Schlange wickelt.

Ich kann deine Zähne nicht Perlen nennen,
Denn Stein strahlt niemals wie ein Blitz.

Ihr Haar bedeckte ihr flaumiges Gesicht, oh **Rahman**,
Wie Ameisen in der Nacht unter dem Fuß zerquetscht werden.

D300

Das Gold des Liebenden

Dein langes Haar fließt vom Kopf bis zu den Zehen,
Wie Sprösslinge von ***benafshay*** über einer Pinie liegen.

Deine Lippen sind das Wasser des Lebens, Süßigkeiten und Zucker,
Aber ich irre mich – sie sind das Beste von allem.

In der Größe kann niemand dein Maß erreichen,
Denn nur der Prophet kann im ***miraj*** auffahren.

Wenn ich deine Schönheit gegen Sonne und Mond aufwiege,Wiegen
Sonne und Mond weniger auf der Waage.

Regentropfen fallen vom Himmel auf alle gleich,
Sie werden zu Tau auf dem Gras und zur Perle in der Muschel.

Das Schicksal hat einige auf den Thron gesetzt,
Während die Herzen anderer vom Dorn der Traurigkeit zerrissen werden.

Als die Brise versuchte, deine Locken auseinanderzutreiben,
Wurde sie dazu verurteilt, den Staub der Welt zu befördern.

Du wirst ein Mann sein, wenn du erst einmal Abdur Rahman genannt wirst,
Macht es dich zum Mann, dass du jetzt ein wenig gelesen hast?

Die Reichtümer der Liebe sind weiße Tränen und ein gelbes Gesicht,
Oh **Rahman**, das sind Silber und Gold der Liebenden.

D301

Gib mir zwei Schalen

Den Wein, der ein Heilmittel für Schmerz und Kummer ist,
Oh **Saqi**! Gib mir zwei Schalen davon – eine nach der anderen.

Gib mir den Wein deiner Lippen, nicht den aus Trauben,
Den man erst trinkt und dann wieder erbricht.

Kein Schwert, das nicht mit Wein gekühlt ist,
Kann jemals den Feind Kummer besiegen.

Die Schale Wein, die die Sorgen der Welt löscht,
Wie lange werde ich mich noch in ihrer Qual suhlen?

Komm nur, berausche mich mit solcher Trunkenheit,
Dass ich nichts mehr wahrnehme.

Bewusstlosigkeit ist eine so starke Zuflucht,
Dass sie einen Menschen von aller Not befreit.

Ich betrachte ihn als hochgebildet im Fach Liebe:
Denjenigen, den die Leute einen Verrückten nennen.

Rahman versöhnt sich mit dem Nebenbuhler.
Es ist besser, wenn man sich mit einem beißenden Hund anfreundet.

D302

Tausche nicht den Glauben ein

Warum tauschst du deine Religion und deinen Glauben gegen die Welt ein?
Erkennst du deinen eigenen Vorteil und deinen eigenen Verlust nicht?

Statt Dank zu sagen, beklagst du dich ständig,
Warum leugnest du den Segen Gottes?

Gott hat dich mit der Fähigkeit gesegnet, alles zu tun.
Solcher Fähigkeit zum Trotz - warum hältst du dich für ohnmächtig?

Du vergießt immer Tränen aus Sorge um deine Ernährung,Warum verkaufst du Perlen und Edelsteine so billig?

Jeden Abend hebst du dir etwas für den nächsten Tag auf,Weshalb bist du dann blind und taub für den Tag des Gerichts?

Das Gras bewegt sich nicht vom Platz und findet dennoch Wasser, Warum wanderst du also durch die Welt auf der Suche nach Nahrung?

Du möchtest, dass dein Wunsch vor der Zeit erfüllt wird,
Warum wirfst du dann törichterweise Erdklumpen in den Himmel?

Um die Angst vor dem Tod loszuwerden, betrachte dich während des Lebens schon als tot.
Warum hast du dir diese einfache Sache so schwer gemacht?

Du häufst dir die Liebe zu anderen aufs Herz,
Warum bringst du solche Götzenbilder mit in die **Ka'aba**?

Als du deinen Begierden nachjagtest, verließ dich dein Herz.Warum legtest du den Koran in die Hände der Unreinen?

Wenn du **Joseph** zum Preis eines Negers bekommen kannst,Warum opferst *du* dich dann nicht für den Preis deiner Geliebten?

Die Bösen bereuen, dass sie falsche Wege eingeschlagen haben,
Rahman,
Warum bereust du also nicht dein eigenes Böses?

D303

Sprich freundlich

Warum weinst du nach anderem als nach Gott?
Warum jammerst du sinnlos wie ein Tier?

Nahrung kauen kannst du gut,
Warum sprichst du also so ungeschickt?

Du machst deine Rede durch Kauen sanfter,
Warum schärfst du deine Zähne zum Beißen?

Wenn du etwas erreichen kannst, indem du freundlich sprichst,Warum bespuckst du dich dann törichterweise selbst?

Gute Menschen passen zueinander wie schlechte zu schlechten,Warum vermischst du Gutes mit Schlechtem?

Du kannst keinen einzigen Schritt auf Gott zugehen,
Warum verbringst du dein ganzes Leben damit, rückwärts zu gehen?

Du trägst immer eine Halskette der Weltliebe,
Warum kannst du diese Halskette nicht ablegen?

Tagsüber prahlst du damit, ein frommer Mann zu sein, **Rahman**,
Warum bittest du dann die Weinverkäufer abends um Wein?

D304

Säe Blumen

Säe Blumen, dann wird deine Umgebung zum Garten,
Säe keine Dornen, denn sie werden dich in die Füße stechen.

Wenn du Pfeile auf andere abschießt, glaube mir:
Derselbe Pfeil wird zurückkommen und dich treffen.

Grabe keinen Brunnen auf dem Weg eines anderen,
Wenn du es tust, kommst du selbst an den Brunnenrand.

Du siehst alle mit verachtenden Augen an,
Allerdings wirst du der erste sein, dessen Leib zu Erde wird.

Die Menschen sind alle ein einziger Leib:
Wer einen anderen quält, verletzt sich selbst.

Wenn *du* bei anderen nicht nach Fehlern suchst,
Wird jeder *deine* Schwachheit verborgen halten.

Der Bauer besät sein hoch gelegenes Feld nicht,
Sei demütig – sodass dein Brachland zu einem Garten wird.

Der Ton eines zerbrochenen Topfes klingt nie so, als wäre der Topf heil;
Eines Menschen Rede enthüllt sein Verhalten.

Folge jetzt bei hellem Tageslicht dem geraden Pfad,
Denn ganz plötzlich wird der Morgen stockdunkel werden.

Halte keine Sünde, wie winzig sie auch sei, für zu klein,
Denn wenn man alles Kleine zusammenlegt, wird es viel.

Wenn ein anderer dir Schaden zufügt, tu ihm Gutes,
Denn jeder Baum, der Frucht trägt, wird abgeerntet.

Schädigung durch die Bösen erreicht unvermeidlich die Guten,Wie Würmer weiches Holz zerfressen.

Das Herz, das im Sturm sicher ist,
Ist das, was wie ein Boot die Lasten anderer Menschen trägt.

Möge von diesen Händen keine Sünde begangen werden, und wenn doch:
Mögen doch alle Sünden **Rahmans** vergeben werden!

D305

Der dünne Faden

Diejenigen, die wie **Mansur** ans Kreuz geschlagen werden –
Ihr Kreuz wird nach ihrem Tod zu einem fruchttragenden Baum.

Wenn Gesundheit ein Segen für Gesunde ist,
Dann ist zu Tode steinigen ein Segen für einen Verrückten.

Jedes Gras, das reif wird,
Hat einen erschlafften Kopf, der in Richtung Erde hängt.

Eine leichte Brise wird ihn zum Ort seiner Bestimmung bringen:Den, der wie ein Herbstblatt bereit ist.

Schlaf ist für die Weißbärtigen durchaus nicht angemessen,Sogar
Tiere stehen früh am Morgen auf.

Wie eine Handvoll Asche dem Spiegel seine Spiegelung gibt,
So ist der Stolz des Demütigen berechtigt.

Die Großzügigen haben Vorteil im Verlust gefunden,
Wie ein Baum, der beschnitten worden ist, viele Früchte trägt.

Ein Schatz wird durch Großzügigkeit vermehrt,
Wie Wasser im Brunnen mehr wird, wenn man Wasser aus ihm
schöpft.

Einen hungrigen Magen zu befriedigen ist nicht schwer,
Aber hungrige Augen befriedigen ist eine schwierige Aufgabe.

Ein Mensch, der nur wenig isst, kommt den Engeln nahe,
Aber die, die unmäßig essen, werden verarmen.

Dem, der reinen Herzens ist, genügt ein kleiner Rat,
Wie eine Perlenkette auf einen dünnen Faden gezogen wird.

Liebe bedarf nur einer kleinen Andeutung, um erregt zu werden:
Die schwarze Nacht wird zu den Flechten der Geliebten.

Jede Not wird durch Gottes Gnade erleichtert,
Für eine ***suti*** werden Feuerflammen zu einem Garten.

Der Baum der Liebe wird durch Leidenschaft genährt,
Nicht durch den Schmuck der Schönen.

Niemand hat Ruhe ohne Kummer gefunden.
Die Freude der Vereinigung entspricht [dem Schmerz] der Trennung.

Alles ist ein Segen für die Liebenden,
Selbst wenn sie alles für ihre Geliebte opfern.

Jeder nennt in der Welt den anderen „Freund“,
Aber ich wüsste gerne, wer nach dem Tod zum Freund wird.

Wie ein Zicklein den Wolf fürchtet,
Ebenso fürchte ich die Trennung.

Diese Unsinnsworte **Rahmans** sind überflüssig:
Liebe gründet sich nicht auf Worte, sondern auf Handlungen.

D306

Majnun

Jeder der, wie **Majnun** zu einer Handvoll Knochen wird,
Wird durch die Kraft der Liebe zu einem starker Mann.

Liebende fanden Sieg in der Niederlage,
Die hierin stark sind, sind die, die schwach sind.

Die blasse Gesichtsfarbe des Liebenden hat hohes Ansehen,Denn sie macht ihn in der Welt sichtbar wie die Sonne.

Ein Regen von Erbarmen fällt aus seinen Augen
Und macht, dass Safran auf seinem Gesicht wächst.

Den Zustand des Herzens kann man am Gesicht erkennen,
Wie der Frühling Gutes oder Schlechtes für das Jahr ankündigt.

Die Einsicht eines Menschen kann durch eine Stichprobe erkannt werden
Wie man den ganzen Inhalt eines Sacks aus einer Handvoll erkennt.

Am falschen Ort sind tausend Reden bedeutungslos,
Am richtigen Ort dagegen ist ein halber Satz sinnvoller.

Die Untätigen sind wie Tote,
Staub soll auf dem Kopf der Nachlässigen liegen.

Wenn du lange leben willst, sei nicht unvorsichtig,
Für einen Schläfer werden hundert Jahre zu einem Augenblick.

Eine Welle von Tränen untergräbt Unachtsamkeit,
Ein einziger Tropfen wird für den Schlafenden zu einer Flut.

Die Blinden fallen in einen Brunnen, weil sie ihrem eigenen Stock folgen,
Die Argumente der Unwissenden ruinieren diese selbst.

Die Schwachen sollten nicht rebellieren,
Denn jede Ameise bereut es, wenn sie Flügel bekommt.

Die Weichherzigen werden sich vor Ungemach hüten,
Selbst wenn die Hartherzigen so kostbar wie der Juwel von **Badakhshan** sind.

Diejenigen, zu denen die Alchemie der Zufriedenheit kommt,Werden zu Königen, auch in Wollmänteln.

Sie brauchen keinen anderen Anzug als Sackleinen:
Diejenigen, deren Herz hell wie ein Spiegel wird.

Liebe ist schlimmer als jedes andere Ungeheuer,
Selbst Geister und wilde Tiere verehren **Majnun**.

Dichter werden die Perlen aus ihren Ohren hergeben,
Wenn sie nur **Rahmans** Gedichte hören könnten.

D307

Ein Gottesname

Selbst wenn ein Mensch aus Gold ist - wenn er stirbt,
Nennt niemand seinen Namen. Er wird dann nicht mehr gefeiert.

Auch wenn ihn in dieser Welt niemals jemand besiegt hat,
Vom Tod wird er besiegt wie ein Esel, der im Schlamm steckenbleibt.

Komm, komm! Sei nicht so stolz und arrogant,
Wie lange wird die Welt deinen Stolz noch ertragen?

Deine Wangen, die heller als ein Spiegel sind,
Werden eines Tages in der Erde des Grabes verblassen.

Das Ziel ist Liebe, und wenn nun
Jemand so groß wie eine **Zypresse** ist?

Einen guten Namen bekommt man durch gutes Verhalten,
Und nicht durch Faust oder Stock.

Die Weisen tun nicht etwas und bereuen es später,
Aber die Dummen: Sie bereuen ihre Aggressionen.

Ich sage dir das aus Freundlichkeit,
Allerdings können einen andere nicht vor dem Schicksal bewahren.

Wenn du weise bist, lasse dich nicht von Begierde motivieren,Der
Pfeil, den die Begierde abschießt, fällt schnell zu Boden.

Sie werden keinen einzigen Buchstaben ihres Schicksals löschen,
Selbst wenn sie die ganze Welt mit ihren Tränen nassmachen.

Planen wird das nicht ändern, was in ihrer Bestimmung geschrieben steht,
Denn wann hätte Klugheit jemals ein Heilmittel gegen das Schicksal gefunden?

Für **Rahman** ist es schwer, wenn die Geliebte fern ist, Geduld zu üben,
Es ist, als schluckte er absichtlich Gift.

D308

Ein schönes Gesicht

Wenn die Geliebte bei Tagesanbruch zu mir kommt,
Erscheint eine liebliche Sonne noch über der Sonne.

Ein schönes Gesicht braucht keine Verzierung,
So, wie die Sonne aufgeht, ohne sich auf ihr Scheinen vorzubereiten.

Wenn ich ihn aus der Ferne sehe, hänge ich mich an ihn,
Wie Bernstein trockenes Gras anzieht.

In äußerster Hilflosigkeit wandte ich meiner Geliebten den Rücken:
Unrechtmäßiges ist in Notzeiten erlaubt.

In der Vereinigung beunruhige ich mich über das Elend der Trennung,
Die Furcht vor allem kommt lange vor seiner Zeit.

Über Trennung sollte man im Voraus trauern,
Sonst weint jeder zur Zeit des Scheidens.

Niemand hat je Gemeinschaft gefunden, indem er sich selbst und seinen Besitz geopfert hat,
Aber es bewirkt, dass man sich schuldlos fühlt.

Ich will mein Leben und alles, was mir gehört, im Namen meiner Geliebten opfern,
Wenn das Erfolg hat, ist es für Liebende eine leichte Übung.

So viel kann ich über **Rahman**s Tränen vorhersagen:
Am Ende wird er weltweit bekannt sein.

D309

Auf Bergspitzen

Selbst wenn sie einander hundertmal umarmen:
In ihrer Verbundenheit mit der Welt sind sie alle getrennt.

Diejenigen, die jetzt in einem Haus beisammensitzen,
Werden später ihre Reise getrennt beenden.

Die Blumen, die im Turban stecken,
Werden alle mit Füßen getreten.

Diese jungen Schönheiten, deren Gesichter wie die Sonne leuchten:
Schwarzes Haar wird auf ihrem Gesicht wachsen wie ein Wald.

Dieses süße, süße ***sharbat*** der Gemeinsamkeit
Wird zur Zeit des Abschieds zu tödlichem Gift.

Ich habe sie bei der Trennung von der Geliebten gesehen:
Sogar die Weisen der Welt verändern sich dann.

Sie fürchten sich, auf den Boden zu treten, auf dem sie sich trafen,
Wenn sie den Sumpf der Trennung kennenlernen.

Wer kann eine solche Krankheit mit welchem Mittel behandeln,Wenn sie weder diagnostiziert noch erkannt werden kann?

Selbst wenn sie auf Bergspitzen wandeln,
Lassen die, die Geiseln der Geliebten sind, noch den Kopf hängen.

Sorgen haben **Rahmans** Herz so sehr getrübt,
Dass nur ein Becher reinen Weins es erhellen kann.

D310

Die Bettelschale in der Hand

Wenn er vom Dolch dunkler Augen gemartert wird,
Jauchzt er im **Kausar** roter Lippen.

Wenn ich an ihr weißes Gesicht und an ihre langen Wimpern denke,
Wird mein Herz sofort zu ***spund*** und meine Brust zu einem Feuertopf.

Mein **Bülbül**-Herz fliegt über die Blumen,
Wenn die duftenden Flechten der Schönen zu Flügeln werden.

Zwar ist die Geliebte hundertmal grausam zu mir,
Wie kann ich jedoch an die Grausamkeit meiner Geliebten glauben?

Die Anweisung des Ratgebers veranlasst mich nicht zum Aufzuhören,
Selbst wenn er tausendmal mein Bruder und mein Verwandter ist.

Zwischen meinem Nebenbuhler und mir gibt es keinen Frieden,Solange einer von uns die Oberhand gewinnen kann.

Geduld und Frieden kommen nicht zu mir,
Selbst dann nicht, wenn der Tag des Gerichts kommt.

Zu niemandem kommt bereits vergangene Zeit zurück,
Alte Freunde allerdings mögen sie zurückbringen.

Die Schöne mag Mond-Splitter spenden,
Wenn **Rahman** zu einem ***qalandar*** mit der Bettelschale in der Hand geworden ist.

D311

Die Alchemie der Zufriedenheit

Wenn der Staub von deinem Weg in seine Richtung fliegt,
Wird er zu einem Seher, selbst wenn er auf beiden Augen blind ist.

Ein Kerzendocht wird durch das Beschneiden erneuert,
Ebenso der, dessen Herz von der Liebe beschnitten wird.

Einer, in dessen Hand die Alchemie der Zufriedenheit kommt,Wird – auch wenn er ein Bettler ist – reich wie Aaron.

Alle Bettler an deiner Tür sind Könige,
Aber wenn sie dein Haus verlassen, werden sie zu Vagabunden.

Von den Menschen wendet sich das Gesicht derer ab,
Die in dein Gesicht sehen.

Auch wenn sie den Zustand der ganzen Welt kennen,
Wenn sie dich sehen, werden sie gegen alles unempfindlich.

Wenn du ihm einen Widerschein deiner Schönheit zeigst,
Wird dieser Bettler **Rahman** zu König Alexander.

D312

Wenn einen Mann die Männlichkeit verlässt

Wenn ein Mann schlecht von anderen spricht, wird er unflätig,Sein eigenes Ansehen stinkt lange vor dem eines anderen.

Der Leichenbestatter ist über den Tod eines anderen froh,
Aber nach seinem eigenen Tod wird ein anderer sein Leichenwäscher.

Ob einer Freund oder Feind ist, hängt ganz von den Handlungen eines Menschen ab:
Die Belohnung steht eins zu eins im Verhältnis dazu.

Jeder Baum, der sich zu einer Seite neigt,
Wird schließlich in diese Richtung fallen.

Erwachsene wachsen nicht weiter, sondern werden kleiner,Während Jungen klein sind und größer werden.

Wie Wasser wirklich aus der Erde kommt,
So kommt den Demütigen Demut aus ihren Tränen.

Schwein und Bär können nicht so viel Schaden anrichten
Wie einer, der unter Menschen missgestimmt ist.

Wenn das Mitgefühl einen Menschen verlässt,
Wird er zu einem Schwein in Menschenkleidern.

Diejenigen, die Gott selbst belehrt hat,
Brauchen die Worte **Rahmans** nicht.

D313

Mein Herz ist ein Garten

Mein Herz ist ein Garten deiner Gedanken und deines ***zikr***.
Von dem Kummer, den ich habe, ist mein Körper zu einem Herbstblatt geworden.

Im Meer der Sorgen um dich bin ich so reich,
Dass ich einen Steinbruch an Perlen in den Augen habe.

Deine Blicke schlugen eine seltsame Wunde in mein Herz,
Das nun gleichzeitig blutet und lächelt.

Ich habe vom Blut meines Herzens eine solche Farbe angenommen,
Dass mein ganzer Leib wie der meiner Geliebten zu sein scheint.

Zwar bringt die Schlange deiner Flechten den Tod,
Ich aber habe ewiges Leben darin gefunden.

Wie bitter und sauer auch das Sterben sein mag:
Mit der Hilfe deiner Lippen ist es ein Heiltrank.

Liebe ist nicht schwächer als Trennung,
Ganz Kanaan duftet vom Wohlgeruch Ägyptens.

So wie man die Sonne im vierten Himmel sehen kann,
So ist die Liebe in hundert Schleiern sichtbar.

Wie kann Kerzenlicht in einer Laterne verborgen werden?
Die Liebe ist im Schleier des Verstandes deutlich sichtbar.

Zwar bist du überhaupt nicht verborgen,
Aber aus übermäßigem Begehren sage ich, du seist verborgen.

Jemand hat dein pfaufarbenes Haar verwirrt,
Sodass jedes Haar viele Farben und Stile hat.

Niemand hat die Schönheit ohne Schleier gesehen,
Jeder der sagt, man könne sie sehen, stellt sich das nur vor.

Glück kann man nicht so leicht finden wie Sorge,
Der Rubin von **Badakhshan** ist rot von seinem eigenen Blut.

Oh dass doch jeden Augenblick Einheit sein könnte
Wie der Trennungsschmerz, der jeden Augenblick kommt.

Verglichen mit der Schwierigkeit, dir zu begegnen,
Sind alle anderen Schwierigkeiten leicht für mich.

Anderer Schmerz wird mir leicht,
Der Schmerz um dich jedoch ist für mich über alles Maß schwer.

Ich werde deine Tür keinen Augenblick verlassen,
Solange mir auch nur ein einziger Augenblick in dieser Welt übrig ist.

Die Karawane der Geduld wird ihm durchaus nicht vertrauen:Das
Haus meines Herzens ist durch den Schmerz um dich zerstört.

Da deine Flechten über alles Verstehen und alle Vernunft gehen,
Ist mein Herz so sehr in Ehrfurcht betäubt.

Als du deine schwarzen Flechten auf deinem Gesicht zerschlugst,
Wurde mein trauriges Herz durch sie gestört. 20

Wie lange noch wird **Rahmans** armes Herz sicher sein,
Da es doch wagt, über den Brunnen deines Grübchens zu gehen?

D314

Die Stadt **Lohore**

Die Sorge um dich hat solche Verwirrung in meinem Gehirn
angerichtet,
Es ist, als ob sich die Stadt **Lohore** in meinem Kopf niedergelassen
hätte.

Wegen des magischen Zaubers schwarzer Augen
Hat mein berauschtes Herz die ganze Welt satt.

Wenn mein Herz vor Kummer bricht, droht sie mir:
Noch mehr Schmerz bringt die künftige Trennung.

Ich bin zu der Einsicht gekommen, dass die Krankheit der Trennung
Vom Fluch meines Vaters und meiner Mutter kommt.

Diese Welt ist wie ein Haus des Kummers,
Derjenige, der auf ein solches Haus stolz ist, ist blind.

Diese Welt gehört niemandem und niemand kann sie besitzen,Einige
verlassen sie bereitwillig, andere werden gezwungen, sie zu
verlassen.

Wir sind alle Schuldner des Todes,
Jeder, der stirbt, ist jemandes Sohn oder Bruder.

Ich, **Rahman**, werde, weil ich liebe, getadelt,
Ich habe diesen Tadel freudig angenommen.

D315

Ein Hund in der Straße der Geliebten

Zwar ist er in den Augen der Leute ein Mensch
In der Straße der Geliebten dagegen ist der arme Liebhaber ein Hund.

Nur den, der sich zu den Hunden der Geliebten zählt,
Nur den nenne ich einen Menschen.

Möge Gott mich nicht unachtsam gegen den Schmerz der Geliebten werden lassen;
Das ist im Land der Liebe ein großes Unbehagen.

Ich bin froh, dass ich vor Sorge um meine Geliebte blass bin,Mein Herbst ist gar kein Herbst, sondern Frühling.

Vereinigung mit der Geliebten nenne ich Leben,
Denn leben nicht auch alle die, die in der Hölle sind?

Wenn du mich aus dem Haus der Geliebten aussperrst,
Welches andere Haus könnte es mit dem Haus der Geliebten aufnehmen?

Die Liebe der Geliebten brachte mich dazu, die Geliebte zu lieben,
Wenn mich irgendjemand irrtümlich für mich hält, dann bin nicht ich es, sondern ganz er.

Der wilde **Majnun** wurde in die Stadt gezogen –
Vom Seil von Leilas Flechten.

Die Reichen trinken Wasser aus goldenen Bechern,
Ich dagegen trinke lieber aus meinem Tonbecher.

Zwar ist **Aurangzeb** stolz auf seinen Thron in Delhi,
Jedoch ist das Haus eines jeden Bettlers für ihn Delhi.

Wenn ein Reisender sein Heim verlässt,
Wer weiß dann, ob er ein Adliger oder ein Sklave ist?

Einmal wird er zu Erde, die mit Erde vermischt ist,
Wer kann dann noch sagen, wessen Enkel er ist?

Für die, die dort wohnen, ist die dunkle Nacht ein heller Tag,Für
Fremde ist der helle Tag eine dunkle Nacht.

Augen, Nase und Ohren eines Fremden
Sind wie eine Mauer, in der Löcher sind.

Sie befreite den Liebenden von weltlichen Sorgen:
Liebe ist das Juwel König **Salomon**s.

Jeder, der Liebesleidenschaft im Herzen hat,
Ist jung, selbst wenn er hundert Jahre alt ist.

Ist es der Mond, den man im Zwielicht sehen kann?
Oder ist es ein weißer Armreif am Arm der Schönen?

Wie kann der Fremde etwas davon bekommen,
Wenn schon der Liebhaber immer darum kämpft?

Jetzt mästest du mich für den Schlachter,
Aus diesem Grund erzeigst du mir solche Freundlichkeit.

Zwar hat er einen Namen, aber er ist unsichtbar,
Anscheinend ist er entweder eine ***hoori*** oder eine Fee.

Leute fallen in das Grübchen auf seinem Gesicht,
Obwohl es unter seinem jungen Bart gut verborgen ist.

Ich, **Rahman**, bin mit meiner Geliebten glücklich, wenn sie grausam ist.
Wenn sie aus Liebe geformt ist, ist mir ihre Grausamkeit willkommen.

D316

Ich kann nichts anderes als sie sehen

Wenn man aus äußerstem Schmerz sterben könnte,
Wäre ich schon lange tot.

Ich habe mein Herz wegen deiner schwarzen Locken verloren,So wie man goldenen Schmuck in dunkler Nacht verliert.

Im selben Augenblick akzeptiert sie und weist sie zurück,
Ich weiß nicht, ob ich ihr gehöre oder nicht.

Sie hat in der einen Hand Balsam und in der anderen einen Dolch,
Man rechnet mich nicht unter die Lebenden oder die Toten.

Wenn ihr der Tod ihrer Liebhaber gefällt,
Möchte ich der erste von allen sein.

Wie eine ***suti*** beanspruche ich keinen Blutpreis,
Ich habe diesen Schmerz selbst angenommen.

Niemand soll durch meine vielen Tränen traurig werden,
Ein Strom kann durch Mitgefühl nicht vermindert werden.

Ich fürchte mich vor der dunklen Nacht der Trennung,
Wenn ich den weißen Mond ihrer Begleitung nicht sehen kann.

Die Qual um die Geliebte stürzt sich wie ein Löwe auf mich.
Möge Gott es fügen, dass sich kein Löwe auf irgendeinen stürzt!

Ich wache nachts, um meinen Schmerz zu lindern:
Manchmal mit Wein auf den Lippen, manchmal mit einer Flöte an den Lippen.

Manchmal nehme ich ein Buch, manchmal eine ***rabab***,
Aber mein Schmerz nimmt nicht im Mindesten ab.

Alle meine Nachbarn werden in ihrem Schlaf gestört,
Selbst wenn ich hinter hundert Wänden wehklage.

Selbst wenn der Liebende in den Augen der Geliebten nur ein Hund ist:
Möge der Hund nicht durch das Schwert der Trennung getötet werden!

Ich, **Rahman**, ertrinke so sehr in Schmerz um meinen Geliebten, Dass ich außer ihm nichts sehen kann.

D317

Nur Religion

Welches Geschäft es in der Welt auch geben mag, es ist nur Religion.
Meinen Glückwunsch denen, die es verrichten.

Denen, die dazu bestimmt sind, Frömmigkeit und Tugend zu besitzen,
Ist ihr Glücksstern ihr Freund.

Zufriedenheit legt mir einen solchen Geschmack in den Mund,Dass ein Stück trockenes Brot darin wie Honig schmeckt.

Sie sind Könige ohne Elefanten und Kamele,
Stücke einer alten Matte sind ihr Teppich.

Wenn sie ihre Hände im Gebet um die Erfüllung eines Wunsches erheben,
Sagen die Engel des Himmels ihr „Amen" dazu.

Wer dazu bereit ist, in dieser Welt den niedrigsten Rang einzunehmen,
Dem wird in der nächsten die höchste Stellung anvertraut.

Wie Wasser immer bergab fließt,
So segnet Gott die Demütigen mit Größe.

Demut ist die Auszeichnung der Bescheidenen,
Ihr Herz ist rein, selbst wenn ihre Kleider schmutzig sind.

Selbst wenn das Haupt der Mächtigen bis in den Himmel ragt:
Ein paar Tage darauf ist ihr Ort unter der Erde.

Einer, der auf seine Arroganz und Macht stolz ist,
Verdient keine Gnade und wird verdammt.

Zwar hat ihr Körper menschliche Form,
Sie sind jedoch nicht wirklich Menschen, sondern Teufel.

Zwar hat **Rahman** keine weltlichen Reichtümer,
Gott sei Dank, ist er aber weder arrogant noch ichbezogen!

D318

Der Bülbül unserer Gemeinschaft

Ich bin der Bülbül unserer Gemeinschaft. Was ist ein Garten,
Verglichen mit unserer Gesellschaft? Was ist ein Blumengarten?

Diejenigen, die mit deinem Haus vertraut werden,
Werden nicht einmal den Garten des Paradieses begehren.

Derjenige, der vom Martyrium durch dein Schwert gesegnet ist,Wozu
braucht der noch die Quelle des Lebens?

Für den, dessen Herz in einer deiner Haarlocken lebt,
Für den ist der Laden des Parfümhändlers gar nichts.

Was ist schon dabei, wenn ein lüsterner Mann dich um einen Kuss
bittet?
Er ist nur ein Narr, der allen möglichen Unsinn redet.

Jeder, der auf sich selbst herumtrampelt,
Was ist ihm der Himmel? Er hat auf Gottes Thron getreten.

Wenn ich Tränen aus Schmerz um dich vergieße und in Seufzern
klage,
Solch Blitz, Donner und Regen sind unvergleichlich.

In der Liebe zu dir habe ich mich und die Welt vergessen,
Ich weiß nicht mehr, wer ich bin und was die Welt ist.

Erklär mir doch ein wenig, warum du mich nicht ansiehst!
Welcher Schaden und Verlust entstünde dir bei einer solchen Handlung?

Liegt es daran, dass ich ungeduldig bin oder dass du mich nicht liebst?
Wie kannst du dir das in deinem Herzen erklären?

Wenn deine Augen Mörder sind, dann bin ich das Opfer.
Sag mir doch, was du dir sonst noch in deinem Herzen wünschst!

Du siehst mich ja, warum fragst du mich also nach meiner Verfassung?
Wozu muss man über das, was man sehen kann, reden?

Was du auch sagst, **Rahman** bietet deinem Strick seinen Hals an.
Der Schwache kann nicht vernünftig mit dem Starken reden.

D319

Dauerhafter Reichtum

Mit meiner Liebsten zur Seite und einem Becher in der Hand:Heute ist der **Aurangzeb** der Gegend mein Sklave.

Reichtümer werden nicht immer den Reichen gehören,
außer der Liebe, die ein dauerhafter Reichtum ist.

Wie lange wird das Himmelsross weitergaloppieren,
Wie lange kann es am Rand des Daches entlang rennen?

Die Angelegenheiten der Welt sind wie Schatten:
Der Schatten hat vor der Sonne keinen Wert.

Wer einen lieblich lächelnden Morgen hat,
Dessen Morgen folgt ein Abend.

Weder Sonne noch Mond sind im Frieden:
Alles, was in die Welt gekommen ist, ist ruhelos.

Schmerzlosigkeit kann nicht in der Welt sein, **Rahman,**
Zeig mir irgendeinen, der keinen Schmerz leidet. Wo ist er?

D320

Die ganze Welt ist Abdur Rahman

Ich habe mich in deinen Schoß geworfen.
Es liegt an dir, nicht an mir, ob das weise war oder nicht.

Ich vergaß alle meine Arroganz und meinen Stolz,
Mein Herz staunt so sehr über deinen hohen Wuchs.

Wenn ich ohne dich im Blumengarten spazieren gehe,
Kann ich nicht sagen, ob es ein Garten oder ein Gefängnis ist.

Wer kannte mich, bevor ich ein Liebender in der Welt war?
Wegen deines Gesichts bin ich jetzt in der ganzen Welt bekannt.

Viele Zeitgenossen **Majnuns** haben weder Namen noch Ruhm,Liebe
ist es, die dem Liebenden Namen und Ruhm gibt.

Die kleinste Raupe wurde ein berühmter Falter,
Sie wurde nur dank der Liebe bekannt.

Wenn du weise bist, behandele jeden so, wie du mit dir selbst
umgehst,
Oh Abdur Rahman, die ganze Welt ist **Abdur Rahman**.

D321

Ganz allein

Jeder bleibt durch das Stigma des Schicksals unerfüllt,
Ob er nun Regent eines Königreichs oder ein Bettler ist.

An der Quelle der Welt gibt es keine Befriedigung,
Ihre Durstigen weinen jeder für sich allein.

Nach einem Haufen Schwierigkeiten kann man nur wenig Trost finden,
Niemand kann auch nur ein Fleckchen in der Welt umsonst bekommen.

Glück in der Welt ist nicht ohne Kummer zu haben,
Selbst eines Geizigen winziges Wohlwollen bringt Beschwernis.

Frieden wird der selten finden,
Der das Wirtshaus dieser Welt betreten hat.

Wir brauchen die Geschichte von **Majnun** nicht zu erwähnen:
In jedem Haus der Welt findet [die Tragödie von] **Leila** und **Majnun** statt.

Die Liebe hat die Menschen mit solchem Zauber behaucht,
Dass die Liebenden sehenden Auges blind sind.

Er hat jedem seine eigene Menge Schicksal gegeben,
Jedes Menschen Bestimmung ist eindeutig.

Segen und Verdammung hängen voneinander ab,
Weder hast *du* noch habe *ich* Einfluss darauf.

Wenn es dem Herrn gefallen mag, wird
Selbst das, was für den Menschen unrechtmäßig ist, rechtmäßig.

Eifrig oder widerstrebend, ob er es will oder nicht:
Das Ergebnis des Schicksals wird dem Willigen wie dem Unwilligen zuteil.

Wende dich und alles andere dem Einen zu,
Dessen Befehle für jeden gelten.

In wessen Hände der Regent Vollmacht legt:
Ihrem Befehl folgt die ganze Welt.

Einer, dem Gott nicht hilft, **Rahman,**
Selbst wenn er Armeen besitzt, ist er allein.

D322

König über alles

Der an deiner Tür, der wie ein Bettler aussieht,
Ist in Wirklichkeit König über alles.

So wie die Trauerweide den Garten verschönt,
So hängt **Mujnuns** Kopf aus Sorge um dich bis auf seine Zehen.

Derjenige, der aus Schmerz wie eine Glocke um dich wehklagt,Ist der Führer aller Verirrten.

Jeder, der sein Herz deinen schwarzen Augen übergibt,
Dessen Platz ist unter dem Bogen deiner Augenbrauen.

Diejenigen, deren Herz in der Locke deines Haares ist,
Sitzen im Schatten von ***huma***.

Wer nicht will, dass wir uns begegnen, nachdem er dich gesehen hat,
Zweifele nicht daran: Er ist ganz bestimmt ein Betrüger.

Die Wohlhabenden sind die Freunde der Reichen:
Rahmans Freunde haben Gott gemeinsam.

D323

Vom Feuer der Liebe verbrannt

Es bringt große Belohnung, wenn man Salbe auf das Herz auflegt,
Das vom Feuer der Liebe verbrannt worden ist.

Richtig ist es, dass man vor Menschen von außen verschleiert ist,
Aber zwischen Freunden gibt es in der Freundschaft keinen Schleier.

Außer dir gibt es noch andere überwältigende Schönheiten,
Du wurdest jedoch als größte von ihnen ausgewählt.

Wie sich eine Blume vor der Sonne schämt,
So die Sonne vor deinem Gesicht.

Dieser Rausch und diese Röte kommen nicht vom Wein;
Das Schwert ihrer Augen ist in Blut getaucht.

Welche Antwort soll **Rahman** der Geliebten geben?
Wie können die Toten den Lebenden antworten?

D324

Herzenswunsch

Ob du mir nun Grausamkeit oder Freundlichkeit erweist:
Mein Herz begehrt, den Willen deines Herzens zu erfüllen.

Während ich in dich verliebt bin, fliehen sie mich:
Unheil, Unglück und Katastrophe.

Jede Strafe, die mir in deiner Liebe gegeben wird,
Diese Strafe habe ich freudig angenommen.

Selbst wenn die ganze Welt in meinen Augen befestigt ist,
Kann ich doch nichts als dich erkennen und mich an nichts als an dich erinnern.

Als ich das Lied deiner Liebe hörte,
War der Rat anderer für meine Ohren wie Wind.

Was habe ich jetzt mit Ehre und Ruhm zu schaffen,
Wenn der Name deiner Liebe mit mir verbunden ist?

Jeder Garten ohne die Geliebte
Ist für den Liebenden wie die Lichtung für den Jäger.

Sieh **Rahman**s Stärke und sei entsprechend stolz,
Er ist nicht aus Stahl gemacht, sondern er ist ein Mensch.

D325

Rote Augen

Wenn dein Herz Liebe für den Nebenbuhler empfindet,
Dann soll um deinetwillen der Nebenbuhler mein Freund sein.

Jeder, der in dein Gesicht verliebt ist,
Achtet hundert Gesichter um des einen willen.

Jeder, der im Dienst von Königen steht,
Muss den Türhütern dankbar sein.

Wie kann ich mich über die Nebenbuhler um dich beklagen?
Es ist eine Tradition, dass Blumen Dornen haben.

Ohne dass hundert Dornen seine Brust durchbohren,
Wie kann der Bülbül seinen Weg zur Blume finden?

Er wird seine Gebetmatte zum Teppich für **Saqi** machen:
Jeder Sufi, der rote Augen ersehnt.

Er wird durch die Leidenschaft der Liebe verrückt,
Selbst wenn er so klug ist wie **Plato**.

Niemand wird **Rahman** kritisieren,
Der dein Gesicht wahrgenommen hat.

D326

Der Schatz Zufriedenheit

Wie wohlbeschaffen auch sein Körper sein mag,
Nach dem Tod wird er zerbrochen sein.

Dafür will ich tausend Eide schwören,
Falls du Eiden und Gelübden glaubst.

Sie werden vor dir oder nach dir gehen,
Ob es nun dein Bruder, Verwandter oder Sohn ist.

Die Zeit wird ihn mit Füßen treten,
Selbst wenn er so hoch wie der Himmel erhoben ist.

Betrachte ihn als mit Erde gefüllt:
Selbst wenn sein Mund sein Leben lang mit Süßigkeiten gefüllt ist.

Jeder, der in der Welt Freiheit genießt,
Wird nach dem Tod gebunden sein.

Jeder, der sich nicht vor der Wahrheit verbeugt hat,
Wird immer eine Schlinge um den Hals haben.

Was ich dir sage, sage ich mit der Autorität,
Die ich im Koran und im **Hadith** gefunden habe.

Wenn du nicht an den Koran glaubst,
Wie können dir dann meine Worte ein Rat sein?

Leugnung des Korans wird sie nicht unbeliebt machen:
Denn alle diese Worte sind anziehend und anerkannt.

Oh Gott, gib **Rahman** den Schatz Zufriedenheit,
Dann kann er ohne Land oder Diener reich sein.

D327

Mein Freund

Wenn das Leiden der ganzen Welt auf meinem Kopf aufgehäuft würde,
Wäre alles leicht, wenn mein Freund mir ein Freund wäre.

Ich will ihn tausendmal für meine Geliebte opfern:
Wenn ich tausend Körper wie diesen hätte.

Diejenigen werden nicht zu den Liebenden gezählt,
Deren Wunden auf der Brust zu zählen sind.

Gott schuf die schwierige Aufgabe: Liebe!
In der Welt gibt es keine schwierigere Aufgabe.

Wenn nicht Tränen Wege auf ihr Gesicht zeichnen,
Werden sie keinen Weg zu ihrer Geliebten finden.

Wie kann einer eine Blume wie meine Geliebte begehren?
Blumen dieser Farbe findet man nie in einem Garten.

Das kann man weder auf dem ***bazar*** noch in der Stadt finden:
Das, was auf dem ***bazar*** der Schönen zur Verfügung steht.

Ich kann kein Gesicht wie das meiner Geliebten sehen,
Nicht einmal, wenn es tausend Schönheiten zu allen Seiten gibt.

Den Liebenden interessiert nicht, ob es wenig oder viel ist,
Sondern ob er die Geliebte *überhaupt* sehen kann.

Es gibt Abertausende Schöne.
Ich schwöre, dass die Geliebte von keinem jemals wie die meine ist.

Der Tod nimmt keinen für einen anderen, **Rahman**,
Wenn er es täte, würde *ein* Freund für den anderen einspringen.

D328

Ein Mujnun wie Rahman

Wie können die sich für den Freund interessieren:
Diejenigen, die tausend Freunde überall haben?

Nur der wird für seinen Freund verwundet,
Der sich von anderer Freundschaft fernhält.

Mögen sich Frieden und Geduld für mich in Gift verwandeln,Wenn
ich ohne dich Geduld und Frieden habe!

Das Leben eines jeden wird durch die Verbindung mit der geliebten
Person vortrefflich,
Wozu nützt das Leben ohne die geliebte Person?

Wenn ein Freund im von der Liebe entzündeten Feuer verbrennt,
Ist das Feuer ein Blumengarten für Liebende.

In der Liebe gibt es kein Leid. Gott bewahre,
Dass du meinem Herz auch nur den geringsten Schmerz zufügen würdest.

Diejenigen können nicht Liebende genannt werden,
Die sich um ihr Leben und ihre Ehre sorgen.

Für die Hölle bestimmt sind die, die einen ***zunar*** um den Hals tragen,
Aber nicht die, die eine Schnur deiner Flechten tragen.

Wenn einer mit der Schnur deiner Flechten im Feuer verbrannt wird,
Wird das Feuer in Wirklichkeit das deiner Wangen sein.

Die Mädchen werden berühmt wie **Leila**,
Die einen **Rahman** wie **Majnun** in ihrem Land haben.

D329

Den Heiligen folgen

Die einander lieben,
Sind sowohl im Reichtum als auch in der Armut glücklich.

Liebe ist jenseits des Punktes,
An dem man Kummer oder Linderung fühlt.

Teilweise von Flammen, teilweise von Liebe verbrannt:
Ob man einander begegnet oder sich trennt, alles ist Liebe.

Wenn Gott zum Ziel und Zweck eines Menschen wird,
Wird all sein Sitzen und Stehen zu Anbetung.

Der ist ein ***haji,*** selbst wenn er nach zwei Schritten stirbt,
Dessen Absicht es war, nach **Mekka** zu gehen.

Alle, die den Heiligen folgen,
Sind selbst wahre Heilige.

Was nützt es, wenn einer auf einem goldenen Thron sitzt?
Die Dummen blamieren sich vor den Gebildeten.

Erde und Gold werden für den Menschen zu ein und demselben,
Im Augenblick, wenn er die Welt verlässt.

Es gibt einen Unterschied zwischen dem Klugen und dem Dummen,
Aber entfesselte Intelligenz ist Dummheit.

Geh nicht mit jedem ungeniert um:
Jeder hat seine eigene Würde.

Wenn auch andere den Angelegenheiten der Welt nachgehen,Sollte sich **Rahman** um die Dinge der nächsten kümmern.

D330

Das Weinen des Bülbül

Du hast doch Liebende im Feuer verbrannt, nicht wahr?
Sind sie nicht im Ofen deiner Liebe verbrannt?

Alle Prüfungen der Trennung in der Liebe,
Hast du mir gezeigt, nicht wahr?

Die Welt bedeutet nur Seele und Wesen,
Beide habe ich dir geopfert, nicht wahr?

Pfeile von Wimpern auf dem Bogen deiner Augenbrauen –
Hast du sie nicht auf mich angelegt?

Mein Herz zerspringt immer aus Schmerz darum:
Dein schwarzes Haar ist lockig, nicht wahr?

Komm und sieh dir den Zustand der Liebenden an,
Wurden sie nicht vom Schwert der Liebe getroffen?

Wenn Ratgeber Liebenden raten,
Waren sie jemals verliebt oder nicht?

Selbst wenn die Schönen Engel an Schönheit sind,
Sind sie nicht in Wirklichkeit Teufel, die uns das Herz herausreißen?

Die Bülbüls weinen um sie, **Rahman**:
Haben die Frühlingsblumen denn schon geblüht?

D331

Wild bei deiner Verfolgung

Möget ihr vor allen Kümmernissen sicher sein,
Oh Menschen meines Hauses und meines Dorfes.

Ich dachte, es wäre weise, nach Liebe zu streben;
Jetzt ist mir meine Dummheit bewusst.

Wasser, das den Kanal hinuntergeflossen ist, kann man nicht zurückholen:
Zu späte Reue ist nutzlos.

In einem Augenblick ist ein Gebäude zerstört,
Ein Mensch ist der, der das Zerstörte aufbaut.

So wie der Wind über Gebirge und Wüste fegt,
So wild bin ich im Streben nach dir.

Ich kämpfe gegen den Schmerz um dich;
Wer kann mit einem solchen Dämon ringen?

Das, was aus Wasser, Feuer, Erde und Luft ist:
Welche Hoffnung kann man aus einem solchen Leben schöpfen?

Du machst mir so große Versprechungen!
Wenn du mir nur einen Garantieschein dafür geben würdest!

Wenn du und ich damals gelebt hätten,
Würde niemand mehr die Geschichte von **Leila** und **Majnun** erzählen.

Sie wären über deinen Auftritt erstaunt,
Wenn **Adam Khan** und **Durkhanay** noch lebten.

Wem ich es auch erzähle, er staunt,
Wenn ich erwähne, wie verstört **Rahman** ist.

D332

Feder im Wind

Ich bin so tief in den Fluss der Sorge um dich gefallen,
Dass ich wie ein Fisch ohne Messer geschlachtet werde.

Ich bemerkte, dass du den Bogen gespannt hast,
Du hast den Bogen bis zu deinen Augenbrauen gespannt und auf mich angelegt.

Meine Augen richteten sich auf mich selbst,
Bis du mir unter die Augen kamst.

Jetzt hat mich die Liebe zu dir unaufmerksam auf mich und die Welt gemacht,
Ich werde wie ein Strohhalm im Strom der Flut fortgetragen.

Liebe macht einen zu einer Feder im Wind,
Selbst wenn er ihr wie ein Berg standhält.

Jeden, der sicher aus dem Meer der Liebe auftaucht,
Ihn betrachte ich so, als wäre er heute von seiner Mutter geboren worden.

Keinem, dem das Ungeheuer schwarzer Flechten in den Weg kommt,
Ist es möglich, sein Haus zu erreichen.

Wenn du von einem Berg fällst, kannst du wieder hinaufkommen,
Aber die, denen das Herz gebrochen ist, werden nie wieder aufstehen.

Diejenigen, die von Flammen geröstet wurden, können sich erholen,
Diejenigen, die von den Flammen der Trennung versengt wurden, können nicht heil werden.

Ich, **Rahman**, sehe den Tod jeden Augenblick, wenn ich um dich leide,
Obwohl er nicht mit Augen zu sehen ist.

D333

Das Blut

Aus Schmerz um dich weine ich Blut,
Es ist alles Blut, reines Blut. Nichts als Blut.

Du kannst sehen, wie du mich mit nur einem Blick tötest,
Und doch schärfst du deinen Dolch auf dem Stein, oh Steinherzige.

Du tötest mich in jedem Augenblick mit deinen Augen,
Du glaubst es nicht einmal, oh Zweiflerin.

Menschen *leben d*urch die Liebe zu dir. Ich weiß nicht
Aus welchem Grund die Liebe zu dir *mich* getötet hat.

Es ist offensichtlich, dass viele Leute ihre Kleider färben werden,
In derselben Farbe wie die schönen Kleider, die du anlegst.

Er hat keine Kraft, irgendwohin zu gehen,
Da dein Blinzeln dem Liebenden einen solchen Wadenkrampf verursacht hat.

Zwar erscheint mein Körper in gutem Zustand,
Mein Herz jedoch ist durch den Schmerz um dich gebrochen, oh Geliebte.

Wer könnte besser als du sein?
Oh Beste aller Geliebten!

Wenn deine Flechten das Herz **Rahman**s bewölkt haben,
Vergießen seine Augen blutige Tränen.

D334

Die Brise der Vereinigung

Ich möchte ein Vogel werden, der mit der Brise der Vereinigung fliegt.
Mein ganzer Körper ist im Feuer der Trennung geschmolzen.

Weder verleiht ihm die Leidenschaft Flügel noch tötet ihn der Kummer,
Wenn der Mensch nicht robust wäre, hätte eines von beidem auf ihn eingewirkt.

Wenn das Herz hätte brechen sollen, wäre es bei diesem Kummer gebrochen,
Die Qual, die durch die Trennung von der Geliebten verursacht wird, erträgt das Herz.

Wenn ich mir die Grausamkeiten des Nebenbuhlers ansehe,
Wünsche ich, blind für das Seufzen der Geliebten zu sein.

Dir macht es nichts aus, oh Gott,
Ob zwei Liebende sich voneinander trennen oder nicht.

Ich wünschte, jemand würde mir um Gottes will einen solchen Zauberspruch aufschreiben,
Dass ich dem Geist der Geliebten auch nur ein wenig annehmbar erschiene.

Wenn ich meine Geliebte nur einmal mit Augen sehen könnte, um mich ihrer Existenz zu versichern,
Dann könnte danach meinetwegen alles passieren, was will.

Wenn er mich nur einmal bei Namen nennen würde!
Danach kann mein Name aus der Welt ausgestrichen werden.

Da er *immer* dem Befehl des Nebenbuhlers gehorcht,
Wünschte ich, er würde mir auch nur *einmal* in derselben Weise folgen.

Ich, **Rahman**, frage mich äußerst verwirrt,
Was bei der Trennung vom Geliebten aus mir werden soll.

D335

Rahmans Dichtung

Wenn sie nicht von dir beschämt worden wären, oh Geliebte,Hätten ***hoora*** und Feen ihr Gesicht nicht bedeckt.

Wie die Sonne durch dein Gesicht beschämt wird,
So bewegt dieselbe Angst den Mond dazu, nachts zu leben.

Vor deiner Schönheit ist alle Lieblichkeit nichts,
Wie kann Nichtigkeit Vorhandensein gleichen?

Außer dem Zauber deiner schwarzen Augen –
Welches Wild kann Zauber beschwören?

Das Schwert deiner Liebe schlägt einen solchen Schlag,
Dass der Kopf dabei wie eine Blase ist.

Auf die Art, wie *du* das Herz gefangen nimmst und tröstest,
Kann es niemand bezaubern und befriedigen.

Alle Schönheit hängt von der Liebe des Liebenden ab,
Ob die Geliebte nun ein Engel oder eine Straßenkehrerin ist.

Für den Liebenden ist der Schmerz um die Geliebte reine Freude,
Im Land des Glücks gibt es keine Traurigkeit.

Das ist eine Regel: Jammer wird von Schmerz hervorgebracht.
Sonst hat **Rahman** nichts mit Dichtung zu tun.

D336

Gnade

Oh Gott, enttäusche den nicht,
Der deine Gnade erwartet!

Warum sollte ich die Hoffnung auf Deine Gnade verlieren?
Schließlich hast Du Dich ja den Höchst Gnadenreichen genannt.

Selbst ein fehlerhafter Mensch achtet seinen eigenen Namen.Du bist Gott: Vollkommen in jeder Hinsicht.

Niemand kann Größe in Deinem Dienst zeigen,
Wenn ihm nicht Freiheit vorgegeben wurde.

Der Geizige denkt, Du wärest geizig,
Aber Du wirst niemals müde, Deinen Segen zu erteilen.

Keiner, der einen anderen Gedanken im Herzen hat als den an Dich,
Wird jemals sein Ziel erreichen.

Für jeden, der aufrichtig Deinen Weg geht,
Wird, wenn er der Verlierer ist, **Rahman** zahlen.

D337

Die Grausamkeit der Geliebten

Ich bin ermattet von der Grausamkeit der Geliebten,
Ich brauche die Welt nicht, auch nicht, wenn sie spottbillig ist.

Wenn er sich im Leben schon als tot betrachtet:
Was kann der Enthauptete sonst noch fürchten?

Wenn das Leben des Liebenden in der Vereinigung besteht,Dann werde ich in der Trennung als tot angesehen.

Mein süßes Leben wurde durch das Scheiden bitter,
So sehr, dass ich nicht einmal mehr frei atmen kann.

Dieser Körper wurde wie Stroh und Liebe wurde ein Feuer,
Wie kann denn das Stroh das Feuer überleben?

Der Unbändige wird wie ein Kamel gezähmt,
Wenn ihm das Seil der Liebe durch die Nase gezogen wird.

Oh Freunde, fragt sanft, sanft nach seinem Zustand,
Denn Trennung hat **Rahman** die Fassung geraubt.

D338

Bist du ein Löwe?

Bist du ein Löwe, um meinen Hals zu erschnappen
Oder auch, um den Nebenbuhler zu töten?

Du weißt, der Tod jagt mich bereits,
Warum bist du dann noch darauf aus, mich zu töten?

War Stolz und Vermessenheit von Anfang an deine VeranlagungOder
bist du nur zu dem Zweck so geworden, mich zu quälen?

Alle diese intelligenten Leute werden verwirrt sein,
Wenn du Herzen so listig fortträgst.

Deine Gewohnheiten werden dich offenbaren. Wie kann ich zeigen,
dass
Du schlimmer als ein Ungeheuer bist?

Aus Ehrfurcht vor dir kann ich dich nicht preisen,
Wie sollte ich dich preisen? Wem gleichst du?

Als ich deine Lippen kostete, wurde ich von Freude
überwältigt,Obwohl deine Rede von Zeit zu Zeit bitter ist.

Selbst wenn **Rahman** alle Schönheiten in der Welt besäße –
Gott bewahre ihn davor, dass sein Herz dich vergäße!

D339

Vereinigung

Wie kann ich zu dir gelangen?
Vereinigung mit dir ist eine unvorstellbare Ehre.

Ich wünschte, ich könnte in deiner Straße wohnen,
Denn das wäre eine großartige Stellung für mich.

Locken deiner Flechten und deine Augenbrauen
Sind ein Wunderland für mein Herz.

Preise du weder Sonne noch Mond, wenn ich es höre,
Denn sie sind nichts im Vergleich mit dir.

Du gibst mir Flüche und Beleidigungen,
Das ist deine Gabe für mich.

Deine Augen haben mein Blut nicht nur heute vergossen,
Es ist schon lange deine Gewohnheit.

Gehe aus **Rahman**s Schoß nicht zum Nebenbuhler,
Denn er ist gemein, übellaunig und bösartig.

D340

Die lebenden Toten

Die zu leben scheinen, sind tot,
Was sie auch sein mögen, nimm an, sie sind es nicht.

Sie sind entweder im Wind verwehter schwarzer Staub
Oder trockenes Gras vor dem Feuer.

Wenn ich die Tage und Nächte meines Lebens betrachte,
Vergehen sie wie Wasser, das den Fluss hinunterfließt.

Sehen oder Hören nützt den Achtlosen nichts,
Sie träumen – ohne dass sie sehen oder hören.

Diejenigen, die sich der Gemeinschaft mit Gott nicht bewusst sind,
Schlafen alle, auch wenn sie wach sind.

Nur Gott kennt die Gefühle in **Rahman**s Herzen,
Und die Sorge, die er für die Geliebte hegt.

D341

Reife Freundschaft

Wenn Liebe vollkommen reif ist,
Gibt es keine Trennung mehr.

Für den Liebenden ist der Wankelmut
Der Geliebten Treue.

Er tauscht sein Königreich
Gegen die Bettelarmut eines einzigen Blickes.

Er verkauft seine ***Khan***schaft für Gerste,
Seine Führerschaft für eine Strohmatte.

Er kümmert sich nicht um
Größe oder Stolz.

Sie erscheinen ihm wie Häresie:
Ichbezogenheit und Eigenwille.

Selbstsüchtige Dünkelhaftigkeit in der Liebe
Passt nicht für den Liebenden.

Zwar sind Geliebte untreu,
Aber die Liebenden werden sie immer preisen.

Ihre Ohren sind taub und ihre Augen blind
Für die Fehler ihrer Geliebten.

Zwar haben sie hunderterlei Kenntnisse,
Sowohl religiöse als auch profane,

Aber sie vergessen sie alle,
Wenn sie sich verlieben.

Sie erreichen ihr Ziel nicht,
Indem sie ein ***sheikh*** oder ein ***mullah*** werden.

Sie opfern ihren Namen und ihre Ehre
Und akzeptieren Tadel.

An Stelle von Selbstachtung wählen sie
Ehrlosigkeit und Armut.

Alle ihre Arbeit geschieht aufrichtig,
Nicht nur für Schein und Schau.

Sie akzeptieren bereitwillig,
Was die von ihnen geliebte Person auch befehlen mag.

Ratschläge haben auf sie keine Wirkung,
Selbst wenn sie hundertmal wiederholt werden.

Die Liebenden profitieren nicht
Von der Weisheit der Weisen.

Die schwierige Aufgabe Liebe
Ist niemals einfach, oh Einfältige!

Diese Arbeit kann nicht getan werden
Von irgendeinem dummen Plappermaul.

Die vom Unglück Verfolgten können
Die Gesellschaft der Geliebten nicht finden.

Sie kann nicht durch Anstrengung gewonnen werden,
Diese Arbeit ist gottgegeben.

Keiner, der der Liebe in die Falle geht,
Kann dort wieder herauskommen.

Entfernt vom Gesicht der Geliebten,
Kann der Liebende nicht glücklich sein.

Er wandert auf der Suche nach der Geliebten umher
Über Bergabhänge und durch Ebenen.

Er ist von den Menschen abgeschieden
Wie ein Jäger in der Wüste.

Sein Ort ist immer
In einem einsamen Winkel.

Er ist immer schlimm verbrannt
Durch die Hitze seines eigenen Seufzens.

Sie verbrennt ihn in jedem Augenblick:
Die Sehnsucht nach der Geliebten.

Er besitzt weder Land noch Reichtum
Noch Rechtschaffenheit noch Frömmigkeit.

Auf so schwierige Weise
Stellt ihn die Geliebte auf die Probe.

Indem sie ihm einen Blick anbietet,
Nimmt sie ihm die Ersparnisse seines Lebens.

Du tötest mich auf diese Weise,
Oh Geliebte: durch deine Untreue.

Es bricht mir das Herz, wenn ich
An deine Selbstgefälligkeit denke.

Du bist unendlich stolz
Im selben Maße, in dem du eine so große Schönheit bist.

Er hat nichts als Vorteil:
Der Händler mit deiner Liebe.

Dein Geschäft ist mein Vorteil,
Ich sage die Wahrheit!

In keinem anderen Gesicht kann man
Die Reinheit der Schönheit deines Gesichts sehen.

Wie kann sich die Sonne mit dir messen?
Sie ist so ohnmächtig.

Die **Zypresse** kann sich nicht messen
Mit der Schönheit deines hohen Wuchses.

Niemand hat den hohen Wuchs,
Wie du ihn hast.

Wenn die Gemeinschaft mit dir ein Fluss ist,
Bin ich ein Fisch in diesem Fluss.

Denn das Leben der Biene ist
Im Laden des Süßwarenhändlers.

Ich bin ein Papagei, der Zucker liebt,
Den Zucker deiner süßen Lippen.

Denke nicht, dass **Rahman**
Ohne dich leben kann.

Zwei Gedichte in ***Mukhamus*** (arabischen Fünfzeilern)

D342

Schöner als die Sonne

Die Freundin, die schöner als die Sonne ist,
Wann wird sie ihr Gesicht, das sie unter dem Schleier hat, zeigen?
Trennung machte mir das Herz über alle Maßen traurig.
Schaffe mir eine Gelegenheit, oh Gott,
Dass ich meiner Freundin begegnen möchte!

Segne mich mit einer Begegnung mit der Lieblichen.
Mache mich zu einem Bülbül im Garten der Schönheit.
Mache mich zu einem Bülbül im Garten meiner Geliebten.
Oh Gott, mache, dass ich Dir näher bin als andere Liebende.
Rette mich vor dem Zorn der Lieblichen.

Die Freundin, deren Blick ich liebe,
Sie zu sehen bin ich immer begierig.
Tag und Nacht weine ich um sie.
Selbst um der ganzen Welt willen
Öffnet sie nicht die Augen, um aus ihrem süßen Schlaf zu erwachen.

Trennung von ihr hat mein Herz heimlich geplündert
Und mich dazu gebracht, mich nach ihrem Anblick zu sehnen,
Sie hat mich in den Wogen des Kummers ertränkt.
Seine Tiefe war unbekannt, was kann ich tun?
Der Schmerz um die Liebe der Freundin ist bodenlos.

Du bist der Freund aller Freundlosen,
Der Lehrer aller Unerfahrenen.
Oh Gott, um der heiligen Heiligen willen
Bete ich um die Gemeinschaft mit der Schönen.
Wann wird dieses Gebet erhört?

Du hast mich mit dem Seil deiner Flechten gefangen genommen,
Du hast mich durch den Schlächter deiner Augen geschlachtet.
Ich bin immer so ruhelos wie ein Boot.
So wie ich durch den Schmerz um dich bestraft bin:
Möge niemand eine solche Strafe erfahren!

Ich wünschte, ich wäre nicht in die Welt geboren worden,
Oder, wenn ich es doch wäre, dass [mein Leben] nicht wie dieses wäre.
So, wie ich in den Flammen der Trennung brenne:
Wie lange kann ich noch weiter in der Abtrennung schmoren?
Meine Brust wurde mein ganzes Leben lang wie ein ***kabab*** gebraten.

Ach! Ach! Wie elend ist mein armes Herz.
Mein Leben und meine Arbeit bestehen immer aus Jammern und Seufzen.
Das Gebäude meines Herzens wurde zerstört,
Wie eine Blase zerstochen wird;
Freunde sind mir keine Hilfe.

Ich gehe dem Rat des Ratgebers aus dem Weg.
Er gibt mir immer auf so vielfache Weise Rat:
Ich soll schwören, mich von der Schönen fernzuhalten.
Meine Ehre macht mich vor ihm stumm.
Ich stehe demütig vor ihm und gebe ihm keine Antwort.

Diese Antwort kann man nicht aussprechen.
Das Geheimnis der Liebe ist so, dass man es nicht sagen kann.
Ich kann diese schwierigen Geschichten nicht erzählen.
Wie kann man den bodenlosen Ozean ausmessen?
Wie kann ich anderen von seinen Ausmaßen erzählen?

Niemand hat die Tiefen dieses Ozeans ausgelotet.
Das Geheimnis kennt niemand.
Niemand hat davon jemals erzählt.
Es ist nur die Liebe und nicht **Rahman**,
Dessen Mund voller Perlen und Edelsteine ist.

D343

Keine Freude ohne Kummer

Deine Grausamkeit hat keine Grenzen, oh Geliebte!
Meine Tränen fließen unablässig aus dem Fluss meines Herzens.
Wie lange wird diese Geschichte geheim bleiben?
Der Kummer lässt mich in meinen eigenen Gedanken ertrinken.
Ich weiß nicht, ob ich ein Berg oder eine Ebene bin.

Wenn ich gewusst hätte, dass es ein solcher Kampf sein würde,
Hätte ich an Freundschaft nicht einmal gedacht.
Ich bin im Fluss deiner Liebe bis zum Hals versunken.
Ich habe außer dir niemanden, der mir helfen könnte,
Aber du gib mir deine Hand, oh Geliebte.

Ich dachte, ich würde niemanden mehr lieben,
Das war meine Absicht, aber ach –
Wer hat das Heilmittel gegen das Schicksal, das ich anwenden könnte?
Selbst wenn ich auf hunderterlei Weise Pläne mache,
Kann ich doch nicht ändern, was in meinem Schicksal geschrieben steht.

Selbst wenn die Schönen untreu sind, kann man sie nicht dafür tadeln.
Die Liebenden sind schuldig, selbst wenn sie treu sind.
Was ich durch Trennung leide, trage ich im Herzen.
Was soll ich Leuten über seinen Zustand erzählen?
Kurz gesagt: Ich bin im Unrecht und nicht du.

Zuerst einmal ist dein Körper der von Feen,
Und zweitens bist du in Beschaffenheit und Betragen wie ein Engel.
Ganz gewiss bist du von hohem Wuchs,
Niemand ist so anziehend wie du,
Selbst wenn man achtzehntausend Rassen durchsucht.

Aus Qual um dich behandele ich mich auf solche Weise -
Oh meine Geliebte –, wie es nicht einmal Feinde einander antun würden.
Warum bist du mit mir so ärgerlich?
Zeige mir meine Schuld, oh Geliebte!
Damit ich tief bereuen kann wie **Nasooha**.

Du lachst mit dem Nebenbuhler und legst ihm die Hand auf die Schulter.
Wenn du mich siehst, kehrst du mir absichtlich den Rücken.
Gott sieht alles, was du mir antust.
Du wirst bis zum Ende grausam sein.
Oder willst du dein Unrecht jemals aufgeben?

Du bist selbst eine solche Gefühllosigkeit geworden,
Dass du das Land des Lachens für den Liebenden unzugänglich gemacht hast.
Du hast für den Armen den Tag in dunkle Nacht verwandelt.
Verhalte dich nicht weiterhin so grausam!
Die Menschen sind über deine Ungerechtigkeit erschrocken.

Alle wissen von unserer Liebe zueinander.
In jedem Haus in jeder Stadt ist davon die Rede,
Dass die und die miteinander befreundet sind.
Wenn ich dich jetzt verlasse, wäre das für mich eine Schande,
Jetzt, wo ich Arabern und Nichtarabern wohlbekannt bin.

Die Person, die in dich verliebt ist,
Wird bei den Menschen so gut bekannt wie **Farhad**.
Männer und Frauen zeigen immer mit dem Finger auf ihn,
Ohne diesen Hinweis ist er eine Fälschung.
Selbst wenn er jeden Augenblick tausend Schwüre ablegt.

Das erste Zeichen, dafür, dass einer liebt, ist dieses:
Dass er ständig jammert.
Sein Name ist immer mit einem schlechten Ruf verbunden.
Er fürchtet weder Tadel noch Strafe,
Sondern er fürchtet allein den Jammer der Trennung.

Alle, die süchtig nach Geliebten werden,
Können keinen Augenblick ohne die Schöne überleben,
Selbst wenn sie zu Königen gemacht worden sind.
Verglichen mit diesen verbrannten Liebenden,
Wäre dieser Besitz weniger als ein einziger Strohhalm.

Auch wenn sein Thron wie der **Solomon**s in der Luft sein könnte,
Wird die Liebe ihm Staub unter die Füße legen.
Er wird immer jammern und weinen,
Wenn dergleichen Zeichen an ihm gefunden werden.
Nur daran ist erkennbar, dass er liebt.

Niemand sollte meinen, Liebe wäre leicht,
Das ist unendlich schwer zu sagen.
Niemand hat Vereinigung ohne Trennung gefunden.
Du kannst es selbst herausfinden, **Rahman**:
In der Welt kann es keine Freude ohne Leid geben.

GLOSSARE (alle Wörter sind in englischer Umschrift belassen)

GLOSSAR A WÖRTER (m und f bezeichnen das Geschlecht des Wortes in Pashto. Plural in Klammern)

Akhtur m *(akhtaruna)* Pashtowort für *Eid al Adha*, Opferfest, eines der beiden von Muslimen gefeierten religiösen Feste
alamgir m Weltregent oder Eroberer. Den Titel benutzte Aurangzeb auf seinen Münzen.
alif m erster Buchstabe des Alphabets. Er hat die Form eines I. Er symbolisiert die aufrechte, großgewachsene Gestalt des Liebenden
aliman m gebildete Gelehrte (Plural von *alim*)
anbur Ambra: ein süßer Duft, der aus dem Magen des Pottwals gewonnen wird. Es wird heute noch in in Peshawar verkauft
onqa legendärer Vogel, den niemand je gesehen oder gefangen hat. Im Sufismus steht die Suche nach ihm für die Suche nach der/dem Geliebten.
Araf Bereich zwischen Himmel und Hölle. Ein Warteraum für die, die aus Unvermögen weder gut noch schlecht sind.
Arbab m (*Arbaban)* Stammesführer
Ashura 10. Muharram [erster Monat im islamischen Kalender, einer der vier heiligen Monate]: Trauriger Erinnerungstag an den Tod von Husayn in der Schlacht von Kerbela/Karbala 680.
Ata Vergleich zwischen *khata* und *ata*: ein sehr kleiner Unterschied
Auliam Freunde Gottes, Heilige (Plural von *wali*)
Autadm (oustadan) höchste Stufe der Religiosität, die beiden anderen sind *ghaws* und *qutb*
ba'dal m Rache, Racheakt
baqaf ewiges Leben
barakat m (barakatuna) spirituelle Kraft
bayd Weidenbaum
bazarm (bazaruna) Markt
benafshay Hexenseide, Teufelszwirn: ein Unkraut

bülbül m (bulbulan) ein Vogel von der Größe einer Amsel. Oft irrtümlich als Nachtigall übersetzt
Buraq m das Pferd, auf dem Mohammed im *miraj* in den Himmel aufstieg
Chader m von Männern und Frauen getragener Schal
Chars m Cannabis
chinar m (*chinaruna*) Platane
chundurn seltenes, süß durftendes Holz – *Santalum album*
chung gitarrenähnliches Musikinstrument
chwa duftende Pflanze
daftar m (*daftaruna*), auch *buro*Band (eines Buches)
dervish m (dervishan) mystischer Anhänger Gottes
diwan m (diwanuna) die gesammelten Werke eines Dichters
Eidvgl. *akhtur*
Darham Silbermünze
Dinar Goldmünze
Dghur ein mythischer Vogel, der den Koran auf seinen Federn hat.
Dunyia Welt, Weltlichkeit
Fakir wandernder Heiliger, viele von ihnen mittellos
fana Auslöschung des Ich in Gott
fiqh Disziplin der Erläuterung der *shar'ia*
fur'uz islamische Pflichtübungen
fat'wa Erklärung des Abfalls vom Glauben
Ghaflut Nachlässigkeit, sorgloser Schlummer
Ghazal Gedicht im persischen Stil, gewöhnlich ein an die Geliebte gerichtetes Liebesgedicht
hadis/hadith Bericht und Tradition, die mit Worten und Taten des Propheten verbunden sind
Hajj ährliche Pilgerfahrt nach Mekka
haji einer, der einen *haj* durchgeführt hat
Hakim Medizin Praktizierender ohne Lizenz
haal Zustand oder spirituelle Haltung

halal alles, was dem islamischen Gesetz entspricht. Das gilt für Nahrungsmittel wie für Verhalten.
Halwa Süßer Nachtisch aus gemahlenem Reis, Zucker und Öl
Haram alles, was im Islam verboten ist. Gegenteil von *halal*
Hajab Schleier persischen Stils
Henna gemahlene Blätter, zum Färben von Haar, Händen und Füßen benutzt, dunkelrot
hoori/na schöne Jungfrauen im Paradies
Hujra Gästehaus für männliche Gäste, traditionell ein Ort der Gastfreundschaft von Dorfgemeinden
Huma mythischer Vogel. Er macht jeden zum König, der unter seinen Schatten kommt. Er isst nur trockene Knochen.
Hulul die Erscheinung des Göttlichen in schönen Menschen
Humd Gotteslob als Gedicht
Imam leitet die Gebetszeiten in der Moschee
'ishq intensive, leidenschaftliche Liebe
Jahil Unwissende, unempfindlich gegen Gott
Jeem ein gebogener Buchstabe des Alphabets
Jihad Kampf gegen Sünde und manchmal bewaffneter Konflikt mit Nichtmuslimen
Jinn Geister
Kabab gebratener Fleischspieß
kaf'ia reimender Vers
kalima Glaubensbekenntnis, aber auch gewöhnliche Rede
khan Stammesführer oder Landbesitzer. Früher war Khan ein feudaler Grundherr.
Khanqah Sufi-Herberge
Khata vgl. *ata*
Khel Stammes-Clan oder Unter-Clan
khush hal glücklich
koza Waschschüssel
kufr Rede, die der islamischen Lehre widerspricht
kuliat Anthologie aller Werke eines Dichters

lal Rubin
madrash Religionsschule, viele einer Moschee angeschlossen
malik Führer, Herr
malung Wanderer, der der Welt entsagt hat
mangai kleiner Tontopf, manche werden zum Bau einer Trommel verwendet
marifat Gemeinschaft/Gnosis
mazar Heiligenschrein
mehrab Nische unter einem Bogen in einer Moschee, die nach Mekka zeigt
miraj Himmelfahrt Mohammeds
mirza Schreiber
misra eine der beiden Zeilen eines Zweizeilers
miswak zum Zähneputzen gebrauchter Zweig, wurde im Turban getragen
moqam Ebene oder Bühne
mordar unreines Tier, das man nicht essen darf, oder reines (*halal*) Tier, das nur gegessen werden darf, wenn man die richtigen islamischen Worte dazu spricht.
Mujnoon einer, der verrückt vor Liebe, ekstatisch ist
Mujzoob verrückt oder in ekstatischem Trance
Mukhamus poetische Form mit fünfzeiligen Strophen. Diese arabische Form weisen die beiden letzten Gedichte des *diwan* auf.
Mullah religiöser Führer oder Lehrer
Murid Anhänger oder Schüler eines *pir*
Murshid spiritueller Führer
Mushaira öffentliche Rezitation von Gedichten
Mutul Sprichwort
Narun der parasitische Guineawurm. Er muss aus der Haut herausgeschnitten werden
Nafs niedere fleischliche Natur, Ego (muss beherrscht werden) oder ein Atemzug (bei der Meditation)

Pir spiritueller Führer oder Sufi-Meister, ein „Heiliger", der entweder Mitglied eines religiösen Ordens ist oder Wunder tut
prophet's flower *Blume des Propheten*: eine gelbe Blume mit schwarzen Punkten
purdah Vorhang. Bezieht sich auch darauf, dass Frauen dem Blick der Öffentlichkeit verborgen werden
Pushtunkhwa Ort, an dem Paschtunen leben
Pushtunwali Der Code, die Regeln des Lebens der Paschtunen
Qalandar Vagabund oder wandernder Mystiker
qaqans legendärer Vogel, der andere nachahmt und der sich im Alter ins Feuer setzt. Wenn es regnet wird ein Wassertropfen zu einem Ei, aus dem ein neuer Phönix schlüpft.
Qazi Richter, der *sharia* ausübt
Qibla Gebetsrichtung, Richtung Kaaba
‚qurban' etwa: Ihre Hoheit
qut'b ein rechtmäßiger spiritueller Führer
radeef gleiche Wörter am Ende der 2. Zeilen jedes Zweizeilers
rati kleines, von Juwelieren gebrauchtes Gewicht
Rebab Seiteninstrument (wie die Laute) aus Maulbeerholz, dekoriert mit Muscheln und Intarsien. Auch heute noch das beliebteste Instrument zur Begleitung von gesungener Dichtung
Ra'na zweifarbige Blume
Ramazan Fastenmonat
SalamFriedensgruß
Samandar imaginäres Tier, das gemäß der arabischen Volksüberlieferung so kalt ist, dass es im Feuer leben kann
Sandasi Fakir, der Pflanzen zum Zweck von Alchemie sucht
Serai Herberge für Reisende, wo Karawanen die Nacht verbringen. Einige sind befestigt.
Shaer Reimpaar
Sharbat süßes Getränk aus Fruchtsaft
sharia/shariat islamisches Religionsgesetz
sheikh Sufi-Führer

silsila Reihe/Kette von *sheiks* in einem Sufi-Orden
simurgh Fabel-Greifvogel
sirat die Brücke von *Sirat* überspannt die Höllenfeuer und ist feiner als ein Haar und schärfer als ein Schwert
spund Wildkraut mit schwarzen Samen, die, verbrannt, beißenden Rauch abgeben, der den Bösen Blick abwenden soll, Steppenraute (Peganum harmula)
sunnat Praktiken des Propheten, die nachgeahmt werden sollen
subhan Gott ist groß.
Suti Witwe, die sich lebend auf den brennenden Scheiterhaufen ihres Mannes wirft. Hindu-Tradition
Swab himmlische Belohnung für gute Werke
Tasawwuf Sufismus
Tawaf die **Ka'ba** in **Mekka** umrunden, um Allahs Segen zu bekommen
Takhallus Name des Dichters im letzten Zeilenpaar eines Gedichts
Takhta Brett, auf dem der Leichnam gewaschen wird
Tamasha Schauspiel, Unterhaltung
tapa Form paschtunischer Volksdichtung mit fester Silbenzahl
tariqa Name eines Sufi-Ordens
tauhid Glaube an die Einheit Gottes
tooba Baum Baum, der im Paradies Schatten und Früchte gibt
'urs Todestag eines Heiligen
Uwaysi Gott ohne einen Führer folgen
wahdat modifizierte Version von ‚Einheit des Seins': Gottes Gegenwart erscheint, aber Er ist nicht wirklich in allem gegenwärtig
al shudud Einheit des Seins: Gottes Gegenwart in allem
wahdatal wujud Einheit des Seins: Gottes Gegenwart in allem
wali Heiliger oder Freund Gottes
wis al/wisul Treffen oder Vereinigung mit der/dem Geliebten
yar Freund, Geliebter
zakatzaheeri der Zehnte. 1/40 Geld und 1/10 der Erzeugnisse
zer äußere Erscheinung

zikr Rezitation der Gottesnamen in der Meditation, manchmal mit dem Ziel, in Ekstase zu geraten
zoar kleines Marcato-Zeichen
zunar die Brahmanen-Schnur
zulfikar Alis zweischneidiges Schwert
Zypresse großer schlanker Baum, oft in Analogie zur hochgewachsenen Geliebten

GLOSSAR B. NAMEN VON PERSONEN UND ORTEN

Abraham auch *khaleel*, Freund Gottes genannt. Im Islam wird erzählt, dass er von Nimrod ins Feuer geworfen wurde und das überlebte.
Adam der erste Mensch, von Gott aus Lehm geformt
Adam Khan Volksheld, Geliebter von **Durkhani**
Afridi paschtunischer Stamm, der die Grenze zwischen Pakistan und Afghanistan bewohnt
Alexander griechischer General, der auf dem Weg nach Indien ins Paschtunengebiet einmarschiert
Araf Punkt auf halbem Weg zwischen Himmel und Hölle
Arzani paschtunischer Dichter
AttockStadt an der heutigen östlichen Ecke des Paschtunenlandes
Aurangzeb (1659-1707). Mogulischer Kaiser, der die *Shar'ia* wiedererrichteteund Hindus verfolgte. Er besiegte seine Brüder und sperrte seinen Vater Shah Jehan ins Gefängnis, um den Thron zu besteigen.
Ayaz Diener **Mehmuds** von Ghaznvi, vielleicht auch sein Liebhaber
Azam Auranzebs Sohn
Azar Vater Abrahams, Götzendiener. [Gen 11,26: Tharah]
Aziz Khan Vielleicht Rahmans Bruder oder ein Khan seines Dorfes
Badakshan Gebiet im Nordosten Afghanistans, berühmt wegen seiner kostbaren Rubine
Bagdad Hauptstadt des Irak, Sitz der Gelehrsamkeit
Bagram wahrscheinlich das heutige Peshawar

Bahman persischer König
Bahlol König Bahlol Khan Lodhi (reg. 1451–1489), Fürst des paschtunischen Lodhi-Stammes
Bijapur Stadt im Indischen Hochland von Dekkan, jetzt Vijayapura (Karnataka), schiitisches Sultanat
Bhagnagar jetzt Hyderabad.
Chinja Stadt in Indien
Chinjawar Stadt in Indien
Doalat paschtunischer Dichter, Zeitgenosse Rahmans
Dara ältester Sohn Shah Jehans, im Kampf um den Thron von Aurangzeb getötet
Darius persischer König (* 549 v. Chr.; † 486 v. Chr.)
Daudzai paschtunischer Stamm
David der jüdische König
Delhi Hauptstadt Indiens
Dikianus römischer Kaiser
Durkhanay Geliebte Adam Khans
Farhad verliebte sich in **Shirin**, die Frau König **Khusraus**. Er grub einen Kanal durch den Berg, in dem Milch zu ihr fließen sollte. Als er mit dem Bau fertig war, wurde ihm fälschlich gesagt, sie sei tot, und er nahm sich das Leben.
Gul Khan Der Freund, der sich opferte, um **Jamal Khan** das Leben zu retten
Habash afrikanisches Land, vielleicht Somalia
Hassan und Hussain Enkel der Propheten des Islam, in Medina und **Kerbela** getötet
Hatim Tai arabischer Volksheld, berühmt wegen seiner Großzügigkeit
Heer der Geliebte Ranjas in der punjabischen Volkssage
Hindiki ein Volk, das wahrscheinlich Hindko oder vielleicht Punajabi spricht
Hindustan Indien
Hujaj irakischer, wegen seiner Grausamkeit berüchtigter König

Ibrahim König von Balkh, berühmt wegen Demut und Verzicht auf Besitz

Adham Sufi-Heiliger, gest. um 782

Ilyas Elija, biblischer Prophet

Indus Fluss, der in den Osten *pushtunkhwas* fließt

Jamal Khan Stammesführer, der bei der Hochzeit seines Sohnes mitsamt der ganzen Hochzeitsgesellschaft verbrannte (1711)

Jamshed Kaiser von Persien. In seinem Weinglas sollten sich künftige Ereignisse spiegeln und es sollte das Lebenselexier enthalten.

Jesus Prophet, der heilen und Tote auferwecken konnte

Joseph in der islamischen Tradition wegen seiner Schönheit berühmt

Ka'ba Haus Gottes im Zentrum **Mekka**s

Kerbala Schlacht in der Nähe des heutigen Bagdad, in der Alis zweiter Sohn Hussain 680 getötet wurde

Kausar See der Erfrischung im Himmel

Khaleel paschtunischer Stamm um Peshawar

Khushhal Khan Khatak (1613-89) vielseitiger Schriftsteller, direkt am Widerstand gegen die Mogulen beteiligt

Khatak paschtunischer Stamm

Khorasan Gebiet, das auch Teile von Afghanistan und des heutigen Iran umfasst

Khorum anderer Name **Shah Jehans**

Khusrau König von Persien und Eheman Shirins, Farhads Geliebter

Khyber Pass zwischen Pakistan und Afghanistan

Khizr Diener Allahs und Lehrer Moses' in koranischer und vorkoranischer Überlieferung. Er fand die Quelle des Lebens und soll noch leben. Der Fromme kann ihm noch begegnen und seinen Segen bekommen.

Kisra ein anderer Name **Khusrau**s

Kohistan „Land der Hügel", Gebiet von Pakistan und Afghanistan

Lahore jetzt in Ostpakistan, Zentrum der Mogul-Herrschaft

Leila Geliebte Majnuns

Majnun legendärer Liebhaber, hieß eigentlich Qais. Als Kinder verliebten er und **Leila** sich. Treffen sollten verhindert werden. Laila wurde gegen ihren Willen anderweitig verheiratet. Sie starb aus Kummer und er starb an ihrem Grab. Name bedeutet auch „Verrückter“

Mansur (858-922) Mystiker Hallaj, für Äußerung „Ana ul Haq“ (Ich bin die Wahrheit) in Bagdad hingerichtet. Besuchte auch Indien

Mahshar Versammlungsplatz am Tag des Gerichts

Mekka Stadt in Saudi Arabien, Gebetsrichtung und Ziel von **Haj**

Medina zweitheiligster Ort für Pilgerreisen

Mehmud König von Ghazni, der in Indien einfiel, um die Moslem-Herrschaft zu errichten

Messias Titel Jesu Christi

Mirza paschtunischer Dichter

Mohmand Rahmans paschtunischer Stamm

Moses Prophet, der die Israeliten aus Ägypten herausbrachte

Mohammed Prophet des Islam

Nasooha Heiliger, der zur Erweckung vollkommener Reue angerufen wird

Nawsherawan für seine Gerechtigkeit berühmter König

Nimrod König des Irak, beanspruchte, Gott zu sein. Weil Abraham widersprach, wurde er ins Feuer geworfen, das dann zu einem Blumenbeet wurde.

Pharao König von Ägypten, berühmt wegen Stolz und Grausamkeit

Plato der griechische Philosoph

Qab Berg, hinter dem die Sonne untergeht

Qarun Aaron, Moses’ Bruder betete um Reichtum, wurde aber arm. Berühmt für seine großen Kuhherden, wurde von Moses verflucht, weil er keine Steuern zahlte und wurde mit seinem Schatz von der Erde verschluckt.

Qubad Vater von **Nawsherawan**, sassanidischer König um 488 AC

Ranja Geliebte Heers. Sie trafen sich am Chenab-Fluss und er wurde Diener in ihrem Haus.

Rustam egendärer Held und persischer Ringer
Sarban Rahmans Stammesgruppe, einer der ursprünglichen afghanischen Stämme
Saqi Mundschenk, serviert alkoholische Getränke. Symbol des Geliebten
Shah Alam Bahadur Shah I, ältester Sohn **Aurangzeb**s, bekam Shah-Titel 1676
Sah Jehan Vater **Aurangzeb**s. Vom Sohn ins Gefängnis geworfen
Shadad grausamer König
Shirin Ehefrau **Khusrau**s, Geliebte **Farhad**s
Salomon König im Alten Testament
Usbekenzentralasiatisches Turkvolk, auch in Nordafghanistan
Zamzam die Quelle, die Gott für Hagar und Ismael entspringen ließ (Gen 21,19, dort ohne Namen)
Zulaykha Potiphars Ehefrau, die versuchte, Joseph zu verführen

Literaturangaben [kleine Auswahl]

Benawa, A.R., Selections from Early and Contemporary Pashtu Literature. *Pashto Quarterly.* vol.5, no.2 (Herbst 1981)

Caroe, Olaf, *The Pathans*: 550 B.C. – A.D. 1957 (London: Macmillan, 1958)

Dupree, Louis, *Afghanistan* (New Jersey: Princeton UniPress, 1973)

Dorn, Bernhard, *A Chrestomathy of the Pushtu or Afghan language*. St. Petersburg: Kaiserliche Akademie, 1847.

Elphinstone, Mountstuart, *An Account of the Kingdom of Caubul* (London: Longman, 1815)

Enevoldsen, Jens, *Selections from Rahman Baba* (Herning: Kristensen, 1977)

Ernst, Carl W., *Words of Ecstasy in Sufism*. Albany: State University of New York, 1985.

Hughes, T.P. *Khalid-i-Afghani Selections of Pushto Prose and Poetry for use by students*. Compiled and edited by T.P. Hughes. Peshawar: Lithographed at the Panjab educational Press Lahore, 1872.

Hujwiri, Ali ibn Usman al, *The Kashf Al-Mahjub. The Oldest Persian Treatise on Sufism*, trans. Reynold A. Nicholson (London: Luzac, 1967)

Kamil, Dost Mohammad Khan, Rahman Baba, Ist Ed. 1958 http://www.dawn.com/news/826904/pushto-literature-rediscovering-literary-luminaries [zugänglich Jan. 2020]

Lewis, P., *Pirs, Shrines and Pakistani Islam*. Christian Studies Centre Series (20). Islamabad: PanGraphics, 1985.

Nagel, Tilman, *Geschichte der islamischen Theologie*. München: Beck 1994.

Plowden, Trevor Chichele, Übersetzung von *Khalid-i-Afghani* (Lahore: Jail press, 1875)

Raverty, H.G., *Selections from the Poetry of the Afghāns. From the Sixteenth to the Nineteenth Century.*
London: Williams and Noorgate, 1862. Republished 2008 by Forgotten Books. Darin: „First published 1869“.
www.forgottenbooks.org. [Dort nicht gefunden Jan. 2020.]

Schimmel, Annemarie, The Vernacular Tradition in Persianate Sufi Poetry in Mughal India. In: Lewisohn, *The Heritage of Sufism.* Oxford: One world, 1999.

Dieselbe: *Dimensionen des Islam: Die Geschichte des Sufismus.*
1. Aufl. Köln: Diederichs 1985.

Für die Übersetzung aus Pashto in Englisch gewählte Ausgabe:
Collection of Abdul Rahman Baba's poems. With an introduction by Mian Sayyed Rasool Rasa.
Peshawar University Book Agency, 1974.

Die Übersetzerin

Ingrid von Heiseler

Künsler: Hamdullah Arbab, August 2019

Studium der Germanistik, Theologie und Pädagogik; Staatsexamen an der Universität Göttingen, Referendriat in Braunschweig, Lehrerin am

Gymnasium Kreuzheide in Wolfsburg (1968-98). – Zusatzausbildungen u.a. in Gesprächstherapie (GwG), Gruppenmoderation (u.a. in La Jolla, Kalifornien), Gordon-Lehrer-Training, Systemischer Beratung und Mediation.

Autorin des „erzählenden Berichts" *Einer tanzt aus der Reihe* (1990), von *Ingo lebt anders (eBuch),Lost in Goa. Fakten und Fiktion* (2001 und 2018), der Autobiografie *Leben 10Anfänge* (2011) und von *Dieser Eingang ist nur für dich bestimmt. Kürzere Texte* (2018).

Seit 2002 *Übersetzungen* von Publikationen hauptsächlich auf dem Gebiet Frieden und Konfliktbearbeitung und *Lektorieren* wissenschaftlicher Arbeiten.

Übersetzungen für Afghanic (Stand Februar 2020):

Bei Afghanic erschienen:

Gul Pacha Ulat. Ausgewählte Prosa, Weisheit und Feingefühl eines afghanischen Philosophen, 2019

Abdul Ghaffar Khan, *Mein Leben. Autobiografie. Wie ein Weggefährte Gandhis die Gewaltfreiheit im Islam begründet.* Bonn: Afghanic 2012.

Ghani Khan Schriften. Von ihm und über ihn. Metagrapho und Afghanic, 2016

Meine Taschenbücher:

M. ZARIN ANZOR, *Erinnerungen aus einem afghanischen Dorf. Paschtunische Kurzgeschichten ingridvonheiseler.formatlabor.net/?p=1114*

RAJMOHAN GANDHI, *Ghaffar Khan. Gewaltfreier Badshah der Paschtunen ingridvonheiseler.formatlabor.net/?p=1437*

MAHADEV DESAI, *Zwei Diener Gottes.Die Grüder Khan http://ingridvonheiseler.formatlabor.net/?p=1186*

Pdfs zum Thema auf meiner Website und in der Deutschen Nationalbibliothek:

RAHMAN BABA, *Der Diwan. Gedichte*. Mai 2015. https://d-nb.info/1140504363/34

PYARELAL, *Eine Pilgerreise für den Frieden. Gandhi und Badshah Khan bei den Pathanen der Nordwestgrenzprovinz*. Dezember 2017. https://d-nb.info/1147646295/34

S.W.A.SHAH, *Ethnizität, Islam und Nationalismus. Muslimische Politik in der Nordwestgrenzprovinz (Khyber Pakhtunkhwa) 1937-1947*. Oktober 2017. https://d-nb.info/1140711164/34

Spiegel der Nation – Meli Hindara. Eine Spiegelung der paschtunischen Kultur in ihren Volkserzählungen. Drei Bände. Oktober 2017. Bd. 1 https://d-nb.info/1141724863/34, Bd. 2 https://d-nb.info/1142095908/34, Bd. 3 https://d-nb.info/114209958X/34

Übersetzungen in Arbeit

Worte Badshah Khans
Deutsch & Pashto
Gesammelt von Dr. Yahya Wardak
Bonn: Afghanic 2020

Denkwürdige Reden Badshah Khans
Khudai Khidmatgaran und die Nationale Bewegung
P. S. Ramu
Bonn: Afghanic & Wolfsburg: Metagrapho

H. G. RAVERTY *Auswahl aus der Dichtung der Afghanen vom 16. Bis zum 19. Jahrhundert.* Englische Ausgabe von 1869.

Afghanic e.V. افغانیک

Der Verein ist 1993 als Brücke zwischen Deutschland und Afghanistan gegründet worden und richtet sich an alle Menschen und Organisationen, die sich für Afghanistan, afghanische Kultur und die afghanische Diaspora in Deutschland/Europa interessieren.

Bisherige Aktivitäten (u.a.):

- Hamburger Afghanistan-Wochen (jährlich, seit 25 Jahren)
- Herausgabe der Sprachbücher Deutsch für Afghanen in Pashto und Dari
- Integration der Afghanen in Deutschland
- Druck und Verteilung von Lehrbüchern (über 300 Titel in Pashto, Dari und Englisch) in Afghanistan. Verfügbar unter www.ecampus-afghanistan.org
- Erste interdisziplinäre Tagesklinik in Kabul: www.dewanbegi.de
- Herausgabe paschtunischer Texte in deutscher Übersetzung (aus Englisch aus Paschtu)

➔ www.afghanic.de